Ottokar Feistmantel

Paläontologische Beiträge

Ottokar Feistmantel

Paläontologische Beiträge

ISBN/EAN: 9783744639972

Hergestellt in Europa, USA, Kanada, Australien, Japan

Cover: Foto ©Andreas Hilbeck / pixelio.de

Weitere Bücher finden Sie auf **www.hansebooks.com**

Palaeontologische Beiträge.

III.

Palaeozoische und mesozoische Flora des östlichen Australiens.

Corresp. Mitglied der königl. böhmischen Gesellschaft der Wissenschaft zu Prag (Derzeit in Calcutta.)

Mit XVIII. Tafeln.

CASSEL.

Verlag von Theodor Fischer.

1878.

gl

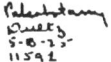
Inhaltsverzeichniss.

Vorwort.

In dem ich vorliegende Schrift — vollständig in meinen Privatstunden und mit Einverständniss des Senders der Petrefakte (siehe weiter) niedergeschrieben, — dem gelehrten Publikum vorzulegen mir die Freiheit nehme, empfehle ich selbe unter Hinweis auf die schwierigen Umstände, unter denen sie zusammenkam, gütiger, wenn auch gerechter Beurtheilung. Ich bin mir wohlbewusst dass ihr an Vollständigkeit fehlt, zumal ich selbst im vorhinein verspreche, selbe durch einen Nachtrag zu ergänzen. Aber Kritik kann in verschiedener Weise geübt werden.

Indem ich mich bemühte, meine Schrift so viel als möglich frei von Kritik und persönlichen Bemerkungen zu verfassen, habe ich es nicht unterlassen die mir zu Gebote stehende Litteratur zu benutzen, wo mir selbe zugänglich war.

Etwaige Mängel ersuche ich gerecht zu beurtheilen.

Calcutta im Juli 1878.

Dr. Ottokar Feistmantel.

Palaeoische und mesozoische Flora im ostliche Australien.

Einleitung.

Bei dem Studium der indischen Kohlenflora (die von jeher allgemein als mesozoisch angesehen wurde) erschien es wünschenswerth auch einige Formen aus den Schichten des australischen Kohlensystems zur Ansicht und Vergleichung zu bekommen, da mit dieser australischen Kohlenflora jene in Indien mehrmals verglichen wurde und wurde dann aus der ersteren Rückschlüsse auf die letztere gezogen. Diess war natürlich nur bei der oberflächlichen Vergleichung der beiden möglich, während bei genauerer Betrachtung die Lagerungsverhältnisse uns eines anderen belehren.

Dem Wunsche, australisches Vergleichsmaterial zu besitzen Folge leistend, hatte Herr W. B. Clarke, in Sydney, der selbst um die Erforschung der geologischen Verhältnisse in New-South-Wales und anderen Theilen Australiens sich verdient gemacht hat — sei es durch Aufsätze geologischen Inhaltes, sei es durch Beschaffung palaeontologischen Materiales zur wissenschaftlichen Bearbeitung durch andere Autoren — im Anfang des Jahres 1876 eine Suite von Petrefakten aus den einzelnen Gruppen des australischen Kohlensystemes eingesendet die besonders mir sehr willkommen war, um aus persönlicher Anschauung und Vergleichung zu sehen, wie weit die Indentificirung der indischen Kohlenflora mit der australischen gerechtfertigt sei. Ich hatte ausserdem einige briefliche Mittheilungen von Herrn Clarke die mich noch weiter aufklärten.

Das Ergebniss der Untersuchungen der ersten Sendung ist die vorliegende Schrift, zu der 18 Tafeln Abbildungen beigegeben sind.

Die meisten Petrefakte stammen aus begreiflichen Gründen, aus New-South-Wales (aus verschiedenen Horizonten) doch befanden sich auch Formen aus Queensland, Victoria und Tasmania. Doch besitzen wir über diese Länder gute Berichte, aus denen ich das Mangelnde erzänzen konnte.

Nur die mir in Originalexemplaren vorliegenden Formen werde ich etwas weitläufiger besprechen, während ich von den übrigen, schon von anderen Autoren angeführten fossilen Pflanzen nur die Diagnosen und verwandtschaftlichen Beziehungen anführen werde; einige habe ich, des Zusammenhanges wegen in Copien gegeben, weil selbe die Vergleichung erleichtern.

Die hier beschriebenen Pflanzen entstammen wie ich schon erwähnte vier Provinzen und in palaeontologischer Hinsicht drei Gruppen.

Diese Gruppen sind:

a) Pflanzen die an und für sich palaeozoisch sind, wenn mit europäischen Floren verglichen;
b) Pflanzen, die zwar mesozoischen Habitus zeigen, aber durch ihre Vergesellschaftung mit einer carbonischen (permischen?) marinen Fauna, wohl am besten als von diesem Alter anzusehen sein werden.

H*

c) Pflanzen die im Habitus mesozoisch sind und über den marinen Schichten lagern. Diese sind dann noch weiter zu gliedern. (Siehe weiter.)

Es wird am besten sein in dieser Reihenfolge die Pflanzenreste vorzuführen, um so besser ersichtlich zu machen, welche Arten diese Gruppen gemeinschaftlich haben.

Die Arten, die sich als gemeinschaftlich herausstellen dürften, werden zwar ebensovielmal angeführt, aber nur in jener Gruppe besprochen, wo sie häufiger sind.

Eine tabellarische Uebersicht wird die systematische Folge der Pflanzenreste veranschaulichen. Nachdem vorliegende Abhandlung schon fertig war, hatte Herr W. B. Clarke abermals die grosse Güte noch eine zweite Suite von Petrefakten einzusenden.

Ich habe mich indessen entschlossen, die vorliegende Abhandlung in der gegenwärtigen Form zu publiciren — und die neue Sendung von Petrefakten werde ich benützen, um die gegenwärtige Schrift durch einen Nachtrag zu supplementiren — es werden dadurch die hier schon gewonnenen Resultate und Schlüsse nur noch weiter bestättigt werden: von einzelnen hier schon beschriebenen Petrefakten, werde ich noch weitere Figuren geben können auch werden sich einzelne neue Formen ergeben.

Sobald die Zeichnungen fertig sein werden wird der Nachtrag zum Drucke eingeschickt.

Im Nachtrage werde ich ausser der Beschreibung der neu eingesendeten Petrefakte auch die stratigraphischen Verhältnisse besprechen, wie sie besonders von Strzelecki, Mc' Coq, W. B. Clarke und Daentree geschildert wurden. Gegenwärtig will ich mich nur mit einem kurzen Verzeichnisse der hauptsächlichsten existirenden Litteratur begnügen.

Litteratur-Uebersicht.

Im östlichen Australien (Queensland, New-South-Wales, Victoria und Vadiementland) ist über Schichten Devonischen Alters ein Schichtencomplex abgelagert, der reich an Pflanzenüberresten (in gewissen Lagen auch an marien Thierresten) ist und wegen der Kohlenführung in einzelnen Abtheilungen als die australische Kohlenformation bezeichnet wird.

Es ist wohl richtig, einen Theil dieses Schichtencomplexes haben wir auf Grund der Fossilien als unbedingt palaeozoisch anzusehen — bei einem anderen aber ist die Stellung bei „Palaeozoisch" nicht durch die palaeontologischen Merkmale bedingt und ersichtlich gemacht, sondern nur durch die localen stratigraphischen Verhältnisse (die natürlich auf Indien keine Anwendung finden können). Ein dritter Theil ist deutlich mesozoisch. Seit der Zeit, wo diese australischen Kohlenschichten besser bekannt wurden, standen sich besonders zwei Ansichten gegenüber nemlich 1) dass der ganze Schichtencomplex mit Glossopteris palaeozoisch ist und dem Carbon angehört (vertreten durch Rev. W. B. Clarke); 2) die zweite Ansicht war, dass nur die tieferen Schichten mit wirklichen Palaeozoischen marinen Thierresten als von diesem Alter zu betrachten sind, während die ober diesen marinen Schichten liegende Abtheilung mit mesozoischer Flora und Glossopteris mesozoisch ist, (vertreten besonders durch Mc' Coy und andere Palaeontologen).

Ich glaube Mc' Coy's Ansicht war nicht ganz und gar verwerflich; denn die Flora der New-Castlebeds ist in der That mesozoisch und ihr wahrscheinliches palaeozoisches Alter ist nur durch gewisse stratigrafische Verhältnisse ersichtlich gemacht, während die Hawkesbury- und Wianamattabeds, sowie die Kohlenschichten Victoria und die soq. Taeniopteriesschichten wohl alle mesozoisch sind.

Es hat auch Rev. W. B. Carke. — wie aus dem folgenden literarischen Berichte zu ersehen sein wird deutliche Schichtengruppen unterschieden — selbe jedoch anders zusammengefasst.

Zum allgemeinen Verständnisse der ganzen Frage ist es nothwendig die hauptsächlichsten der existirenden Aufsätze und Abhandlungen namhaft zu machen; ich gebe selbe in alphabetischer Ordnung; einzelne davon werde ich später speciell zu besprechen haben;

1) Carruthers: Bemerkungen über fossile Pflanzen aus Queensland. In: Qu. Journ-Geol-Soc. Vol. XXVIII. p. 350. 1872. Herr Carruthers beschreibt die von Herrn Daentree in Queensland gesammelten Pflanzen und sieht Glossopteris als vom oolithischen Alter an.

2) Clarke (Rev. W. B.): On the genera and distribution of Planks in the Carboniferous System of N. S. Wales. Qu. Journ. Geol. Soc. Vol. IV. p. 60. 1848.

In diesem Aufsatze sucht Herr Clarke die in Strzeleckis Werke über New. South-Wales ausgesprochene Ansicht zu widerlegen, dass in den Australischen Kohlenschichten keine Lepidodendron und Sigillaria vorgefunden wurden.

(Herr Clarke ist natürlich ganz im Rechte — aber er hat nicht deutlich genug gesagt, dass diese Formen nur in den tiefsten Schichten vorkommen und nicht in Schichten über der marinen Fauna, auf welche allein, wie ich glaube die Behauptung in Strzeleckis Werke sich bezog).

3) Clarke (Rev. W. B.): Notes on the Geology of New-South-Wales. Qu. Journ. Geol. Soc. XI. p. 408. — Aufeinanderfolge der Schichten, und Erwähnung fossiler Fische (in den Kohlenschichten) die an Permische erinnern (nach Dana).

4) Clarke: On the relative position of certain Planks in the coalbearing beds of Australca. In: Qu. Journ. Geol. Soc. 1861. Vol. XVII. p. 354 etc. Ist abermals ein Aufsatz erklärenden Inhalts. Er soll einige Zweifel aufklären, welche Herr Baron de Zigno in seiner Abhandlung (1860) über Oolithflora) rücksichtlich der Angaben der Herrn Clarke (1848) betreffend das Vorkommen von Sigillaria, Lepidodendron & Stigmaria in Australien ausgesprochen hatte.

Baron de Zigno beruft sich darauf, dass Morris und Mc' Coy diese Fossilien nicht erwähnen. Dagegen führt Clarke ein Lepidodendron von Goonoo-Goonoo am Peelflusse an.

Herr Rev. Clarke spricht hier von deutlich unterscheidbaren Gruppen, die wie ich glaube und wie die Fossilien lehren kaum alle zu demselben Alter gehören. Er sagt auf Seite 351:

„To assist in this inquiry into the true age of our Australian coalbeds, I therefore divided the succession of beds as in the Paris catalogue before mentioned (Brit. Catal. Expos. Universel 1855. p. 102) and have since briefly described my divisions in a little work recently published at Sydney*) (Researches in the Southern Goldfields of N. S. Wales Charp. XIV).“

„These divisions conveniently group the strata even if, eventually, they have no direct bearing on epochal succession, though there really appears to be a sort of grouping in the fossils equivalent to that in the strata themselves.“

„It must however be observed that the distinguishing feature of the strata in Australia is their variableness and to so great a degree is that observable, that I for one would scarcely venture in any part of the coalfields to trust any stratum further than I could see ist.“

„Notwithstanding this, however, there are four main groups of strata, generally sufficiently distinct for such divisions as I have made and which show that ist is scarcely right to class them as has been dore**) in two widely distinct formations“.

---

*) Ich bedaure, dieses Werkchen nicht benutzt haben zu können, aber ich konnte es hier in Calcutta nicht erhalten.
**) Diese bezieht sich auf Professor Mc' Coy's Ansicht, dass die höheren Kohlenschichten Oolitisch sind.

Die Schichten die Herr W. B. Clarke unterscheidet sind (von oben nach unten).

      1. Wianamatta beds;

      2. Hawkesbury Rocks;

      3. Workable coalbeds; (New-Castle-beds);

      4. Lower Carboniferous. (im Sinne Mc' Coy's).

Zur Charakteristik dieser Schichten wird zugefügt:

Die Wianamattaschichten enthalten einen heterocerken Fisch; an Pflanzen wurden vorgefunden [*]).

      Gleichenites odontopteroides Mow. sp.

      Odontopteris microphylla — Mc' Coy.

      Pecopteris tenuifolia — Mc' Coy.

Die Hawkesbury'schichten lieferten auch heterocerke und nicht heterocerke Fische (siehe weiter) und an Pflanzen:

      Sphenopteris —

      Odontopteris —

Ueber die dritte Abtheilung schreibt Herr Clarke folgendermassen:

„The plants of the third division (whichcannot be separated from the second, as the Hawkesbury Rocks cover and pass into the coalmeasures containing coalseams in the lowest masses) are indicated by Mc'Coy etc etc." — (Nun folgt die Aufzählung der aus diesen Schichten von Morris, Mc' Coy und Dana bekannt gemachten Pflanzenresten — Herr Rev. W. B. Carke hat selbst keine neuen Formen zugethan.)

Erst unter diesen Schichten folgen die „unteren Kohlenschichten" mit marinen Thierresten, von palaeozoischem Habitus.

5) Clarke: On the occurrence of Mesozoic and Perminan Faunae in Eastern Australia.

In: Qu. Journ. G. S. 1862. p. 244 etc.

Hier werden mesozoische Thierreste von Wolumbilla (in Queensland) erwähnt. Mc' Coy bestimmte selbe für Herr Clarke und erklärte sie „als nicht jünger als die Basis des Great Oolite" und nicht älter als die Basis der Trias" und betrachtete sie als die marinen Repräsentanten der Kohlenschichten von New-South-Wales.

Herr W. B. Clarke aber hielt sie für Repräsentanten des marinen Lebens der Wianamatta Schichten und eher für Triasisch als sonst etwas anderes.

6) Clarke: On marine fossiliferous Formations in Australia.

In: Qu. Journ. Geol. Soc. Vol. XXIII. p. 7 etc. 1867.

In diesem Aufsatze widerruft Herr W. B. Clarke seine frühere Ansicht, dass die mesozoischen marinen Thierreste von Wolumbilla die Repräsentanten der Wianamattaschichten sind, da in den letzteren heterocerke Fische vorkommen.

7) Clarke: Remarks on the sedimentary Formations of New-South-Wales. 1875. III Edit. (Diese werde ich speciell besprechen.)

8) Mc' Coy: In Annales and Magnaz Nat. Hist. Vol. 20. 2nd. Ser. — (Beschreibungen fossiler Pflanzen und Thiere aus Australien. Wird speciell besprochen werden).

9) Mc' Coy: Note on the ancient and recent Natural History of Victoria.

---

[*]) Diese werden von Prof. Mc. Cop' für Rev. Clarke bestimmt.

In: Annales and Magazine Nat. Hist. Vol. IX. 3 Ser.

Enthält eine klare Darstellung Mc' Coy's Ansichten über die Formationen und ihr wahrscheinliches Alter.

Aus den palaeozoischen Bildungen erwähnt Prof. Mc' Coy ein Lepidodendron, welches das palaeozoische Alter hinreichend feststellt — diese hatte Mc' Coy von jeher anerkannt; auf Seite 143 aber sagt er deutlich dass nichts von Lepidodendron, Sigillaria etc. vorgefunden wurde in den Schichten (den Hauptlagern) mit Glossopteris, Phyllotheca, Pecopteris australis, Taeniopteris und den Zamiten, was in der That so ist, da in den Schichten über den marinen Thierresten nichts von den Kohlenpflanzen bis jetzt aufgefunden wurde.

Auf Seite 142 ist die mesozoische Periode besprochen und werden hierzu die eigentlichen Kohlenlager von New-South-Wales (besonders New-Castle) Tasmanien und Victoria gestellt, wofür die Lagerung und die Petrefacte sprechen.

10) Mc Coy: Palaeontology of Victoria. 1868.

In: Ann. et Mag. Nat. Hist. Vol. 20 p. 109—202.

Die Kohlenführenden Schichten von Victoria werden als mesozoisch dargestellt.

Nur im Gippslande, am Avon, wo Lepidodendron vorkommt, dürfte ältere Kohlenformation repräsentirt sein.

11) Mc Coy: Prodomus of the Palaeontology of Victoria, 1875—1877. Decade I—III. (Wird speciell angeführt werden).

12) Daintree: Notes on the Geology of Victoria.

In: Qu. Journ-Geol-Soc. Vol. XXVIII. p. 271 etc. Map. Plates. Geologie von Queensland, mit Beschreibung von Petrefacten. Wird später besprochen).

13) Dana: Geology, United States Exploring Expedition. 1849 — Enthält auch Beschreibungen und Abbildungen von Pflanzenpetrefacten aus New-South-Wales, von denen mehrere hier aufgenommen sind.

14) Egerton: On some Ichthyolithes from New-South-Wales., forwarded by the Rev. W. B. Clarke — In: Qu. J. Geol. Soc. Vol. XX. p. 1. Pl. I.

Hier werden fossile Fische aus den Schichten über der unteren Abtheilung (wo die marinen Thierreste vorkommen) der Kohlenschichten, besonders aus den Hawkesbury beds beschrieben und zwar: Myriolepis Clarkei Eg. (heterocerk?)

Chleitholepis granulatus Eg. (nicht heterocerk.)

Ausserdem:

Palaeoniscus antipodeus Eg. aus den Wianamatta-Schichten, welche wie alle übrigen Verhältnisse dafür sprechen nicht älter als obere Trias sind. (Vergl. hierzu Palaeon. superstes Egert. Qu. Journ. Geol. Soc. Vol. XIV. p. 64. Pl. I. aus Keuper in England.)

15) Etheridge: Beschreibt die Thierreste aus Queensland in Herrn Daentree's erwähnter Geologie von Queensland.

16) Feistmantel (Ottokar): Note on the of some fossil Floras in India. Rec. Geol. Surv. of India Vol. IV. pt. 4. —

VI. On the homotaxis of the Gondwana-System. p. 121 e.: What is the Analogy of our Damuda Series with the lower coalmeasures in Australia?

In diesem Aufsatze habe ich auf Grund paleontologischer und stratigrafischer Verhältnisse die Ansicht ausgesprochen, dass die sog. oberen Schichten in Australia (über den marinen Schichten) unmöglich an

Uebersicht der Schichtengruppen.

Während ich mir die Darstellung der Gliederung der Kohlenführenden Schichten im östlichen Australien für den Nachtrag vorbehalte, gebe ich hier in Kürze nur die Aufeinanderfolge der Gruppen mit ihren fossilen Ueberresten:

1) Schichten unter den Kohlenschichten mit Lepidodendron, in New-South-Wales und in Queensland. Die Einschlüsse sind die folgenden:

> Lepidodendron notum Ung. und
> Cyclostigma sp. —

Herr Carruthers hat diese Schichten in Queensland als Devonisch behandelt und ist kein Grund vorhanden, warum dieselben Schichten in N. S. Wales auch nicht von diesem Alter sein sollten, obzwar es ganz möglich ist, dass sie der Ursustufe angehören.

2) Carbonische Schichten oder unter Abtheilung der australischen Kohlenformation. Hier haben wir wieder zwei Abhandlungen zu unterscheiden: a) Schichten mit Pflanzen die an und für sich Carbonisch sind; diese finden wir in Gippsland (Victoria), am Smithscreell bei Arowa und Pot-Stefens N. S. (Wales). (Die Abtheilung repräsentirt vielleicht die „Ursustufe.").

Die Pflanzenpetrefaste sind:

> Sphenophyllum sp. Pot. Stefens.
> Rhaeopteris comp. inaequilatera Gopp; Pot Stefens; und Smith's Creek; Arowa.
> Rhaeopteris intermedia n. sp. Pot Stefens;
> Cyclostigma australe n. sp.; Pmith's Creek.
> Lepidodendron australe Mc' Coy; Gippsland (Victoria).
> Lepid. comp. dichotomum Stbg. Ronchel River N. S. Wales.
> Lepid. rimosum Corda; ebenda.

b) Schichten, deren Pflanzenreste nur durch die Vergesellschaftung mit palaeozoischen marinen Thierresten als von diesem Alter angesehen werden müssen; Lokalitäten in N. S. Wales: am Stony Creek, bei Greta, Onvil Creek, M. Wingen etc.; die Glossorteriebeds in Queensland; und die zweifelhafte Lokalität im Jerusalemsbasin, Tasmania (Strzelecki).

Die Petrefaste sind:

> Glossopteris Browniana (?) Bgt. var. praecursor Stony Creek N. S. Wales.
> Glossopt. Browniana Bgt. Queensland, um Neu-Süd-Wales einzelne Lokalitäten.
> Glossopt. primaeva n. sp. Greta, N. S. Wales.
> Glossopt. Clarkei n. sp. Rix's Creek, N. S. Wales.
> Phyllotheca sp. Anvil Creek, N. S. Wales.
> Nöggerathia sp. Untere Kohlenschichten.
> ?{ Pecopteris odontopteroides Morr. (Thinnfeldia) Jerusalems Basin, Tasmania.
> { Pecopt. australe Morris — ebenda. —
> Zeugophyllites elongatus Morr. ebenda.

3) Obere Kohlenschichten in Australien, Schichten ober der marinen Fauna, die sog. Newcastlebeds in N. S. Wales — (vielleicht auch in Queensland).

Die Petrefaste sind:

> Urosthenes australis Dana, von New-Castle; heterocerker Fisch.

Phyllotheca australis Bgt., von New. Castle, Mulubimba, Clarks Hill, N. S. Wales.
Vertebraia australis Mc Coy von Mulubimba, New-Castle und Bowenfels, N. S. Wales.
Sphenopteris lobifolia Morr., N. Castle, Mulubimba.
Sph. alata Bgt. sp. Hawkesbury Rivier; Mulubimba.
Sph. alata, var. exilis Morr. N. Castle basin.
Sph. hastata Mc Coy — Mulubimba.
Sph. germana Mc Coy — Mulubimba.
Sph. plumosa, Mc Coy ebenda.
Sph. flexuosa, Mc Coy, ebenda.
Thinnfeldia Odontopteroides Morr. n. sp. Clarks Hill.
Odontopteris microphylla Mc' Coy Clarks Hill.
Odontopteris ovata Ung. Arowa *)
Pecopteris (?) tenui folia Mc' Coy, Clarks Hill.
Glossopteris Browniana Bgt. N. Castle, Mulubimba, Illawara, Blackmanswamp,
    M. S. Wales.
Glossopt. linearis Mc Coy, Arowa *), New Castle. Wollongong.
• G. ampla Dana N. Castle.
G. retieulum D. N. Castle.
G. elongata D., ebenda.
G. cordata D.; District Illawara.
G. taeniopteroides n. sp. Blackmanswamp, N. S. Wales.
G. Wilkinsoni n. sp. Blackmanswamp.
G. parallela n. sp. Bowenfels, N. S. Wales.
Glossopteris — junge Blättchen — N. Castle, Bowenfels.
Gangamopteris angustifolia Mc' Coy, Huntawaeg Madgee, N. S. Wales.
G. Clarkeana n. sp. Bowenfels.
Caulopteris (?) Adamsi n. sp. N. Castle.
Zeugophyllites elongatus Morr. Mulubimba.
{ Nöggerathia (Zamia) — spathulata, Dana; District Illawara. —
{ Nöggerathia media Dan., N. Castle.
Nöggerathia (Zamia) Bowenfels.
Brachyphyllum (?) australe n. sp. Bowenfels.
Coniferenschuppen Dae. New castle.

4) Hier haben vielleicht die Bacchus Marksh sandstones oder die Gangamopterisschichten in Victoria ihre Stellung.

Die Petrefacte sind:

Gangomopteris angustifolia Mc Coy; G. spathulata Mc' Coy und G. obliqua Mc' Coy.

5) Die Hawkesbury- und Wianamatta beds in Neu-Süd-Wales, sind wie aus allem hervorzugehen scheint, Mesozoisch und am wahrscheinlichsten Triassisch. — Die Petrefacte sind:

Palaeoniscus antipodeus Eg.   Wianamatta beds.

---

*) Diese Localität gehört wohl zur vorigen Abtheilung

9*

Cleithrolepis granulatus Eg. Hawkesbury- und Wianamattabeds.

Myriolepis Clarkei Eg. Hawkesbury beds. —

Phyllotheca Hookerie., Wianamatta beds.

Sphenopteris sp. Hawkesbury beds. —

Thinnfeldea odontopteroides Morr. sp. Wianamatta beds.

Odontopteris microphylla Mc' Coy. — Wianamatta beds.

Odontopteris sp. Hawkesbury beds.

Pecopteris tenui folia Mc Coy — Wianamatta.

Gleichenia sp. — Wianamata beds.

Taeniopteris (Macrot.) Wianamattae n. sp. Wienamatta beds.

6) Die höchsten Schichten sind dann die mesozoischen Kohlen-Schichten von Tasmanien, Victoria Neu-Süd Wales (Clarence River); und Queensland, oder die sog. Taeniopteris beds.

Die Petrefacte aus diesen sind:

Phyllotheca australis Bgt. Victoria.

Thinnfeldia odontopteroides. Jpswich am Tivolimines, Queensland; Tasmania.

Pecopteris australis Morr. Cape Paterson. Bellarine Victoria; Tasmania; Clarence River, N. S. Wales.

Taeniopteris Daentreei Mc' Coy. Cape Paterson, Victoria; Queensland; Clarence River (?) N. S. Wales.

Sagenopteris Tasmanica n. sp. Tasmanien.

Zamites ellipticus Mc' Coy. ⎫
Zamites Barklyi Me' Coy. ⎬ Bellarine, Victoria.
Zamites logifolius Mc' Coy. ⎭

Die Kenntniss dieser Pflanzenschichten in dem östlichen Theile Australiens haben wir besonders den Strzelecki, Morris, Mc' Coy, Clarke und Daentree zu verdanken, und besonders war es die wissenschaftliche Controverse zwischen Mc' Coy und Clarke, welche Verhältnisse in N. S. Wales so klar gelegt hat und insbesondere hat Herrn Clarkes Nachweis von dem Vorkommen echt carbonischer Pflanzen in den tieferen Schichten und von der Vergesellschaftung von Glossopteris, Phyllotheca etc. mit marinen Thierresten gezeigt, dass in der Australischen Kohlenformation eine andere Bildungsepoche vorliegt, als in der indischen, trotz der scheinbaren Aehnlichkeit einzelner Pflanzen.

Ein guter Theil der erwähnten wissenschaftlichen Controverse zwischen Herrn W. B. Clarke und Prof. Mc' Coy findet sich in den Transactions of th Royal Society of Victoria 1860 Vol. V. und zwar sind darin von beiden genannten Autoren je zwei Aufsätze in folgender Weise:

1) A communication from the Rev. W. B. Clarke of Sydney to His Excellency Sir Henry Barkly, K. C. B. etc. President of the Ryal Society of Victoria on Prof. Mc' Coys New Taeniopteris from the coalbearing rocks of the Cape Paterson District etc. pag. 89—95 (l. c).

2) A commentary on „A Communition made by the Rev. W. B. Clarke to His Excellency Sir Henry Barkly K. C. B. etc. on Prof. Mc' Coy's! New Taeniopteris etc. etc. by Fredrik Mc' Coy etc. pag. 96—107 (l. c).

1a. Remarks on Prof. Mc' Coy's Commentary etc. by the Rev. W. B. Clarke etc. p. 209—214 (l. c).

2a. Note on Rev. W. B. Clarkes Remarks etc. by Prof. Mc' Coy, p. 225—217 (l. c).

Ich werde im Nachtrage auf den Inhalt zurückkommen und das wesentliche, besonders auch auf Indien sich beziehende mittheilen.

Auch werde ich im Nachtrage die Aufeinanderfolge der Schichten wiedergeben, wie sie mir von Herrn W. B. Carke brieflich mit geheilt wurde.

Palaeontologischer Theil.

Ich wende mich nun zur Beschreibung der Fossilien; doch nur die Pflanzen und Fische werden hier behandelt, da die marinen Reste der unteren Abtheilung hinreichend bekannt sind.

Es sind jedoch nur jene Formen hier enthalten wie sie mir in der ersten Sendung des Herrn Clarke vorlagen und wie ich sie den bis zur Zeit erschienen Aufsätzen entnehmen konnte; diese auch sind abgebildet; die neulich mir übersandten werden in einem Nachtrage beschrieben und abgebildet.

Ich gebe hier zuerst eine tabellarische Uebersicht, der mir bis jetzt bekannten Fossilien (mit Ausschluss der in der neuen Sendung enthaltenen), in systematischer Reihenfolge; nach den Horizonten wurden die Petrefacte vorn schon angeführt.

Aus dieser systematischen Uebersicht wird am besten ersichtlich werden, welche Arten den einzelnen Gruppen gemeinschaftlich sind und in welcher Gruppe die meisten Arten vorkommen.

Die von früheren Autoren schon beschriebenen Arten, die mir nicht wieder vorkamen, will ich nur mit der Diagnose und hie und da kurzen Notizen anführen; die übrigen will ich, so weit es die Nothwendigkeit erheischt, mehr weniger ausführlich besprechen.

Die meisten sind abgebildet.

A. Systematische Tabelle.

Ich werde hier die Petrefacte nur nach den Horizonten anführen — ohne die Localitäten zu specificiren, die in der folgenden Beschreibung gefunden werden können.

Namen.	Schichten ober der marinen Fauna		Marine Schichten mit palaeoz Fauna				Bemerkungen.
	Obere mesozoische Kohlenschichten	Wianamatta und Hawkesbury beds	Hacker Marsh sandstone u. andere marine Schichten in Victoria, Ober Newcastleder, Obere Kohlenschichten in N. S. Wales etc.	Schichten mit marin Flora unter palaeoz Thieren	Carbonische Flora a Theil Umarsteit	Devon? (Thierste)	
A. Thierreste.							
Fische.							
Urosthenes australis Dan.	.	.	+	.		.	Heterocerk.
Palaeoniscus antipodeus Eg.	.	+		.		.	Heterocerk.
Cleithrolepis granulatus Eg.	.	+		.		.	Nicht heterocerk.
Myriolepis Clarkei Eg.	.	+		.		.	Schwanz nicht bekannt.

Namen.	Schichten über der marinen Fauna.				Marine Schichten mit palaeoz. Fauna.			Bemerkungen.
	Obere senonische Kohlenschichten.	Wianamatta und Hawkesbury beds.	Baccbus Marsh und davonunter-mente Schichten in Victoria.	New-Castle beds- Obere Kohlenschichten in N. S. Wales etc.	Schichten mit marmer Flora unter palaeoz. Thieren.	Carbonische Flora z. Theil Urnania.	Devon? (Oberste).	
B. Pflanzen.								
I. Equisetaceae.								
Phyllotheca australis Bgt.	+	+	.	+	+	.	.	Oolith in Europa und Asien.
Vertebraria australis Mc' Coy.	.	.	.	+	.	.	.	Clasteria — Dan. Sptenophyllum
Sphenophyllum sp.	.	.	.	.	.	+	.	australe Ung.
II. Filices.								
1. Sphenopterides.								
Sphenopteris lobifolia Morr.	.	.	.	+	.	.	.	
„ alata Bgt.	.	+?	.	.	.	.	.	
„ alata, var. exilis Morr.	.	.	.	+	.	.	.	
„ hastata Mc' Coy.	.	.	.	+	.	.	.	
„ elongata Carr.	+	.	.	.	.	.	.	
„ germana Mc' Coy.	.	.	.	+	.	.	.	
„ plumosa Mc' Coy.	.	.	.	+	.	.	.	
„ flexuosa Mc' Coy.	.	.	.	+	.	.	.	
Rhacopteris intermedia Fstm.	.	.	.	.	.	+	.	Zwischen Rh. transitionis und Rh.
„ inaequilatera Gopp.	.	.	.	.	.	+	.	Machaneki Stur.
2. Neuropterides.								
Thinnfeldia odontopteroides Morr. sp.	+	+	.	+	+?	.	.	Pecopt. odontopteroides Morr.
Odontopteris microphylla Mc' Coy.	.	+	.	+	.	.	.	
Odontopteris ovata Mc' Coy. sp.	.	.	.	+	.	.	.	
Cyclopt. cuneata Carr.	+	.	.	.	.	.	.	
3. Pecopterides.								
Alethopteris australis Morr.	+	.	.	.	+?	.	.	Vergl. Pec. indica.
Pecopt.? tenui folia Mc' Coy.	.	+	.	+	.	.	.	
Gleichenia du bia n. sp.	.	+	.	.	.	.	.	

Namen.	Schichten ober der marinen Fauna.			Marine Schichten mit palaeoz. Fauna.			Bemerkungen.
	Obere mesozoische Kohlenschichten	Wianamatta und Hawkesbury beds	Bacchus Marsh mudstones, untere marine Schichten in Victoria. New-Castle beds. Obere Kohlenschichten in N. S. Wales etc.	Schichten mit massen Flora unter palaeoz. Thieren.	Carbonische Flora i. Theil Urensstufe.	Devon? (Oberstufe)	
4. Taeniopterides.							
Taeniopteris Daentreei Mc' Coy.	+		.	.	.	.	Agiopteridium?
Taeniopt. (Macrotaeniopteris) Wianamattae Fstm.	.	+	.	.	.	.	
5. Dictyopterides.							
Glossopteris Browniana (?) var. praecursor.	.	.	.	+	.	.	Die mir vorliegende Art.
Glossopteris Browniana genuina Bgt.	+?	.	+	+	.	.	India.
Glossopteris.	.	.	.	+	.	.	Nur als genus angeführt.
Gloss. primaeva Fstm.	.	.	.	+	.	.	
Glossopt. Clarkei Fstm.	.	.	.	+	.	.	
Gl. linearis Mc' Coy.	.	.	+	.	.	.	
Gl. ampla Dan.	.	.	+	.	.	.	
Gl. reticulum Dan.	.	.	+	.	.	.	
„ elongata Dan.	.	.	+	.	.	.	
Gl. cordata Dan.	.	.	+	.	.	.	
Gl. Taeniopteroides Feistm.	.	.	+	.	.	.	
Gl. Wilkinsoni Fstm.	.	.	+	.	.	.	
Gl. parallela Fstm.	.	.	+	.	.	.	
Glossopteris, junge Blättchen.	.	.	+	.	.	.	Polypodium Göpperti Ettgh.
Gangamopteris angustifolia Mc' Coy.	.	.	+	.	.	.	India.
Gang. Clarkeana Fstm.	.	.	+	.	.	.	
Gangamopt. spathulata Mc' Coy.	.	+	.	.	.	.	
Gang. obliqua Mc' Coy.	.	+	.	.	.	.	Vergl. G. cyclopteroides in India.
Sagenopteris Tasmanica Fstm.	.	.	.	.	.	.	Say. Phillipsi L. u. H. sp.
Caulopteris (?) Adamsi Fstm.	+	.	+	.	.	.	Truncus Filicis.
III. Lycopodiaceae.							
Lepidodendron no thum Ung.	.	.	.	.	.	.	Urssstufe (?)
Lepid. australe Mc' Coy.	.	.	.	.	.	.	Lepid. tetragonum.

Namen.	Schichten ober der marinen Fauna.				Marine Schichten mit palaeoz. Fauna.			Bemerkungen.
	Obere mesozoische Kohlen-Schichten.	Wianamatta und Hawkesbury beds.	Burrika Marsh mudstone, untere marine Schichten in Victoria.	New-Castle beds. Obere Kohlenschichten in New-South-Wales etc.	Schichten mit neuen Flora unter palaeoz. Thieren.	Carbonische Flora, z Theil Urnestufe.	Devon? (Oberdev.)	
Cyclostigma australe Fstm.	.	.	.		.	+	+	Urnestufe. (?)
Cyclostigma sp.	.	.	.		.	+	.	
Lepid. rimosum Cord.	.	.	.		.	+	.	Siehe Clarke, Mines and Min. Stat. p. 162.
Lepid. dichotomum Stbg.	.	.	.		.	+	.	Siehe ibid. p. 162.
Syringodendron sp.	.	.	.		.	+	.	Ibid. p. 162.
IV. Cycadeaceae.								
1. Zamieae.								
Zeugophyllites elongatus Morr.	.	.	.	+	+?	.	.	Angebl. unt. Pachydomus globosus im Jerusalems-Basin.
Zamites ellipticus Mc' Coy.	+	.	.	.	.	.	.	Podozamites.
Zamites Barklyi Mc' Coy.	.	.	.	.	.	.	.	Podozamites.
Zamites longifolius Mc' Coy.	+	.	.	.	.	.	.	
Nöggerathia spathulata Dan.	.	.	.	+	.	.	.	Ich halte diese 2. Art für nicht verschieden.
Nöggerathia media Dan.	.	.	.	+	.	.	.	
Nöggerathia sp.	.	.	.	+	.	.	.	Meine Abbildungen Taf. 16.
Nöggerathia sp.	.	.	.	.	+	.	.	Als genus angeführt.
V. Coniferae.								
Brachyphyllum (?) australe Fstm.	.	.	.	+	.	.	.	
Coniferenschuppen, Dana.	.	.	.	+	.	.	.	
Incertae sedis.								
Cardiocarpum australe.	+	.	.	.	.	.	.	

B. Beschreibung der Pflanzenreste und Fische.

Am zweckmässigsten erscheint es mir, die Fossilien in der Reihenfolge von unten nach aufwärts zu beschreiben.

1. Pflanzenreste aus Ober-Devonischen oder vielleicht besser gesagt Uebergangs-Schichten zwischen Devon und Untercarbon (Urnestufe, Heer).
(Taf. 1, Fig. 1—6; Taf. 14, Fig. 6—8.)

Pflanzenreste aus Devonischen Schichten, also unter den Kohlenschichten, sind uns aus Queensland und New-South-Wales bekannt. Ich glaube erst durch Herrn Carruther's Beschreibung der Lepidodendronreste aus Queensland, die er zu Lepidod. nothum Ung. stellte, ist die Stellung der erwähnten Schichten bei der Devonformation entschieden worden. Früher wurden auch diese Schichten, besonders von H. Clarke, als zur australischen Kohlenformation gehörig betrachtet.

In der Sammlung, die Herr Rev. Clarke uns nach Calcutta eingesendet hatte, befinden sich auch einzelne Exemplare dieses Lepidodendron aus den Devonschichten von Goonoo-Goonoo in New-South-Wales. Sie zeigen ziemlich grosse Stammstücke und habe ich einige derselben abgebildet.

Ich folge in der Bestimmung dieser Reste den Angaben des Herrn Carruthers.

Genus: **Lepidodendron** Stbg.

Lepidodendron nothum Ung. Taf. I. Fig. 1—5.

 1856 Unger: Flora der Oberdev. Schichten Thüringens. In: Denkschrift der Wien. Acad. d. Wiss. XI. p. 175, Tab. X., Fig. 4—8.

 1872 Carruthers: Notes on fossil Plants from Queensland. — Qu. Journ. Geol. Soc. Vol. XXVIII. p. 350. Pl. XXVI.

Unger hatte die Art nur auf einzelnen Fragmenten begründet; Herr Carruthers hat die schönen, bei weitem vollkommeneren Exemplare aus Queensland zu derselben Art gestellt; dasselbe muss daher mit den Exemplaren aus New-South-Wales geschehen, die mir zu Gebote standen, — nicht aber, wie ich glaube, mit Lepidod. australe My' Coy, was ich später erwähne. —

Herr Carruthers hat mit Recht gerade diesen Lepidodronresten grossen Werth beigelegt; er sagt im Beginn seiner Beschreibung:

„The fine series of Lepidodendroid remains from the Old-Red-Sandstone rocks are perhaps the most important group of fossil Plants which Mr. Daentree has brought from Queensland. They supply the means' of restoring a remarkable plant in oll its parts, fragments only of which have been hitherto known and these have been misunderstood and misinterpreted. Further, they clear up the reports that have at times been circulated as to the occurrence of a Lepidodendron in the Australian coalbeds, which Mr. Keene affirmed he had seen and on which the Rev. W. B. Clarke depended to some extend to establish the palaeozoic age of the coal. It is true that the investigations of Prof My' Coy established that Mr. Clarke's Lepidodendron did not belong to the coalbeds; but we are now, at least in this country, supplied for the first time with the materials for clearing up the history and adding something to our Knowledge of this plant."

Die auf Taf. I. Fig. 1—5 von mir abgebildeten Reste lassen keinen Zweifel darüber, dass wir es mit Lepidodendron zu thun haben und zwar mit jener Abtheilung, für die Presel den Gattungsnamen Bergeria Presel, aufgestellt hatte.

Andere Theile, die Herr Carruthers aus Queensland zu untersuchen Gelegenheit hatte, hielt dieser Autor für identisch mit Leptophloeum rhombicum Daws aus Oberdevon von Nord-Amerika.

Herrn Carruthers scheinen auch Früchte vorgelegen zu sein; doch unter den mir zu Gebote stehenden Exemplaren war nichts Aehnliches vorhanden; es waren nur Stämme.

Nach den vorliegenden Exemplaren zu schliessen, scheint es, dass diese Art nur von mittlerer Grösse war; die Narben sind regelmässig rhombisch, sich berührend, in spiralen Reihen gestellt, und besitzen an unseren Exemplaren im oberen Rhombenwinkel eine kleine längliche Gefässnarbe.

Herr Carruthers erwähnt aber auch die Stellung dieser Gefässnarbe als central; beschreibt dann auch noch die Blätter und den Fruchtstand.

Es scheint, dass sich auch bei dieser Pflanze dasselbe wiederholt wie bei anderen Lepidodreen der Kohlenformation, dass nämlich verschiedene Abdrücke desselben Exemplares zum Vorschein kommen, je nachdem selbe den Positiv- oder Negativabdruck der Rinde, oder den Abdruck der Innenfläche der Rinde oder das Decortikatstadium des Stammes zeigen.

Herr Carruthers hat verschiedene solche Stadien abgebildet. Auch unsere Fig. V. Taf. 1 zeigt ein Exemplar, das ich als Abdruck des Decortikatstadiums des Stammes ansehe.

Erklärung unserer Figuren auf Taf. I.:

1) Zwei Abdrücke der Stammoberfläche mit nahezu gleich grossen, regelmässig rhombischen Narben und den Gefässnärbchen.

2) u. 3) Stammstücke mit kleineren Narben.

4) Negativdruck eines Stammstückes mit rhombischen Narben.

5) Das sogenannte Knorriastadium, hier ich glaube der Abdruck des decortikaten Stammes.

Zur Vergleichung habe ich auf Taf. XIV. Fig. 6, 7, 8 drei von Herrn Carruthers Figuren wiedergegeben, die wohl zeigen, dass die New-South-Wales und die Queensland Pflanze dieselben sind.

Lokalität: New-South-Wales: Goonoo-Goonoo am Peelflusse (die abgebildeten Exemplare). Queensland: Mount Wyat, Canoona und Broken-River (Daentree).

Ausserdem ist diese Pflanze bekannt aus Thüringen in Europa (Unger), und aus Canada in Nord-Amerika (Dawson), in beiden Ländern aus Oberdevonischen Schichten.

Der Vollständigkeit wegen muss ich noch bemerken, dass Herr Prof. My' Coy nicht ganz einig darüber ist, ob die Queensland-Schichten mit dem eben beschriebenen Lepidodendron hinreichend als Devonisch charakterisirt sind. Doch glaube ich, ist nach den Beschreibungen Daentree's, Herrn Etheridge und Herrn Carruthers kein Zweifel daran, dass sie wenigstens nicht carbonisch sind.

Genus: Cyclostigma Haughton. Taf. I. Fig. 6.

Haughton: Annals and Magazine of Nat. History. Vol. V., 3d. Series, p. 444.
Heer: Fossile Flora der Bäreninsel 1871, p. 43.
Schimper: Traité de Palaeont. végét. Vol. III., p. 530.

Herr Carruthers erwähnt unter den Devonischen Pflanzen, die Herr Clarke an das Museum der Londoner Geologischen Gesellschaft eingeschickt hatte, auch Fragmente einer anderen Lepidodendroiden Pflanze, die er kaum von Cyclostigma kilterkense Haught, unterscheiden konnte.

Herr Rev. Clarke erwähnt dann in seinem Aufsatze über die New-South-Wales Sedimentschichten (Mines and Mineral Statistics 1875, p. 162), dass er dieses Cyclostigma zusammen mit Lepidodendron nothum Ung. gefunden habe.

Unter den Exemplaren von Goonoo-Goonoo ist nun auch ein Stammfragment, das unbedingt als Cyclostigma zu betrachten ist; es ist in demselben Gestein erhalten, wie Lepidodendron nothum Ung.

Die Oberfläche zeigt, wie es scheint, in Spiralen gestellte rundlich-längliche kleine Vertiefungen, die ziemlich nahe aneinander stehen und im oberen Theile ein ebenso rundes Höckerchen zeigen.

Diese rundlichen Vertiefungen mit den Närbchen entsprechen gleichgebauten Warzen an der Oberfläche des Stammes; sie sind von nahezu derselben Grösse, wie in Cyclostigma Kiltorkense, doch stehen sie viel näher aneinander; dagegen sind sie viel grösser als beim Cyclostigma minutum Hght.

Ich will vorläufig dieses Stammfragment nicht als Typus einer eigenen Art betrachten, da es immerhin möglich ist, dass es zu Cyclostigma Kiltorkense zu stellen sein dürfte; eher aber gehört es zu der folgenden Art.

Jedenfalls ist das Vorkommen von Cyclostigma in diesen australischen Schichten ziemlich interessant, da es bei der Parallelisirung die Richtschnur abgeben dürfte, indem das Vorkommen dieser Gattung, so weit gegenwärtig bekannt ist, auf einen ganz bestimmten Horizont beschränkt ist, nämlich die sog. Urus-Stufe von Prof. Heer.

Vielleicht dürfte aber dieses Vorkommen von Cyclostigma die Schichten von Goonoo-Goonoo doch sehr an die Grenze zwischen Devon und Kohlenkalk rücken, wie es Prof. Heer für seine Urusstufe dargestellt hat, und sie in nähere Beziehung bringen mit den Schichten vom Smith's creek Stroud, wo, wie ich erwähnen werde, auch Cyclostigma zu finden ist.

Denn wenn auch Lepid. nothum Ung. für Devon spricht, so ist selbes doch nur auch aus höchsten Devonischen Schichten bekannt. — Cyclostigma dagegen ist nur aus der Urusstufe beschrieben. —

	Australien.		Europa.	America.
	New-South-Wales	Queensland		
Lepidodendron nothum Ung.	Goonoo-Goonoo. (Devon?)	M-Wyat, Canoona etc. (Devon?)	Thüringen in Oberdevonischen Schichten.	Canada. Oberdevonische Schichten.
Cyclostigma sp. (? Kilkorkense?)	Goonoo-Goonoo. (Devon?)	Ibidem. (Devon?)	Irland, Bäreninsel. (Urusstufe).	—

2) Pflanzenreste aus Carbonischen Schichten.

Die Pflanzenreste dieser Abtheilung werden wieder nach zwei Richtungen zu betrachten sein, und zwar als:

a) solche, die an und für sich Carbonisch sind, und als b) solche, die nur durch ihre Vergesellschaftung mit marinen Thierresten von carbonischem Alter, als zu dieser Epoche gehörig angesehen werden müssen, obwohl die Flora nicht die geringsten Anhaltspunkte zu dieser Annahme bietet; hier haben wir uns auf die Richtigkeit der stratigrafischen Verhältnisse zu berufen.

A. Pflanzen, die an und für sich als Carbonisch zu bezeichnen sind. (Urusstufe? oder Kohlenkalk.)

Aus den vorliegenden Angaben über die Reihenfolge der Schichten in New-South-Wales, besonders aus den Briefen des Herrn W. B. Clarke an mich die ich im Nachtrage speciell aufführen werde ist zu ersehen, dass über den Lepidodendron-Schichten von Goonoo-Goonoo, die ich eben besprochen habe von Herrn Clarke selbst jene Schichten gestellt werden, die bei Smith's Creek (Stroud) und Port-Stefens (im Norden von N. S. Wales) entwickelt sind. Von diesen beiden Lokalitäten lagen mir in der ersten Sendung des Herrn Clarke schon hinreichend Petrefacte vor, um den Horizont zu bestimmen. In der neuen Sendung kamen noch viele von Smith's Creek hinzu, die ich nächstens abbilden werde.

Herr Clarke hat auch vielfach den Ort Arowa als hieher gehörig, genannt; doch habe ich in dem Materiale für diese Abhandlung nicht hinreichende Beweise gehabt, in der neuen Sendung aber liegen

10 *

Exemplare von Arowa vor, die deutlich zeigen, dass diese Petrefacte mit den von Smith'Creek identisch sind und daher auch in diese Abtheilung gehören.

Die Flora dieser Schichten ist nicht reich doch hat sie einen eigenthümlichen, echt untercarbonischen Typus; vorherrschend ist, nach dem vorliegendenden Materiale zu schliessen, eine Rhacopteris, die lebhaft an Rhacopteris inaequilatera Schimp. (Gopp.) erinnert, so dass ich kaum ein Merkmal habe sie zu unterscheiden; die Rhacopteris inaequilatera ist aus Kohlen-Kalkschichten von Rothwaltersdorf in Schlesien bekannt, wo neben Pflanzenresten auch die bekanntesten Kohlenkalkthiere vorkommen.

Ein andere Art scheint auch eine Rhacopteris, und zwar scheint sie zwischen Stur's Rhacopt. transitionis und Rhacopt. Machanecki zu stehen. (Andere Formen werden im Nachtrage abgebildet.)

Dann ist ein Sphenophyllum, das ich jedoch nicht specifisch bestimmen will, da es nur fragmentarisch vorliegt.

Endlich als das wichtigste Fossil erscheint wieder Cyclostigma. Es liegt in zwei Exemplaren vor[*) die Narben sind zwar etwas grösser und etwas näher stehend, als bei dem typischen Cyclostigma Kiltorkense Haught. (und Heer) stimmen aber in Struktur ganz mit denen der genannten Art überein.

Wir haben also in dien Schichten eine Flora, die vier Formen repräsentirt; zwei davon sind solche, wie sie auch im europäischen Kohlenkalk und Culm vorkommen, die dritte, Cyclostigma ist charakteristisch für die Ursastufe und aus Kohlenkalk-Culmschichten bisher nicht bekannt. Stur hat diese in seiner Beschreibung der Culmflora ausdrücklich betont und als charakteristische Pflanzen der Ursastufe das Cyclostigma Kiltorkense Haught. und Palaeopteris Römeriana Gopp. sp. hingestellt.

Die vierte Form, Sphenophyllum, gehört zwar hauptsächlich der produktiven Kohlenformation an, beginnt aber schon in oberdevonischen Schichten in Canada (St. John) die jedoch Prof. Heer zu seiner Ursastufe stellt.

Wenn wir nun die Lagerung der Schichten bei **Smith's Creek Stroud** und bei **Port Stefens** berücksichtigen, dann das Vorkommen von **Cyclostigma** in Betracht ziehen, sowie ferner den Umstand, dass auch schon in den Schichten von Goonoo-Goonoo ein **Cyclostigma** vorkommt und dass eine von den neben **Cyclostigma** vorkommenden Pflanzen eine Kohlenkalkpflanze[**]) sei, so liegt die Vermuthung sehr nahe, dass die in Rede stehenden Schichten die **Ursastufe** Europas repräsentiren dürften.

Diese Ansicht stütze ich jedoch einzig und allein auf das Vorhandensei von Cyclostigma.

In das Bereich der Schichten die auch schon durch ihre Pflanzenfossilien in die untere Kohlenabtheilung zu stellen sind, gehören auch die Schichten in Gippsland (Victoria), mit Lepidodendron australe.

Diese Schichten sind über einen grossen Theil Gippslands ausgebreitet und wurden in ungleichförmigen Lagerung über echten Devonischen Schichten gefunden.

Ich glaube aber nicht dass diese Art ident ist mit dem früher besprochen Lepid. nothum und würde geneigt sein es mit Me'Coy als der Kohlenformation gehörig anzusehen.

Das Verhältniss dieser Gippslandschichten aber zu den von Smith's Creek und Port Stephens ist mir nicht ganz klar — noch konnte ich mich darüber belehren — doch bin ich geneigt, anzunehmen, dass sie etwas jünger sind.

---

[*]) Dies besieht sich auf die erste Sendung.
[**]) Eine zweite ist Culmpflanzen sehr nahe.

I. Equisetaceae.

Genus: **Sphenophyllum** Bgt.

Die Gattung Sphenophyllum ist hauptsächlich in der produktiven Abtheilung der Kohlenformation reichlich vertreten, doch nicht ausschliesslich.

Wir wissen, dass es wohl tiefer anfängt, als auch weiter nach aufwärts sich erhält.

Herr Dawson hat uns ein Sphenophyllum antiquum aus Oberdevonischen Schichten (die Heer zur Urausstufe stellt) von St. John in N. Amerika bekannt gemacht.

Wenn ich nicht irre, so habe ich in der Sammlung des Breslauer Mineralogischen Museums (Prof. F. Römer) ein Sphenophyllum von Rothwaltersdorf gesehen.

Ferner kenne ich ein Sphenophyllum aus dem Gasschiefer von Nürschan in Böhmen, den ich als Uebergangsschicht zwisch Carbon und Perm ansehe.

Endlich haben wir ein Sphenophyllum trizygia in den Kohlenschichten in Indien, die wohl als Trias angesehen werden müssen.

Aus Australien war bis jetzt nichts Bestimmtes von Sphenophyllum bekannt. Das was Unger Sphenophyllum australe nannte, ist in der That eine Vertebraria australis Mc' Coy.

Sphenophyllum sp. Tafel II fig. 1.

Der einzige mir vorliegende Rest ist auf angeführter Tafel abgebildet. Er zeigt einen Theil des Stengels mit einem Gelenke und einem Blattwirtel in demselben.

Die Blätter sind von mittlerer Grösse und ausgezeichnet Keilförmig, zerschlitzt.

Der Rest scheint mir nicht hinreichend zur specifischen Bestimmung; es ist die generische Bestimmung schon von Interesse, denn diese ist, so weit ich die Litteratur kenne, das erste Sphenophyllum aus Australien, das bekannt gemacht, oder wenigstens abgebildet wird.

Localität: Port Stephen, New-South-Wales aus untersten carbonischen Schichten (?Urausstufe).

II. Filices.

Die Farren sind nun durch eine Gattungen und zwei Arten repräsentirt.

Neuropterides (?Sphenopterides).

In folge der Classification Schimpers, wenn ich die zu beschreibenden Farne zu den Neuropteridenstelle.

Genus: **Rhacopteris** Schimp.

1869. Traité de Palaeont. végét. Vol. I.

Schimper gründete diese Gattung auf Grund der früheren Art Asplenites elegans Ettgh. oder Sphenopteris Asplenites Gutb. D. Stur in seiner Culmflora hat dann den Umfang dieser Gattung bedeutend erweitert.

Mir lagen zwei verschiedene Formen vor, von denen ich jedoch nur eine als neu ansehe, während ich die andere mit einer schon bekannten identificire. Wenn ich vielleicht nicht ganz richtig geurtheilt haben sollte, so glaube ich doch, dass ich nicht weit gefehlt habe. (Andere Formen werde ich noch im Nachtrage abbilden.)

Rhacopteris inaequilatera Schimp. (Göpp). Taf. I. f. 3. 3a; Taf. 3; Taf. 4. f. 1. 2.

    1859. Cyclopteris inaequilatera Göppert. Flora der silurischen, devon. und unteren Steinkohlenf. pag. 72 tab. 37, f. 6. 7, a und b.

    1873. Idem, Feistmantel, z. d. D. Geol. Ges. p. 524.

    1874. Palaeopteris inaequilatera, Schimper, Tr. d. Pal. véget. III. Vol.

    1875. Stur erwähnt diese Art bei Rhacopteris; Culmflora, p. 75. 76.

Ich war unschlüssig, ob ich diese Farre zu Palaeopteris Schimp. oder Rhacopteris Schimp. (Stur) stellen soll. Doch glaube ich ist Stur richtiger, wenn er selbe zu Rhacopteris stellt.

Göppert beschrieb diese Art zuerst als Cyclopteris aus dem Kohlenkalk von Rothwaltersdorf. Ich selbst beschrieb dann 1873 (l. c.) eine Sphenopteris Römeri, die vielleicht besser Rhacopteris Römers genannt werden sollte und zu Rhacopteris inaequilatera in einiger Beziehung zu sein scheint.

Herr D. Stur beschrieb aus den Culmschichten besonders zwei Arten, Rhac. paniculifera und Rhac. flabellifera, zu denen meine Sphenopt. Römeri und Cyclopt. inaequilatera in Beziehung sind. Die Unterschiede liegen glaube ich in der grösseren oder geringeren Zertheilung der Blättchen.

Wenn wir unsere Figuren der Exemplare aus Australien ansehen und mit denen der genannten Rhacopteriden vergleichen, besonders fig. 3a. so ist ihre Zugehörigkeit zu Rhacopteris im Sinne Sturs kaum zu bezweifeln.

Unsere Exemplare bieten verschiedene Stadien der Erhaltung dar.

Die Blättchen sitzen mit kurzen ziemlich dicken Stielchen auf einer Rhachis, die wie es scheint (Taf. 3. f. 2) von einer Centrallinie durchzogen ist. Die Form der Blättchen ist mehr weniger regelmässig viertelkreisförmig, der untere und innerseitliche Rand etwas ausgebuchtet, der äussere Kreisförmig.

Dieser äusser Rand ist gekerbt — aber eine Spaltung habe ich unter den Exemplaren der ersten Sendung nicht wahrnehmen können. Die Nerven verlaufen von der Ansatzstelle radiär, fächerförmig bis zum Rande, dichotom getheilt.

An den abgebildeten. Exemplaren zeigen die Blättchen hie und da abweichende Formen, doch auf Taf. 3. fig. 2 stimmen die Blättchen ganz mit Rhacopteris inaequilatera Gopp überein, zu der ich denn auch die australischen Exemplaren hinzuziehe; mit der genannten Art stimmt auch die Nervatur der australischen am nächsten überein.

Auf Taf. 4. f. 1 und 2, sowie Taf. 3 f. 1. scheinen Endwedel vorzuliegen, doch kann ich nicht entnehmen ob unsere Pflanze einfach oder zweifach gefiedert war.

Von anderen Arten steht unseren Farren Sturs Rhacopteris flabellifera am nächsten; doch sind hier die Blättchen etwas länger als breit und ist der gerundete Rand tiefer geschlitzt und gekerbt.

D. Stur hat seine Art selbst zwischen Cyclopt. (Rhac.) inaequilatera und Sphenopt. petiolata Sandb. gestellt und kann ich die australischen Formen nur als Rhacopt. inaequilatera Gopp. sp. oder sehr nahe verwandt ansehen.

Diese Art ist eine Kohlenkalkpflanze.

Vorkommen: Port Stephens, und Smith's Creek Stroud, in N. S. Wales, in der unter Kohlenformation (vielleicht Urcmstufe).

Erklärung der Figuren:

Taf. 2. f. 3. Rhacopt. inaequilatera von Smith's Creek Stroud.

    3a. Blättchen vergrössert — Nerven zeigend.

Taf. 3. f. 1. Dieselbe Art von Port Stephens.
2. Vom Smith's Creek Stroud.
Taf. 4. f. 1. 2. Von Port Stephens.
Odontopteris ovata Ung. (Me' Coy sp.)
1847. Otopteris ovata Me' Coy l. c. p. 148 Taf. IX. f. 2.

Unter diesem Namen hat Herr Me' Coy ein Fragment einer Farre von Arowa abgebildet, und betrachtete die Lokalität als zu den oberen Kohlenschichten gehörig. Herr W. B. Carke zog jedoch diese Lokalität in das Bereich der unteren Kohlenschichten indem er annimmt, dass diese Pflanze von Arowa und die von mir als Rhacopteris angeführten Form von Smith's Creek Stroud dasselbe sind. In der neuen Sendung finden sich auch zwei Exemplare von Arowa, die mit denen von Smith's Creek Stroud dasselbe sind; falls selbe Me' Coys Pflanze darstellen, so ist an ihrer Indentität mit der oben erwähnten Rhacopteris nicht zu zweifeln. Wenn aber dieses auch nicht der Fälle wäre, so ist an der Identität der Farrenformen von Arowa und Smith's Creek Stroud, wie sie in Herrn W. B. Clarke's Sammlung vorliegen gar kein Zweifel.

Rhacopteris intermedia Taf. 2. f. 2.

Fronde pinnata; rhachi crassa, linea media prominente percursa. Pinnulis alternantibus, pedunculatis, oblonge rhombeis, laciniatis laciniis cuneatis, mediis longissimis, in pinnulis superioribus rarioribus. Marginibus laciniarum denticulatis; nervis pluribus furcantibus, in laciniis radiantibus.

Diese Form erinnert stark an Herrn Sturs Rhacopteris transitionis und Rhacopt. Machanecki in der Bildung der Rhachis; diese ist ziemlich breit und von einer hervorstehenden Linien der ganzen Länge nach durchzogen. An den Seiten dieser Rhachis sind die Blättchen eingefügt. Diese jedoch unterscheiden unsere Art von beiden erwähnten aus dem Dachschiefer indem unsere Art die Mitte hält zwischen beiden. Rhacopt. transitionis Stur. hat mehr zerschlitzte Blättchen, während bei Rhac. Machanechi Str. sie fast unzertheilt sind; ich habe mich desshalb nicht berechtigt gesehen, unsere Form mit der einen oder der anderen Art der H. Stur zu vereinigen, und habe für selbe den obigen Speciesnamen gewählt.

Das abgebildete Exemplar, das beste von den mir vorliegenden, zeigt glaube ich deutlich das einfach gefiederte Blatt und zwar scheint es das Wedelende zu zeigen.

Localität: Port Stephens, N. S. Wales, aus Untercarbonischen Schichten (?Ursastufe).

III. Lycopadiaceae.

Die Lycopodiaceenreste aus diesem Bereiche der Kohlenschichten sind etwas zahlreicher; mir selbst liegt insbesondere die Gattung Cyclostigma vor; Herr Clarke erwähnt zwei Arten von Lepidodendron, von denen ich jedoch nur eine in Photographie gesehen habe; und Me' Coy beschreibt auch ein Lepidodendron.

Ich finde es am zweckmässigsten zuerst jene Reste zu beschreiben, die mir vorliegen.

Genus: Cyclostigma Haught.

Haughton: Ann. and May. N. Hist. Vol. V. 3d Ser. p. 444. 1871 Heer: Fossile Flora der Bäreninsel p. 43. 1874 Schimper: Pal. végét. Vol. III. p. 530.

Trunco arboreo dichotomo, corticata; pulvinulis foliorum delapsorum minutis subglobosis vel deplanato circularibus, vertice faveolatis tecta; impressione quorum circulari
an obovato circulari, profundiuscula, superna inparte tuberculo notata. Foliis linearinearibus,
medio carinatis.

Ich habe schon im vorhergehenden ein Cyclostigma erwähnt, von Goonoo-Goonoo; jetzt habe ich
ein anderes, etwas besser erhaltenes zu beschreiben. Die jetzt zu beschreibenden Formen sind zwar etwas
grösser, doch ist fast gar kein Grund vorhanden warum sie nicht zu derselben Art gehören sollten. Cyclostigma australe Feistm. Taf. 4. f. 3. 3a. Taf. 5. fig. 1. Trunco arboreo, ramis teneris, teretibus;
pulvinulis subglobosis, faveolatis, approximatis, spiraliter dispositis, impressionibus oblonge
ovalibus, profundiusculis, superne in parte tuberculo oblonge-ovato notatis.

Diese Art, die mir in zwei Exemplaren vorliegt, unterscheidet sich von den Abbildungen des Cyclostigma Kiltorkense, wie sie Heer in seinem erwähnten Werke gegeben hat, durch die, bei dünneren
Stämmen (oder Aesten), verhältnissmässig grösseren Narben, die viel näher beisammen stehen. In der Bildung
dieser Narben selbst konnte ich jedoch keinen grossen Unterschied finden zwischen denen der mir vorliegenden Stücke und der Heer'schen Abbildungen.

Die Narben sind länglich rund, in regelmässigen Spiralen gestellt und enthalten am oberen Theile
der Periferie (auf die Stellung der Figuren bezogen), ein länglich- rundliches Höckerchen.

Um nicht falscher Identification angeklagt zu werden habe ich die vorliegenden Exemplare als
Cyclostigma australe unterschieden, bemerke jedoch, dass selbe doch in einem gewissen Verhältnisse zu
Cyclost Kiltorkense stehen könnten.

Localität: Vom Smith's Creek Stroud, N.S. Wales, in untercarbonischen Schichten (Ursastufe?)

Genus: **Lepidodendron** Stbg. (Bergeria Presl.)

Lepidodendron australe Mc' Coy Taf. 13 fig. 3. 4. Trunco dichotomi cicatricibus tecto;
cicatricibus rhombeis, ad 4 lin. longis et 3^1_2 lin. latis, tuberculo minimo ovali, rarius media in
parte sæpius ad angulum superiore posito fossulaque media notatis, Ramis cicatricibus simi-
libus tectis.

1874. Mc' Coy Prodromus of the Palaeontology of Victoria, Decade I. p. 37—39, Plate IX.

Diese Art vergleicht Mc' Coy als fast indentisch mit Lepidodendron tetragonum Stbg., so dass
er selbe in der That nur als Varietät betrachtet.

Ich kann aber Herr Mc' Coy nicht folgen, wenn er auch Carruthers Lepid. nothum aus Queensland als wahrscheinlich indentisch mit der gegenwärtigen Art ansehen möchte.

Zum leichteren Vergleiche habe ich Herrn Mc' Coy's fig. 1a. 1b. Taf. IX auf meiner Taf. 13 f. 3. 4;
wiedergegeben — ich glaube die Figuren sind ziemlich verschieden von denen des Lepid. nothum aus
Queensland Taf. 14 f. 6. 7. 8 und denen von Goonoo-Goonoo (N. S. Wales) auf Taf. 1. f. 1—5.

Der Sandstein, der die gegenwärtige Art in Victoria enthält, wurde über eine grosse Ausdehnung
in Gippsland vorgefunden und zwar ungleichförmig auf Devon liegend.

Localität: Häufig im rothen und glimmerigen Kohlensandstein am Avon-Flusse in Gippsland,
5 Meilen ober Bushy-Park.

Lepidodendron comp. dichotomum Strbg.

1875: Clarke (Rev. IV. B.) Sedim. Form N. S. W. in Mines and Min. Stat. N. S. W. p. 161. 162.
Diese Art wird nicht näher beschrieben sondern nur erwähnt in dem oben angeführten Werke.

Lepidodendron rimosum Corda Tafel 5 fig. 2.

1875. Clarke, C. c. p. 162.

Neben Lepidodendron dichotomum Stbg. führt Herr W. B. Clarke noch eine zweite Art an, nemlich Lepid. rimosum. Er hat von dieser Art eine photographische Ansicht, im J. 1876 mit den Pflanzenresten geschickt, doch habe ich selbe erst vor Kurzem ganz zufällig zur Ansicht bekommen und gebe hier eine Copie davon.

Es hat zwar eine Aehnlichkeit mit Lepid. rimosum doch scheinen mir die Narben etwas zu schlank und nicht so rhombisch wie in Lepi. rimosum. Wenn wir bedenken, dass dieses Lepidodendron auch aus den tiefsten Schichten stammt, mit Kohlenkalkthieren etc., so würde ich eher glauben, dass eine der Foren des viel gestaltigen Lepidod. Veltheimianum Stbg. vorliegt.

Localität: Untercarbonische Schichten am Rouchel River N. S. Wales, Prov. Durham. Herr Clarke fügt hinzu: „with abundance of lower carboniferous marine forms."

Uebersicht der Pflanzenreste in den untercarbonischen Schichten.

Name der Petrefacte.	Australien. N. S. Wales. Victoria.	Andere Länder.
Equisetaceae. Sphenophyllum sp.	Port Stefens-New-South-Wales. Untercarbonisch.	Oberdevon — Perm.
Filices. Rhacopteris inaequilatera Göpp.	Port Stefens, und Smith's Creek Stroud. Untercarbonisch. (Kohlenkalk? Ursstufe?)	Kohlenkalk von Rothwaltersdorf Schlesien.
(Otopteris ovata Mc'Coy).	Arowa.	
Rhacopt. intermedia Fstm.	Port Stefens. Untercarbonisch. (Kohlenkalk? Ursstufe?	Zwischen Rh. transitionis und Rhc. Machanecki Star, aus dem Mährisch-Schlesischen Dachschiefer.
Lycopodiaceae. Cyclostigma australe Fstm.	Smiths Creek Stroud. Kohlenkalk? Ursstufe.	Die Gattung vertreten besonders durch Cycl. Kiltorkense nur in der Ursstufe in Irland (Kiltorkan) und auf der Büreninsel.
Lepidodendron australe Mc'Coy.	Avon River, Victoria. Unter Kohlenformation.	Lepidodendron tetragonum Stbg.
Lepidod. comp. dichotomum Stbg.	Rouchel River, Durham. Untercarbonisch (Carke)	Kohlenformation, dieselbe Art.
Lepid. rimosum Cord. (Vielleicht Lepid. Veltheimanum Stbg).	Rouchel River. Untercarbonisch.	Dieselbe Art in der Kohlenformation.

B. Pflanzen, die nur durch die Vergesellschaftung mit den marinen Thierresten als von carbonischem Alter zu bezeichnen sind.

(Erstes Auftreten mesozoischer Formen: Glossopteris, Phyllotheca etc.)

Die in diesem Abschnitte zu beschreibenden Pflanzen stammen aus Schichten unter der ersten marinen Fauna. Dieselben sind in N. S. Wales vom Stony Creek, von Greta, Rix's Creek, Anvil Creek, M. Wingen etc. bekannt; von drei ersten Lokalitäten liegen mir Exemplare von Glossopteris vor. Andere Pflanzen habe ich nicht gesehen.

Aus Queensland sind die Glossopterisbeds hierher zu stellen, obwohl es bei weitem nicht ausgemacht ist dass alle Glossopteris mit marinen Schichten vergesellschaftet sind.

Des Zusammenhanges wegen will ich auch die von Strzelecki aus Tasmanien beschriebenen Schichten, die scheinbar unter anderen mit Pachydomus globosus liegen und drei Pflanzen (jedoch Glossopteris nicht darunter!) enthalten hier anführen; von diesem haben wir Abbildungen, so dass ich werde auf selbe verweisen können. Doch beweist Selwyn dass dieser Fall existire.

Ausserdem aber werden noch zwei Pflanzen bloss dem Namen nach (als Gattungen) angeführt, die ich nicht gesehen habe, weder in Abbildung noch in Wirklichkeit, so dass ich selbe auch nur als solche werde anführen können.

Ich beschreibe zuerst die mir vorliegenden Formen.

Genus: **Glossopteris** Bgt.

1828. Brongniart, Hist. végét. foss. p. 222.

Da ich diese Gattung noch in der nächst höheren Abtheilung von Schichten anzuführen haben werde, will ich die nähere Besprechung für dort aufsparen und hier nur die Arten beschreiben.

Glossopteris Browniana Bgt.

1828. Brongniart l. c. p. 223 tab. 62, f. 12 var. α.

Von dieser Gattung unterschied Brongniart, der erste Beschreiber derselben, gleich von vorne hinein zwei Varietäten eine australasiaca und eine indica.

Schimper erhob letztere zu einer eigenen Art, als Glossopteris indica, während er den Namen Glossopteris Browniana für die australischen Formen beibehalten haben wollte.

Brongniart beschrieb diese Art nach Exemplaren vom Hawkesbury-River, 10 Meilen Nord von Port-Jackson, wie es scheint, aus den oberen Kohlenschichten. Auch die meisten der folgenden Beschreiber bilden die aus den oberen Kohlenschichten ab.

Später aber wurde das Vorkommen der Gattung und nach Angaben der Entdecker, auch aus den unteren Kohlenschichten (unter der marinen Fauna) berichtet, und zwar aus New-South-Wales durch H. W. Clarke, und aus Queensland durch H. Daentree.

Mir lag unter den Exemplaren der ersten Sendung diese Art aus den tieferen Schichten nicht vor — daher gehe ich nicht näher auf die Beschreibung ein und gebe keine Abbildung — nächstens werde ich es aber thun können.

Ich will nur bemerken, dass ihre Hauptverbreitung in den New Castle-beds (N. S. Wales) ist, und dass sie auch aus den indischen Kohlenschichten bekannt ist.

Die mir in der ersten Collektion vorliegenden Exemplare von Glossopteris aus den unteren Kohlenschichten und die ich auf Tab. 5 abbilde, stimmen nicht mit der echten Browniana überein; Fig. 3 und 4 sind ganz verschieden davon, während die Fig. 5—7, die ebenfalls dazu gezogen werden könnten, mir doch noch dermassen von allen Abbildungen abzuweichen scheinen, dass ich selbe als Varietät unterscheiden muss.

Glossopteris Browniana, var. praecursor Taf. 5. fig. 4—7.

Foliis parvulis, elongato-spathulatis; costa distincta, ad apicem subevanescente; nervis secundariis sub angulo acuto eggredientibus, arcuatis, furcatis, anastomosantibus, retia subaequalia, elongata polygonalia formantibus.

Diese Figuren sind die einzigen, die ich als mit Gl. Browniana verwandt anführen kann.

Vielleicht werden uns andere Autoren noch mit anderen Formen derselben Art aus diesen Schichten bekannt machen. Ich selbst werde nächstens noch andere abbilden.

Localität: Aus Schichten unter der ersten Marinen Fauna vom Stony Creek, N. S. Wales.

Glossopteris primaeva n. sp. Taf. 5. f. 3. 3a.

Foliis spathulatis; costa crassa lineata; nervis secundaris sub angulo 20—30 graduum eggredientibus, parallelis, dichotomis, anastomosantibus, retia polygonalis, ad rhachidem latiora brevioraque, margines versus longiora angustioraque formantibus.

Diese Art ist durch ihre Nervation characterisirt. Die Rhachis ist ziemlich stark, gestreift; die Seitennerven gehen unter einem Winkel von 30° (die unteren) und 20° (die höheren) aus, sind dem Umrisse nach parallel, getheilt und bilden Maschen, von denen die mittleren der Rhachis näheren kürzer und breiter sind, während die zum Rande näheren länger und schmäler werden.

Ich kenne keine ähnliche Form aus den oberen Schichten oder aus den Damudas in Indien.

Localität: Aus Schichten unter der ersten marinen Fauna von Greta, N. S. Wales.

Glossopteris Clarkei n. sp. Tafel 5. f. 4. 4a.

Foliis elongato-obovatis, obtuse acuminatis, rhachi distincta, mediolineata; nervis secundariis parallelis, dichotomis, maxima in parte folii liberie Taeniopteris instar ad marginem solum bisterque anastomosantibus, retia rhombeepolygonalia formantibus.

Diese eigenthümliche, deutlich gekennzeichnete Art habe ich Herrn Rev. W. B. Clarke gewidmet, dessen Untersuchungen es gelang diese Farrengattung in Schichten unter und mit den marinen Schichten nachzuweisen.

Das Blatt ist länglich oval, mit ziemlich deutlicher Mittelrippe, die durch eine etwas vertiefte Mittellinie gekennzeichnet ist, die Seitennerven gehen unter spitzem Winkel etwas bogenförmig gegen den Rand hin, sind von der Ursprungstelle dichotom, nach Art einer Taeniopteris und nur gegen den Rand hin sind zwei bis drei Anastomosen. — Hierdurch ist die Art ganz besonders charakterisirt.

Localität: Pflanzenschichten unter marinen Schichten von Rix's Creek, N. S. Wales.

Glossopteris — als Gattung ist noch genannt vom Anvil Creek, Mt. Winges und von der Raymond Terrace, zwischen Anvil Creek und N. Castle (Murce). Vom Anvil Creek werde ich im Nachtrage Exemplare beschreiben.

11 *

Aus dieser Abtheilung von Schichten werden weiter angeführt:

Phyllotheca nur als Gattung 1875 Mines and Min Statistics, N. S. Wales, p. 132. Diese Art werde ich eingehender im nächsten Absatze besprechen.

Localität: Anvil Creek, N. S. Wales.

Nöggerathia wird auch aus diesen Schichten angefügt.

Auch diese werde ich weiterhin besprechen.

Endlich habe ich noch jene drei Arten anzuführen die Strzelecki aus Tasmanien, als scheinbar unter Schichten mit Pachydomus globosus liegend angeführt. Es sind die folgenden:

Pecopteris odontopterides Morr. Tafel 13, f. 5.

1855. Morris in Strzelecki l. c. p. 249. Pl. VI. f. 2. 3. 9.

Von dieser liegen Exemplare aus den oberen Schichten vor — weshalb ich sie dort beschreiben werde; ich habe eine der Morris'schen Abbildungen coupirt. Ich werde selbe als Thinnfeldia beschreiben.

Localität: Jerusalembasin — Tasmannia.

Pecopteris australis Morr.

1845 Morris l. c. p. 248 Pl. VII. f. 1. 2. 2a.

Auch diese wird weiter eingehender beschrieben.

Ich habe Mc'Coys Abbildung (siehe Taf. 14, fig. 1. 1a) wiedergegeben, die zugleich deutlich zeigt, wie verschieden die Art von Pecopt. Lindleyana der indischen Kohlenschichten ist.

Localität: Dieselbe.

Zeugophyllites elongatus Morr. Tafel 13, f. 6. 6a.

1845. Morris l. c. p. 250. Pl. VI. f. 5. 5a.

Diese Art ist viel häufiger in den oberen Kohlenschichten, den New-Castlebeds, siehe daher dort die Beschreibung.

Localität: Dieselbe.

Namen der Petrefacte.	Australien und Van-Diemensland.	Andere Länder.
Mir vorliegende Exemplare:		
Glossopteris Browniana var. praecursor.	Stony Creek, N. S. Wales, Schichten unter marinen Fauna.	
Gloss. primaeva Fstm.	Greta, N. S. Wales; aus denselben Schichten.	
Gloss. Clarkei Fstm.	Rix's Creek, N. S. Wales aus ähnlichen Schichten.	
Angeführt wird noch weiter:		
Glossopteris Browniana Bgt.	Anvil Creek, Mt. Wingen, Raymond Terrace, und von den oben genannten Localitäten, sowie von Queensland.	Indien; Damuda Series.

Namen der Petrefacte.	Australien und Van-Diemensland.	Andere Länder.
Phyllotheca-genus. Nöggerathia-genus. zweifelhaft:	Anvil Creek, N. S. Wales. Aus ähnlichen Schichten.	Indien, Damuda Senes; Sibirien Mitteljura; Unter-Oolith-Italien (Oolith England?)
Pecopteris odontopteroides (Thinnfeldia).	? Jerusalem Basin, Van-Diemensland.	
Pecopteris australis Morr. und Mc' Coy.	? Jerusalems Basin Vandiemensland. (Häufiger in höheren Schichten).	Pecpt. Scarburgensis — Engl. L. Ool.
Zeugopyllites elongatus Morr.	? Jerusalem Basin. (Häufiger in den New-Castlebeds).	Podozamites.

Vergleichung der bis jetzt erwähnten Schichten mit solchen in Indien und anderwärts.

Von den bis jetzt besprochenen Schichten der unteren Kohlenformation in Australien, haben wir in Indien kaum etwas ähnliches nachzuweisen, wohl aber anderwärts.

Wie ich es im vorigen angeführt habe, weisen die Schichten von Goonoo-Goonoo, Lepidodendron nothum und Cyclostigma auf; die dann folgenden Schichten von Port-Stephens und Smiths Creek-Stroud enthielten wieder Cyclostigma (C. australe), 2 Rhacopteris-Arten (Rh. inaequilatera und Rh. intermedia) und ein Sphenophyllum, die dann folgenden Schichten von Stony Creek, Rix's Creek, Greta, Anvil Creek, Mt. Wingen, Raymond-Terrace (alle im Nördlichen Theile N. S. Wales) sind besonders charakterisirt durch das Vorkommen von Glossopteris und Phyllotheca zwischen Schichten mit marinen Thierresten von carbonischem Typus.

Die erst erwähnten zwei Gruppen, in denen als besonders interessant das Vorkommen von Cyclostigma zu nennen ist, eine Gattung, die soweit mir bekannt, nur aus Irland und von der Bären-Insel beschrieben wurde aus Schichten, die eine eigene Stufe, die Heer Ursa-stufe genannt hat [*], zwischen Devon und Bergkalk darstellen, glaube ich auf Grund dieses Vorkommens von Cyclostigma als Repräsentanten der Ursa-Stufe in Australien (resp. N. S. Wales) ansehen zu können.

Mit diesem soll natürlich nicht gesagt werden dass beide Ablagerungen gleichzeitig sein sollen; doch sind die palaeontologischen Verhältnisse gleichartig und sind diese Schichten in Australien auch durch die Pflanzenreste allein als palaeozoisch gekennzeichnet.

Die dann folgende Ablagerung ist auf Grund der marinen Thierreste auch als palaeozoisch anzusehen, enthält aber Pflanzenschichten mit Glossopteris, Phyllotheca und Nöggerathia eingelagert, die man früher nur aus den oberen Kohlenschichten anführte und die für sich selbst betrachtet, einen mesozoischen Habitus tragen.

[*] Heer: Foss. Fl. d. Bäreninsel, 1871; p. 8

Wir können diese als erstes Auftreten der mesozoischen Flora in palaeozoischen Schichten bezeichnen.

Auch diese Gruppirung ist in den indischen Kohlenschichten nicht vorhanden, die nur durch eine Flora gekennzeichnet sind, und scheint es mir immer noch am gerathensten, unsere Kohlenschichten in Indien nur mit den Newcastlebeds zu vergleichen, wie es auch mit den Süd-Afrieanischen Karoobeds der Fall sein dürfte, ob zwar diese theilweise abweichende Verhältnisse darbieten.

2. Petrefacte aus den Schichten über der marinen (unteren) Abtheilung der Australischen Kohlenschichten.

(New-Castle-bed; zweites Auftreten der mesozoischen Flora).

Ueber diesen eben besprochenen Schichten mit echter untercarbonischer Flora und marinen carbonischen Thierresten liegt ein mächtiger Complex von Schichten, der abgesehen von den Fischen, die ich speciell betrachten werde, vorzüglich durch das Vorhandensein einer reichlichen Flora gekennzeichnet ist.

Diese Abtheilung bildet den grössten Theil der australischen Kohlenformation. Die Hauptumgrenzungspunkte sind: New-Castle, Bowenfels, von da in etwas schiefer süd-ost-südlicher Richtung zum Kangaroofluße; von da nord-östlich nach Wollongong.

In den „Mines and Mineral Statistics of New-South-Wales" 1875 ist auch eine Kartenskizze der Kohlenformation in N. S. Wales (Plan 5.) gegeben wo durch eine dick-gestrichelte Linie das beobachtete Ausgehende der oberen Kohlenabtheilung bezeichnet ist und wo mit **A, B, C, D, E, F, G, H, I,** und **J** jene Schichte angezeigt sind, von denen in demselben erwähnten Buche die Durchschnitte angegeben sind, doch bezeichnen selbe auch recht wohl die Grenzpunkte.

Diese Schichten sind auch unter dem Namen der „New-Castle-bed" bekannt.

In Herrn Clarkes Sammlung waren besonders Petrefacte von N. Castle, Bowenfels und Blackmanswamp enthalten.

Diese Abtheilung von Schichten die besonders Kohlenführend ist war es, um deren Alter besonders gestritten wurde; Herr Rev. Clarke behauptet auch diese Abtheilung gehört zu der echten Kohlenformation an, wozu er in Anbetracht der Australischen Verhältnisse wohl einigermassen berechtigt ist, obwohl ich für meinen Theil meinen würde, dass diese Schichten etwas jünger sein dürften als die früher besprochenen.

Die Beziehung dieser Schichten zu den tiefer liegenden (Stony Creek, Rix's Creek etc.) wird besonders als durch Phyllotheca, Glossopteris und Nöggerathia hergestellt angegeben.

Thierreste.

Fische. (Heterocerk.)

Genus: Urosthenes Dana.

1849 Geology, Un. St. Explor. Exped. p. 681. etc.

Urosthenes australis Dan. Taf. 6. Fig. 5.

1849 Dana ibidem, Plate I. f. 1.

Ich habe den Schwanz dieses Fisches abgebildet.

Localität: New-Castle.

Pflanzen.

I. Equisetaceae.

Diese Klasse ist reichlich vertreten jedoch nur was die Exemplare anbelangt, während die Verschiedenheit von Formen nur gering ist, indem wir es nur mit zwei Gattungen zu thun haben.

Genus: Phyllotheca: Bgt.

1828 Brongniart Prodrome p. 152.

Plantis herbaceis; habitu Equisetorum. Caule simplici vel ramoso, articulato, sulcato. Ramis e foliorum axillis haud infra vaginam eggredientibus articulatis. Foliis verticillatis, basi in vaginam connatis, superne liberis linearibus et lineari lanceolatis, aequalibus, erecto incurvis, costatis.

Diese Gattung wurde zuerst von Brongniart vom „Hawkesbury river" in Australien beschrieben; in diesem Lande ist sie sehr reichlich vertreten, und ist in verschiedenen Horizonten anzutreffen; sie wird zuerst aus den Schichten mit marinen Thierresten angeführt; ungemein häufig ist sie in der nächst höheren Abtheilung, den Newcastlebeds; und kommt vor in den höchsten Pflanzenschichten von Victoria.

Später wurde sie aus dem Italienischen Unteroolith bekannt gemacht (durch Zigno); dann beschrieb Sir Ch. Bunbury eine Art aus Indien, wo sie mit Sicherheit nur aus den höheren Kohlenschichten (Kamti-Ranigany group) bekannt ist.

Endlich wurde diese Gattung erst neulich 1876 von Prof. Heer aus dem Mitteljura Ostsibiriens beschrieben, auch stellt Heer das Equisetum laterale hieher, während Schimper es als Schizoneura(?) citirt. Soweit unsere Kenntniss steht, so ist diese Gattung in Australien am zahlreichsten und manigfaltigsten entwickelt; hier ist sie neben Glossopteris das häufigste Fossil.

In Indien ist die echte Form, nemlich jene mit beblätterten Aesten ziemlich vereinzelt; viele von den Stengeln, die auch zu derselben gestellt wurden, gehören anderswohin.

Phyllotheca hat daher eine Verbreitung von Kohlenkalk bis in den Jura. Brongniart beschrieb ursprünglich eine Art, Mc' Coy hat später zwei andere hinzugegeben; doch möchte ich nur die Brongniart'sche Art näher berühren.

Phyllotheca australis Bgt. Taf. 6. f. 3. Taf. 7. fig. 1. 2. Taf. 15. f. 1. 2. (?)

1828. Brongniart, Prodrome p. 152.
1845. Morris in Strzelecki l. c. p. 250.
1847. Mc' Coy l. c. p. 156.
1849. Dana l. c. p. 710; Pl. 13. f. 6.

Caule erecto, simplici vel ramoso, articulato, striato, articulationibus differenter distantibus, spathis circumdatis; spathis longitudinaliter sulcatis, foliaceis; foliis spatharum longis, linearibus acutis, reflexis.

Diese Art tritt unter manigfachen Formen auf. Ich selbst bilde vier Exemplare ab, die recht verschieden aussehen und doch glaube ich repräsentiren sie dieselbe Pflanze.

Der Stengel ist gegliedert; in den Gelenken sind Scheiden, die gefurcht sind und am oberen Rande in Blätter ausgehen; die Blätter sind linear, zugeschärft und gewöhnlich nach rückwärts gebogen.

Der Stengel wird als einfach und verästelt beschrieben; ich bilde ein schön verästeltes Exemplar (Taf. 7, f. 1.) ab; in diesem sind jedoch nur die Scheiden wahrnehmbar, während die Blätter abgebrochen scheinen.

Dafür zeigt f. 2. Taf. 7 eine grosse Scheide mit ziemlich langen Blättern; auch Tafel 6. fig. 3 zeigt die Scheiden mit den schmalen Blättern.

Tafel 15. fig 1. ist besonders den dickeren Stengeln dieser Gattung aus dem Italienischen Oolith ähnlich.

Die von Prof. Heer beschriebene Phyllotheca sibirica steht der australischen Form ziemlich nahe.

Von der indischen Phyllotheca indica Bunb. kenne ich nur einige wenige Exemplare in der echten Form nemlich beblätterte Aeste; selbe stammen aus den oberen Damudaschichten (Kamthi — Raniganygroup) von Nagpur und dem Raniganywalfield aus dem letzteren in einem einzigen Exemplare vorliegend). Soweit ich die indischen Formen kenne, kann ich nur sagen, dass sie den Australischen Formen ebenso nahe stehen, wie den Formen aus dem Oolith, und wie diese wieder den australischen Arten selbst.

Herr C. Bunbury, der diese indische Art zuerst beschrieben hatte (Qu. J. Geol. Soc. Voll. XVII) hat zwar einige Unterschiede der indischen Art von den australischen selbst angegeben — denn sonst hätte er nicht eine andere Art daraus machen können — aber doch scheint es mir jetzt, dass ich in meinen einzelnen Schriften über diesen Gegenstand zu viel Gewicht auf diese Unterschiede gelegt habe.

Seitdem wir wissen, dass die Formen beider Distrikte (Indien und Australien) gleich nahe verwandt sind mit den oolithischen Formen (in Italien und Sibirien), ist es von keiner grossen Bedeutung, ob die indischen und Australischen auch ident sind; denn zur Parallelisirung müssen noch die anderen Formen hinzugezogen werden, und hier werden wir dann immer finden, dass die meisten ähnlichen Formen zwischen Indien und Australien in den australischen New-Castlebeds liegen, was aus den nachfolgenden Erörterungen ersichtlich gemacht werden wird.

Localität: Newcastle, Mulubimba, Clarks Hill in N. S. Wales; (in Victoria in den oberen mesozoischen Schichten).

Phyllotheca als Gattung wird auch aus den tieferen Schichten, nemlich jenen unter der ersten marinen Fauna (Anvil Creek, Raymond Terrace etc.) angeführt.

Ausser der eben besprochenen Art hat Mc' Coy noch zwei Arten beschrieben, nemlich:

Phyllotheca ramosa Mc' Coy.

1847. Mc' Coy, Ann. and May. Nat. H. etc. p. 156. Tab. XI. f. 2. 3.

Localität: Mulubimba.

Phyllotheca Hookeri Mc' Coy.

1847. Mc' Coy l. c. p. 157; Tab. XI. f. 4. 7.

Localität: Clark's Hill, N. S. Wales.

Es fällt mir schwer, die Verschiedenheit dieser letzteren zwei Arten von der ersten klar zu machen, weshalb ich nur die Namen anführe und auf die Originalbeschreibung verweise.

Genus: **Vertebraria** Royle 1839.

1839. Royle: Illustr. Bot. etc. Him. Mount. — Pl. II. f. 1—5.

1847. Mc' Coy: Ann. and Mag. Nat. Hist. — l. c.

1849. Clasteriai Dana, Geology, Unit. St. Exped.

1850. Sphenophyllum: Unger genera et sp. plant-fossilium.

1861. Vertebraria-Bunbury, Q. J. G. Soc.

1870. Vertebraria, Feistmantel, J. As. Soc. Beng. p. 347.

Berichtigungen zum 1. Heft der Australischen Flora.

(Supplementband III. Lieferung III. Heft 2.)

Bei dem Umstande, dass ich mein Manuscript nach Europa schicken musste und nicht selbst die Correkturen besorgen konnte, war es unvermeidlich, dass einige Druckfehler im Texte blieben, und erlaube ich mir hiermit auf die wichtigeren aufmerksam zu machen (im 1. Heft der Australischen Flora, von den Seiten 55—84.)

Seite 57, Zeile 7 und 18, von oben, lese **Plants** anstatt Planks.

"	57,	"	17	von oben, lese	**Dana** anstatt Duna.
"	57,	"	18	" " "	**Australia** anstatt Australca.
"	57,	"	3	" unten, "	**there** anstatt there.
"	57,	"	1	" " "	**done** " dore.
"	60,	"	14	" " "	**undescribed** anstatt undescnbed.
"	61,	"	11	" oben,	**respecting** " respectiny.
"	62,	"	14	" " "	**Smithscreek** " Smithscrell,
"	62,	"	14	" " "	**Port-tefens** " Pot-Stefens.
"	62,	"	16	" unten "	**Anvil Creek u. Glossopterisbeds** anst. Onvil Creek u. Glossorterisbeds.
"	64,	"	3	" oben,	**Hookeri** anstatt Hookerie.
"	64,	"	15	" " "	**und** anstatt am.
"	69,	"	20	" " "	**rocks** anstatt rochs.
"	69,	"	22	" " "	**restoring** anstatt nestoring.
"	69,	"	22	" " "	**all** anstatt oll.
"	69,	"	22	" " "	**Known** anstatt Knowe.
"	73,	"	11	" unten,	**Ich** anstatt In.
"	76,	"	1	" oben,	**corticata** anstatt corticata.
"	76,	"	2	" " "	**tecta** anstatt tecta.
"	76,	"	19	" unten,	**dichotoma** anstatt dichotomi.
"	78,	"	13	" oben,	Fall **nicht** existire anstatt Fall existire.
"	79,	"	13	" unten,	**Taeniopteridia** instar anstatt Taeniopteris instar.
"	79,	"	14	" " "	**bis-torque** anstatt bisterque.
"	82,	"	7	" " "	**Heterocerk** " Heterweerk.
"	83,	"	17	" oben,	**Raniganj** " Raniganj.
"	84,	"	10	" " "	**Raniganjgroup** und **Raniganj-coalfield** anstatt Raniganygroup und Raniganywalfield.

Die wahre Natur dieser merkwürdigen Pflanze ist bei weitem noch nicht aufgeklärt.

Die erste Abbildung stammt von Royle (l. c.) nach Exemplaren aus indischen Kohlenschichten; Royle führte den Gattungsnamen ein, und benannte zwei Arten, die jedoch zu derselben Art gehören.

Aus Australien wurde diese Gattung zuerst durch Mc' Coy abgebildet; jedoch nach einem kleinen Exemplare, das diese Form im Durchschnitte darstellt. Mc' Coy benannte seine Art Vertebraria australis, und verglich selbe mit einem Sphenophyllum, „mit eng aneinander gerückten Blattwirteln". Ich habe Mc' Coy's Originalfigur auf Taf. 6, f. 2 wiedergegeben und selbe zeigt deutlich, dass es kein Sphenophyllum sein kann.

In gewissem Grade gleicht diese Figur Royle's Vertebraria radiata.

Prof. Unger 1850 (l. c. p. 71. stellte dann diese Vertebraria australis Mc' Coy gerade zu zu Sphenophyllum mit demselben Speciesnamen (auf die Autorität Mc' Coy's hin.)

In dem, ein Jahr vor Unger's erwähntem Buche, erschienenen Werke von Prof. J. Dana (l. c.) finden wir aber aus Australien noch eine Pflanze beschrieben und abgebildet unter dem Namen Clasteria australis. Bei näherer Vergleichung aber finden wir, dass diese Clasteria nichts anderes ist, als eine Vertebraria in Royle's Sinne, und dass diese Clasteria den Längenschnitt, während Mc' Coy's Figur den Querschnitt derselben Pflanze darstellt. Ich habe zwei von Dana's Figuren auf Taf. 13, f. 7 u. 8 wiedergegeben.

Wir haben hier daher eine Pflanze die aus Australien innerhalb 4 Jahren unter 3 verschiedenen Namen beschrieben wurde:

Vertebraria (Mc' Coy 1847) Clasteria (Dana 1849) Sphenophyllum (Unger).

Diess ist natürlich an und für sich von keiner grossen Bedeutung, wenn man sich nur immer der Identität dieser drei Namen bewusst bleibt. Doch wurden von einzelnen Autoren die drei Namen auch als ebenso viel verschiedene Formen aufgefasst — was natürlich ein Irrthum ist.

Meines Wissens ist aus Australien aus dieser Abtheilung kein echtes Sphenophyllum bekannt gemacht worden — (gegenwärtig bilde ich eines aus den tiefsten Schichten ab) — und Clasteria ist zweifelsohne mit Vertebraria zu vereinigen, da dieser letztere Name früher angewendet wurde.

Mehrfach wurde bei der Besprechung der indischen Kohlenablagerungen die indische Vertebraria mit denen aus Australien als identisch erklärt, während die ursprünglichen Beschreiber der australischen Formen es für gut befunden haben diese letzteren als verschieden zu beschrieben.

Auch in diesem Falle scheint es mir, dass ich ursprünglich zuviel auf die Unterschiede der Formen in beiden Ländern, soviel ich in Abwesenheit hinreichenden Materiales nach Abbildungen schliessen konnte, gedrungen habe und bin ich heute der Ansicht ganz und gar und gar nicht abgeneigt, dass beide Formen in beiden Districte sehr ähnlich, ja selbst identisch erscheinen können; denn selbst die Identität der Formen wäre nur meiner Ansicht über die Parallelisirung der Schichten in Indien und Australien günstig, denn:

1. soweit gegenwärtig bekannt, ist Vertebraria in Australien nur in oberen Kohlenschichten (upper coalmeasures) von New-South-Wales (New-Castle-beds) vorgefunden worden; hier ist sie auch ziemlich häufig; dieses Fehlen der Vertebraria in den tieferen Schichten (lower coalmeasures) unter der marinen palaeozoischen Fauna ist jedenfalls von Bedeutung, da Vertebraria zu dem Ensemble von Pflanzen gehört die bei der Parallelisirung der indischen mit den australischen Kohlenschichten immer angeführt werden: Vertebraria Phyllotheca, Glossopteris und Nöggerathia; diesen Verein aber finden wir nur in den New-Castle-beds.

3. In Queensland, wo, wie aus den Beschreibungen des Herrn Daentree hervorzugehen scheint, die Flora der kohlenführenden Schichten viel ärmer ist als in New-South-Wales, und wo nur jene Schichten

vertreten zu sein scheinen, in denen Glossopteris mit den Meeresthieren vorkommt ist von Vertebraria, soweit mir bekannt, nichts vorgefunden worden, wenigstens hat Herr Carruthers nichts darüber berichtet. Auch aus Victoria und Tasmania ist nichts von Vertebraria bekannt geworden.

In Indien dagegen ist Vertebraria ungemein häufig, kommt in allen Kohlenablagerungen und durch die ganze Mächtigkeit derselben hindurch vor.

Eine eingehendere Beschreibung dieser Form in Indien wurde von Sir Ch. Bunbury (Qu. J. G. S. XVII. p. 338) gegeben, und ich habe denselben Gegenstand in meiner Beschreibung einiger Raniganjpflanzen behandelt, 1876; I. As. Soc. Beng. p. 347 etc.) Hier habe ich, ausgehend von Sir Ch. Bunburys Beobachtungen weiter darzulegen gesucht, dass die Vertebraria Rhizom und Wurzelfasern gewisser Equisetaceen darstelle; doch, da es wohl unmöglich ist aus den vorliegenden Beobachtungen zu entscheiden, zu welcher Pflanze sie gehören möchte, so ist es immerhin gerathener, sie als selbstständige Pflanzenform zu behandeln; nur nach der Häufigkeit ihres Vorkommens kann vielleicht geschlossen werden, dass sie zu einer häufigen Pflanzenform gehört haben mag, und diess ist in India die Schizoneura, theilweise vielleicht auch Phyllotheca, während in Australia von Equisetaceenpflanzen nur Phyllotheca zu nennen ist, zu der die Vertebraria gehört haben konnte. Wenn wir nur im geringsten berechtigt sind diese Annahme als wahrscheinlich anzusehen, so würde daraus doch ein gewisser Unterschied der indischen und australischen Vertebrarien (wenigstens der Hauptmasse derselben) ersichtlich werden.

Und so bleibt Vertebraria sowohl in Indien als auch in Australien nur vom localen Interesse.

Die Vertebraria präsentirt sich gewöhnlich in flach gedrückten länglichen Stämmchen oder Stengeln, in der Mitte der Länge nach gespalten oder mit einer Axe versehen; und die Seitentheile in scheinbar unregelmässigen Zwischenräumen mit Knickungen versehen.

Wenn wir die Stämme in Querschnitte erhalten antreffen, so präsentiren sie keilförmige Segmente.

Keine von den Australischen Formen, die ich hier abbilden konnte zeigt dieses Verhältniss so deutlich, wie die indischen Exemplare, und werden in der Beschreibung der Flora der Damuda Series (indischen Kohlenschichten) viele schöne Exemplare abgebildet werden.

Unter den indischen Formen habe ich, wie das in Journ. As. Soc. cf. Bengal, 1876, in meiner Beschreibung einzelner Raniganj-Pflanzen, auf Taf. XV. f. 3 abgebildete Exemplar zeigt, auch solche mit der Oberfläche beobachtet; sie zeigen deutlich die Mittelaxe; die Oberfläche längsgestreift, nach Art der Equisetaceen und an einzelnen Stellen ist eine Gliederung zu sehen. Auch Exemplare mit eingelenkten Abästelungen, sowie solche mit Verästelungen nach Art von Wurzelfasern sind in Indien nicht selten; aus Australien habe ich ähnliches nicht abgebildet vorgefunden und konnte selbst auch keine ähnliche Abbildung geben, da in dem mir für die gegenwärtige Abhandlung vorliegenden Materiale, nichts ähnliches vorlag; doch entnehme ich einer brieflichen Mittheilung des Herrn W. B. Clarke, dass die Vertebrarien in New-Castle-beds auch häufig sind und werde ich im Nachtrage wohl einige andere Abbildungen geben können.

Das mir jetzt vorliegende Material aus Australien bestand nur aus wenigen Formen.

Auf Taf. 6. f. 1. ist ein Exemplar von Bowenfels, westlich von Sydney abgebildet; es stellt einen mächtigen Stamm dar, theilweise im Längs- und theilweise im Querschnitt; die queren Abtheilungen sind hier regelmässiger als es sonst der Fall zu sein scheint und doch glaube ich, ist kein Zweifel dass es eine Vertebraria ist.

Daneben zur Linken (auf demselben Stücke) ist ein anderer Abdruck, der der typischen Form näher kommt.

Fig. 2. auf derselben Tafel 6 ist Mc' Coy's ursprüngliche Figur von Vertebraria australis von Mulubimba.

Auf Tafel 13 f. 7 und 8 sind zwei Figuren von Dana's Clasteria australis (nach Danas Abbildungen.) — Tafel 18 f. 4—6 sind indische Exemplare abgebildet.

Localität: Mulubimba, New-Castle, und Bowenfels in New-South-Wales.

II. Filices.

1. Sphenopterideae.

Genus: **Sphenopteris** Bgt.

Von dieser Gattung werden mehrere Formen in der Litteratur angeführt — doch habe ich keines im Original zu Gesichte bekommen, muss mich daher nur auf die schon gelieferten Abbildungen und Beschreibungen beschränken.

Sphenopteris lobifolia Morr. 1845.

    1845. Morris in Strzelecki, l. c. p. 246. Pl. VII, f. 3. 3a.

    1847. Mc' Coy. l. c. p. 149.

    1849. Dana. l. c. p. 715. Pl. 12, f. 12.

    1850. Unger, gen. et sp. plant. foss. p. 128.

Fronde bipinnata, pinnis sublinearibus, elongatis alteris, pinnulis membranaceis; inferiorum pinnarum pinnulis aequalibus, ovatooblongis, ad basim contractis, approximatis, tribus lobis subaequalibus utraque in parte uno terminali obtuso; pinnulis apicem versus acute trilobis, ac decurrentibus, nervis in lobis furcatis.

Localität: New-Castle, Mulubimba in N. South-Wales.

Sphenopteris alata Bgt. sp. 1828.

    1828. Pecopteris alata, Brongniart. Hist. végét. foss. Tab. 127; p. 361.

    1836. Aspidites alatus Göppert System. fil. foss. p. 358.

    1838. Sphenopteris alata Sternberg, Vers. d. Fl. d. Vorw. II. p. 131.

    1847. Mc' Coy, l. c. p. 149.

    1850. Unger l. c. p. 124. —

Fronde tripinnata, rhachidibus alatis, pinnis pinnatis, summis pinnatifidis pinnulis sessilibus decurrentibus, inferioribus pinnatifidis, lacinis, 3—6 jugis grosse dentatis, superioribus inciso-dentatis, nervis secundariis in singulo lobo e nervo medio subexcurrente sub angulo acuto egredientibus simplicibus, dichotomisve.

Brongniart war der erste der diese Art aus N. S. Wales beschrieb, aber als Pecopteris; Sternberg stellte sie in Sphenopteris, während die ursprünglich als Sphenopteris alata Bgt. beschriebene Form von Göppert 1836 als Hymenophyllites Grandini angeführt wurde; diese letztere Art stammt von Gaislautern bei Saarbrücken, aus der Kohlenformation.

Diess ist von Wichtigkeit zu wissen, weil die in Australien vorkommende Sphenopt. alata von einzelnen Autoren mit dieser carbonischen Art von Gaislautern verwechselt wurde. So lesen wir in Herrn W. B. Clarkes „Remarks etc." in den „Mines und Mineral Statistics 1874" pag. 186 folgendermassen:

    . . . . . . these are not reported from Victoria, while Sphenopteris alata (Grandini cf. Göpp. und Schimper) from Newcastle, belongs to the Old-Carboniferous in Germany and not to any Mesozoicformation." Zu diesem ist zu bemerken, dass Mc' Coy seine Sph. alata von Mulubinuba im Sinne Brongniarts Pecopt. alata gebrauchte, und dass die Form von Newcastle, von Morris als var. exilis unterschieden wurde, (siehe weiter) und dass daher weder die eine noch die andere zu dem Hym. Grandini gehört.

Localität: Hawkesbury River (Brongniarts Exemplar, aus der Angabe ist nicht zu entnehmen aus welcher Abtheilung von Schichten Brongniarts Exemplar genommen wurde). Mulubinuba (Mc' Coy).

Sphenopteris alata var. exilis Morr.

1845. Morris l. c. p. 246; Pl. VII. f. 4. 4a.

Fronde subtriangulari, basi tripinnatifida; rhachide alata; pinnulis aut contractis aut confluentibus decurrentibus, irregulariter lobatis, lobis integris aut dentatis nervis tenerris, pinnatis.

Diese Form ist mir nur in Morris' Abbildung bekannt.

Localität: Newcastle basin.

Sphenopteris hastata Mc' Coy.

1847. Mc' Coy l. c. p. 149; Pl. I. 1a.

1850. Unger, l. c. p. 127.

Fronde bipinnata, pinnis longis, acute lanceolatis, rhachide alata; pinnulis ellipticis, sensim undulato-dentatis, tribus lobis obsoletis utroque in margine; nervis bipinnatis duobus ramis lobos intrantibus.

Localität: Mulubimba.

Sphenopteris germana Mc' Coy.

1847. Mc' Coy l. c. p. 150. Pl. X. f. 2. 2a.

1850. Unger l. c. p. 127.

Fronde bipinnata, pinnis obliquis alternis, elongatis, ovatis, rhachibus pinnarum sub alatis, pinnulis ovalibus pinnatifidis, lobis obliquis elliptiois tribus aut quatuor in utroque latere, apice pinnularum trilobato; nervis bipinnatis, tribus ramis lobos intrantibus.

Diese Art steht sehr nahe der Sphenopteris (Thyrsopteris) Murrayana Bgt. sp.

Localität: Mulubimba in N. S. Wales.

Sphenopteris plumosa Mc' Coy.

1847. Mc' Coy l. c. p. 150 Pl. X. f. 3. 3a.

1850. Unger, l. c. p. 127.

Fronde bipinnata, pinnis curvatis elongatis, angustis, plumosis pinnulis confertis, obliquis, ovatis acuminatis, profunde incisolobatis, apicali trilobata; nervis crassiusculis, numerose furcatis, ramis septem aut octo lobos intrantibus.

Localität: Mulubimba, N. S. Wales.

Sphenopteris Flexuosa Mc' Coy.

1847. Mc' Coy l. c. p. 150. Pl. IX. f. 4. 4a.

1850. Unger, l. c. p. 127.

Fronde bipinnata, pinnis longissimis, rhachide flexuosa, pinnulis magis, moderatim obliquis inaequalibus, ovatis, utroque in latere duobus lobis; apice trilobato, nervis crassiusculis, numerose ramificatis, septem ramis lobos intrantibus.

Localität: Mulubimba, N. S. Wales.

2. Neuropteriden.

Thinnfeldia Odontopteroides Morr. sp.

1845. Pecopteris odontopteroides Morr. l. c.

Die weitere Besprechung siehe in der nächsten Abtheilung.

Localität: Clarks-Hill, N. S. Wales (Mc' Coy).

Odontopteris microphylla Mc' Coy.

1845. Mc' Coy l. c. p. 147.

Fronde bipinnata, pinnis alternis obliquis, angustis, pinnulis alternis, obliquis, ad basin subconnectis, obtuse ellipticis, longitudine basis latitudinem aequante, nervis secundariis indistinctis.

Localität: Clark's Hill, N. S. Wales.

Mc' Coy gab keine Abbildung dieser Form.

3. Pecopteriden.

Pecopteris (?) tenuifolia Mc' Coy.

1847. Mc' Coy l. c. p. 152, Pl. IX. f. 6.

1850. Unger l. c. p. 186.

Rücksichtlich dieser Pflanze muss ich mich begnügen auf Mc' Coy's Schrift zu verweisen; die Art scheint mir zu zweifelhaft als dass ich die Beschreibung wiedergeben sollte.

Localität: Clark's Hill, N. S. Wales (Mc' Coy). (Herr Clarke führt diese Art auch aus den Winnamatta-beds an).

4. Dictyopteriden.

Genus: Glossopteris Bgt.

Fronde simplici, stipitata vel in petiolum decurrente, integerrima, lanceolata aut obovato-lanceolata. Rhachide semper distincta crassa an subcrassa, ad apicem producta; nervis secundariis sub angulo variante ex rhachide egredientibus, dichotomis, anastomosantibus, retia diversa, totam superficiem folli tegentia formantibus. Fructificatione in tribus modis differentibus nota.

Wenn wir diese Diagnose als richtig annehmen und alle einfachen Farrenwedel mit deutlicher Mittelrippe und genetzter Nervatur hierzu stellen, so umfasst die Gattung Formen die aus der Palaeozoischen Zeit bis ins Tertiär hinaufreichen.

Doch ist leicht aus der Diagnose zu ersehen, und namentlich aus der bis jetzt bekannten Fructificationsweise, dass die Gattung ganz verschiedene Formen umfassen kann, so dass man aus dem Vorkommen derselben in der einen Schicht kaum auf die Natur einer anderen Schicht, in der sie auch vorkommt, schliessen kann.

Brongniart beschrieb die Gattung zuerst aus Australien und Indien, und zwar in drei Formen; er beschrieb eine Gl. Browniana var. australasica aus Australien und Gl. Brown. var. indica aus Indien, beide Blätter nicht nur in der Form sondern auch, wie es scheint in der Fructification verschieden, so dass sie jetzt mit Recht als zwei Arten betrachtet werden, — und dann die Glosspt. angustifolia aus Indien.

In Australien erscheint Glossopteris, wie ich früher schon anzuführen Gelegenheit hatte, in Schichten mit marinen palaeozoischen Thierresten, ist aber am häufigsten in der gegenwärtigen Abtheilung (New Castlebeps).

In Indien fängt Glossopteris in den Kohlenschichten an, die, wie ich anzunehmen hinreichende Gründe zu haben glaube, nicht palaeozoisch sind, und wurde noch in der höchsten Gruppe des pflanzenführenden Systems in der Jabalpurgruppe, die mitteljurassisch ist, vorgefunden.

In Afria ist Glossopteris aus den Beaufortbeds der Karooformation (South-Africa) bekannt scheint dort jedoch spärlicher vertreten zu sein als in Indien und Australien.

Prof. Trautschold beschrieb eine Glossopteris solitaria aus dem Russischen Jura.

Endlich wird eine Glossopteris auch aus dem Tertiär von Novale in Italien als Glossopteris apocynophyllum beschrieben.

Wir haben daher eine Verbreitung von Glossopteris durch folgende Formationen:

Palaeozoisch.	Carbon — Australien.	
Mesozoisch.	Trias — Australien (?) Indien, Afrika.	
	Jura — Indien, Russland (Trautschold).	
Neozoisch.	Tertiär — Novale, Italien.	

In Australien sind die Formen ungemein zahlreich ebenso in Indien, und ich muss sagen, dass in Indien, soweit mir bekannt, der Formenreichthum noch viel grösser ist. Was die Fruktification anbelangt, so kennen wir gegenwärtig dreierlei Formen von Vertheilung der Sporangien, zweierlei an indischen Formen, und eine dritte, von den ersteren verschieden an der australischen Gl. Browniana Bgt.

Die Vertheilung von Glossopteris in Australien selbst ist auch eigenthümlich.

Mit den marinen Thierresten in Gemeinschaft ist sie bekannt in New-South-Wales und in Queensland; aus dem letzteren Districte scheint nach Carruthers Bericht nur eine Art vorgelegen zu sein, während ich aus N. S. Wales drei Arten unterscheiden konnte. (Siehe vorn.)

Die Hauptentwickelung der Gattung ist eben in dem N. Castleboda, die nur aus N. S. Wales bekannt sind; und endlich wird Glossopteris aus Tasmania in Gemeinschaft mit Pecopteris australis Mc' Coy berichtet.

Glossopteris Browniana Bgt. Taf. 8 f. 3. 4. 3a. Taf. 19 f. 1. 1a; 3; 4 (?) 4a; 5, 5a; 7. Taf. 11 f. 1.

1828. Brongniart, Prodrome p. 54.
1828. Histoire d. végt. p. 223 tab. 62 f. 2. (f. 1.)
1836. Göppert Syst. fil. foss. p. 364 tab. 21 f. 9. 10.
1845. Morris, l. c. p. 247 Pl. VI. f. 1. 1a.
1847. Mc' Coy, l. c. p. 156.
1849. Dana l. c. p. 716. 717 Pl. 12 f. 13.
1850. Unger l. c. p. 169.
1869. Schimper Traeté de Pal. végét. Vol. 1.

Fronde simplici oblonge-ovata vel oblonge spathulata, apice obtusa, integerrima, in petiolum attenuata; nervo medio crasso, usque ad apicem producto; nervis secundariis sub angulo acuto eggredientibus, anastomosantibus, retia polygonalia, rachidi proxima latiora marginem versus longiora ac angustiora formantibus. Fructificatione secundum nervos disposita.

Dies ist die in Australien häufigste Art, früher von Brongniart als Varietät unterschieden. Doch ist diese Art, soweit bekannt, an der Spitze immer stumpf (abgerundet), während die Gl. indica spitz zuläuft; dann scheint die Fructification der australischen Browniana verschieden von der indica zu sein, indem Herr Carruthers für die erstere eine Fruchtbildung längs den Seitennerven beobachtet zu haben scheint. Wir lesen in seinem Aufsatze (Qu. J. G. Soc. 1872) in Herrn Daentree's Geologie von Queensland folgendermassen:

„Glossopteris Browniana has been so frequently described and figured, that I find nothing additional worth recording form an examination of Mr. Daentrees specimens, unless it be that one shows some indications of fruit in the form of linear sori running along the veins and occupying a position somewhat nearer to the margin of the frond than to the midrib."

Ich denke dies ist von grosser Wichtigkeit und haben wir in Indien bisher nichts ähnliches beobachtet.

Brongniart's ursprüngliche Figur war nicht ganz correct indem sie Anastomosen der Nerven nur in der Nähe der Mittelrippe zeigte, gegen den Rand hin aber die Nerven nur dichotom darstellte, während die ganze Nervatur Anastomosen bildet, wie es in meinen Figuren deutlich zu sehen ist.

Diese Art, in Australien vorwiegend, scheint in Indien untergeordnet zu sein.

Localität: Newcastle; Mulubimba; Illawara; Blackmannswamp. (Begonnen hat diese Art schon in den Schichten mit palaeozoischen Thierresten in N. S. Wales und Queensland.)

Glossopteris linearis Mc' Coy, Tafel 8, f. 1. 2., Tafel 11, f. 3. 4., Tafel 12, f. 4.

1847. Mc' Coy l. c. p. 151. Pl. IX. f. 5. 5a.

1848. Dana, l. c. —

1860. Unger l. c. p. 169.

Foliis elongatis, angustis, subparallelis; nervo medio crasso, nervis secundariis tenerris anastomosantibus.

Mir liegen mehrere Exemplare dieser schmalblättrigen Art vor. Mc' Coy verglich sie mit der indischen Glossopteris angustifolia, mit der sie in der That eine gewisse Aehnlichkeit besitzt; doch glaube ich an der indischen angustifolia eine marginale Fructification beobachtet zu haben.

Dagegen scheint es mir, dass jene Formen, die Herr Tate in seiner Abhandlung im Qu. J. geol. Soc. 1867 p. 140 (Secondary fossile form South-Africa) als Glossopt. Browniana angeführt und abgebildet hat, eher mit Glossopteris linearis verglichen werden könnten.

Localität: Newcastle (meine Exemplare); Wollongong und Arowa (Mc' Coy.) — (Diese Localität ist wohl besser nach vorn in die Schichten unter 2 zu verweisen.)

Glossopteris ampla Dana Taf. 11 f. 2 Taf. 12 f. 7.

1847. Dana l. c. p. 717. Pl. 13. f. 1.

Fronde maxima, late ovata, integra undulata, obtuse acuminata; nervo medio crasso, ad apicem extenuante; nervis secundariis anguste confertis longe-reticulatis, retia ad marginem longissima.

Soweit ich aus Dana Abbildung, sowie aus den mir vorliegenden zwei Exemplaren die wohl zu dieser Art zu stellen sind, entnehmen kann, war dies Blatt ungewöhnlich breit im Vergleich zu seiner Länge, und die Nervatur mit sehr engen und langen Maschen, dies letztere Merkmal erinnert zwar etwas an die indische Glossopteris communis Fstm., doch erscheint diese Art in schönen lang-spathelförmigen Blättern und ist namentlich gegen die Basis verengt.

Localität: Newcastle (Dana, Feistmantel); Illawara (Dana).

Glossopteris reticulum Dana.

1849. Dana l. c. p. 717. Pl. 13 f. 2.

Fronde magna, oblonge-eliptica, latitudine tertiam partem longitudinis non excedente, apicem versus gradatim attenuante. Nervis secundariis usque ad marginem late reticulatis.

Es liegt mir kein Exemplar vor, das ich auf diese Art beziehen könnte.

Localität: Newcastle in N. S. Wales (Dana).

Glossopteris elongata Dana.

1849. Dana l. c. p. 717 etc.

Fronde angusta elongata, lanceolata, ad basim attenuata; nervo medio crassiusculo, distincto; nervis secundariis nitide reticulatis.

Localität: Newcastle (Dana).

Glossopteris (?) cordata Dana.

1849. Dana l. c. p. 718 Pl. 13 f. 5.

Fronde basim versus distinte cordata, lobis rotundatis; nervo medio crasso; nervis secundariis ad basim reversis, ex medio divergentibus, nitide reticulatis, retia anguste oblonga formantibus.

Dies ist eine eigenthümliche Form mit einem runden, an der Basis herzförmig ausgeschnittenem Blatte; doch ist ein Mittelnerv und die genetzte Seitennervatur deutlich zu sehen. Es mag entweder ein im Wachsthum behindertes Exemplar einer anderen Form, oder vielleicht ein Entwickelungsstadium sein. Uebrigens sind unter den indischen Formen auch ähnliche Exemplare bekannt.

Localität: District Illawara (Diana).

Glossopteris Taeniopteroides n. sp. Taf. 9 f. 1. 1a.

Fronde Simplici speciosa, oblonge-ovato-spathulata, ad basem attenuata; rhachide valida, lineata, nervis secundariis sub angula subrecto eggrediontibus, primo aspectu nervationi Taeniopteridis similantibus, sub lento retia oblonga, angusta, oblique-acute-parallelo gramma aut indistincte polygonalia exhibentibus.

Das Blatt dieser Form ist länglich-oval spathelförmig, gegen die Basis deutlich sich verengend; die Rhachis ist stark; die Nervatur gleicht auf den ersten Anblick und mit freiem Auge besehen der Nervatur einer Taeniopteris; erst mit der Loupe sieht man das Netzwerk; die Maschen sind länglich, eng und stellen entweder schiefe spitzwinkelige Rechtecke oder undeutliche Polygone dar. Nur ein Exemplar liegt vor.

Localität: Blackmannswamp, N. S. Wales.

Glossopteris Wilkinsoni n. sp. Taf. 13, f. 1. 1a.

Fronde angustissima, sub parallela, taeniaefolia costa distincta, ad apicem producta; nervis secundariis subhorizontalibus, dichotomis, anastomosantibus, plurimis semel, apicem que versus, retia oblonga formantibus, non nullis retibus minoribus ad rhachidem marginem que versus positis.

Ein langes, schmales, bandförmiges Blatt, mit deutlicher Mittelrippe; die Seitennerven sind dichotom und anastomosiren gegen den Rand; einzelne lösen sich aber noch einmal gegen den Rand auf und bilden eine zweite Anastomose mit kleineren Maschen. — Andere Anastomosen sind auch nahe der Mittelrippe. —

Es ist schwer zu entscheiden, ob dies ein einfaches Blatt war. — Die Art ist benannt nach dem Australischen Geologen, Herrn Wilkinson.

Localität: Blackmannswamp, N. S. Wales.

Glossopteris parallela n. sp. Tafel 9 f. 2. 3. 4.

Fronde longissima, simplici; elongato-ovata, (apice ignoto); costa distincta, mediolineata, nervis secundariis sub angulo 30° (parte inferiore) et 20° (parte superiore) egredientibus; dichotomis, parallele-anastomosantibus, retia distincta, oblonge polygonalia, ad marginem angustiora formantibus.

Dies ist ein prächtiges Blatt und ganz charakteristisch, sowohl durch die Form des ganzen Blattes, als auch durch die Richtung und Form der Netze, die sich ziemlich parallel ansehen.

Localität: Bowenfels, N. S. Wales.

Auf Tafel 12 f. 3. 5. 6 sind kleine Blättchen abgebildet, die alle Charaktere von Glossopteris tragen, sich aber durch die geringe Grösse und durch die Gestalt des Blattes auszeichnen.

Ein ähnliches Blättchen hat schon Göppert in seinen fossilen Farnen abgebildet (Tafel XXI f. 9) und auf der Tafel als Glossopteris Browniana biloba bezeichnet, während im Texte, p. 347, er selbes als wohl zu Gl. Browniana gehörig ansieht.

Von Ettingshausen in seinen „Farren der Jetztwelt, etc 1865" hat diesen Abdruck, den Göppert abgebildet hat, als Polypodium Göpperti angeführt; doch glaube ich war Göpperts Ansicht die richtigere, und würde ich auch geneigt sein, die Abbildungen auf meiner Taf. 12 als junge Entwickelungsstadium von Glossopteris anzusehen.

Localität: New-Castle, und Bowenfels, N. S. Wales.

Genus: **Gangamopteris** Mc' Coy.

Diese Gattung schliesst sich ganz nahe an Glossopteris an, von der sie sich nur durch den Mangel einer bis zur Blattspitze reichenden Mittelrippe und durch die mehr radiär vertheilten Nerven unterscheidet. Diese Gattung ist besonders in den Bacchus-Marsh-Sandsteinen von Victoria vertreten, und werde ich dort dieselbe näher besprechen; ich führe nur die zwei Arten aus der in Rede stehenden Abtheilung an.

Gangamopteris angustifolia Mc' Coy.

1847. Mc' Coy l. c. p. 148 Pl. IX. f. 3. 3a. (als Cyclopteris).

Localität Guntawang Mudgee, N. S. Wales. (Siehe auch Bacchus-Marsh. Victoria).

Gangamopteris Clarkeana n. sp. Taf. 15 f. 9.

Fronde spathulato-rotundata, mediocri, coriacea, integra, symmetrica; ex parte superiori rotundata ad basem valde attenuata; nervis e basi attenuata radiantibus, crassiusculis, distantibus, dichotomis retia oblonga formantibus.

Diese Form erinnert auf den ersten Anblick an Mc' Coy's Gangamopteris spathulata (siehe weiter); doch ist unser Blatt viel gerundeter im oberen Theile, ist mehr lederförmig, die Nerven sind dicker und stehen mehr aus einander. Die Art habe ich Herrn W. B. Clarke gewidmet.

Localität: Bowenfels, N. S. Wales.

Truncus filicis arborescentis.

Genus: **Caulopteris** (?) Lgt. (Chelepteris? Corda).

Auf Tafel 12, f. 1. 2. sind zwei Exemplare abgebildet, die sich als Stammstücke mit grösseren Narben präsentiren. Die Oberfläche ist matt. Die Narben sind queroval, und gegen die Stammoberfläche etwas abgesetzt. Die Innenfläche der querovalen Narben ist mit 7 bis 8 kleinen, länglichen Närbchen gekennzeichnet, die in einer Reihe stehen.

Die grösseren querovalen Narben sind, soweit aus dem vorliegenden Materiale zu schliessen, am Stamme im Quincunx gestellt.

Diese Narben deuten jedenfalls darauf, dass andere Organe hier eingelenkt waren, durch deren Abtrennung vom Stamme (denn als solchen glaube ich kann man den Abdruck betrachten) eben diese Narben erzeugt wurden, und dann würden die kleineren Närbchen die Spuren, wo Gefässe aus dem Stamme in die adnexen Organe übergiengen, bedeuten.

Wenn ich zur Erklärung dieses Ueberrestes, soweit es nach den vorliegenden Bruchstücken möglich ist, übergebe, so ergiebt sich das Resultat, dass wir höchst wahrscheinlich den Rest eines Farrenstammes vor uns haben, den ich, da sich die Zugehörigkeit desselben zu irgend einem bekannten Farrengeschlechte nicht ermitteln lässt, zu Caulopteris stelle, wenn ich nemlich unter diesem Namen die Farrenstämme zusammenfasse, die auf der Oberfläche mit im Quincunx (oder spiral) gestellten Ast (Blatt?) narben versehen sind.

Vielleicht könnten vorliegende Reste als Typus einer eigenen Gattung benutzt werden. Doch sehe ich den Nutzen dessen nicht ein, und begnüge mich mit dem älteren Namen. Vielleicht ist ihre Stellung bei Caulopteris nicht korrekt — doch kenne ich kein anderes Genus, bei dem sie besser untergebracht werden könnten.

Caulopteris (?) Adamsi n. sp. Tafel 12, f. 1. 2.

Truneo arboreo, mediveri, superficie cicatricibus ramorum (foliorum) notato; cicatricibus in quincunce (spiraliter) dispositis, transversaliter oblonge-ovalibus, paulum prominentibus, lateribus linea decurrente notatis; superficie interna cicatriculis minutis vasalibus, 7 ad 8, repleta.

Ich habe diese Art nach dem Herrn P. F. Adams, Surveyor General of N. S. Wales benannt, mit dessen eminenter Leitung die gegenwärtige „Geological Surwey in N. S. Wales begonnen wurde.

Wenn auch vielleicht die Identificirung des Fossils nicht ganz korrekt sein sollte, so ist doch die Abbildung hiervon gegeben und damit der Name eines Mannes verbunden, dem grosse Verdienste um die geologische Untersuchung Neu-Süd-Wales zufallen.

Natürlich können nur weitere Funde von mehr vollkommenen Exemplaren hier Aufschluss geben, und so glaube ich berechtigt zu sein, die vorliegenden Exemplare abzubilden, um Aufmerksamkeit darauf zu richten.

Localität: New-Castle N. S. Wales.

III. Cycadeaceae.

1. Zamieae.

Zu dieser Abtheilung stelle ich zwei Genera, die ganz verschieden sind untereinander, von einzelnen Autoren jedoch, bei der Vergleichung der indischen Kohlenschichten mit denen in Australia, nicht nur untereinander, sondern beide noch zum Ueberflusse mit einer in den indischen Kohlenschichten häufigen Gattung verglichen oder identificirt wurden.

Diese zwei Gattungen sind Zeugophyllites und gewisse Formen die als Nöggerathia angeführt wurden — und die Gattung auf die sie bezogen wurden ist Schizoneura.

Aus den folgenden Diagnosen der beiden Genera wird sich ergeben, wie weit sie von einander verschieden sind — gegen Ende will ich dann den Unterschied beider von Schizoneura angeben.

Uebrigens habe ich denselben Gegenstand erst neulich in der Rec. Geol. Surwey of Indien Vol. 10. Nr. 4. Seite 190—201 hinreichend besprochen — und habe gezeigt, dass die Australischen Gattungen Zeugophyllites und Nöggerathia sowohl von einander, als von Schizoneura verschieden sind.

Genus: **Zeugophyllites** Porongt. 1828.

1824. Brongniart Prodrome p. 121.

Frondibus (?) petiolatis, pinnatis, piunis oppositis (?) oblongis, nervis validis, paucis, aequalibus, basi et apice confluentibus.

Diess ist die Diagnose wie sie Brongniart gab, nach Exemplaren von Raniganj in Indien.

Die Art die er beschrieb war: Zeugophyllites calomoides Bgt. Ich war zuerst geneigt zu glauben, dass Brongniart in der That eine von den indischen Schizoneuren vor sich hatte; doch noch in seinem „Tableau des generes de végétaux fossiles p. 80, das fünf Jahre später als Schimper und Mougeot's „Monographie des plantes fossiles du grès bigarré etc. 1844", in denen deutliche Figuren von Schizoneura paradoxa gegeben wurden, der die indischen ungemein nahe stehen, publicirt wurde, finden wir geschrieben:

„Sous ce nom (Zeugophyllites) j'ai désigné une forme de feuilles pinnatifides de Monocotylédones ressemblant a d'autres feuilles de Palmiers, telle que celles des Calamus, des Desmoneus etc., dont les folioles ont plusieurs nervures principales et ne sont pas pliées en carénes sur la ligne médiane; dans la seule espéce de ces genre fossile les folioles sont opposées comme dans quelques Calamus".

Brongniart erwähnt nichts von einem articulirten Stengel, erwähnt nichts von stengelumfassenden Blättern, erwähnt nichts von dickeren und dünneren Nerven, und Prof. Schimper in seiner Pal. végétale glaubte in der obigen Bemerkung Brongniarts eines von den grossen Pterophyllum-arten der „Rajmahalhügel" (Rajmahal Hills) zuerkennen; diess ist nicht unmöglich — doch dann würde Morris' Art nicht so recht zu Zeugophyllites zu stellen sei, da Moris' Art, obwohl am wahrscheinlichsten auch eine Cycadeaceae, nicht zu Pterophyllum gehört.

Ich wollte nur zeigen, dass der ursprüngliche Beschreiber, selbst auch, als die Gattung Schizoneura beschrieben und abgebildet wurde, keinen Grund fand, seinen Zeugophyllites damit zu indentificieren. Ebenso behandelt Unger die Gattung als selbstständig bei den Palmen; auch Schimper stellt selbe nicht zu Schizoneura, auch Morris sah nicht Gründe hierfür und ebenso Mc'Coy nicht.

Zeugophyllites elongatus Mörris Taf. 13, f. 6. 6a.

1845. Morris l. c. p. 250, Pl. VI. f. 5. 5a.
1847. Mc' Coy l. c. p. 152.
1849. Nöggerathia elongata, Dana l. c. p. 715.
1850. Unger l. c. p. 332.
18 . Schimper, Pal. végét.

Trunco? — foliis (pinnis) oblonge elongatis, integris, truncatis, ad basem subcrassiusculis, in petiolum attenuatis, nervis distinctis, aequalibus, subparallelis, supra basem nonnullis furcatis (?).

13

Ich habe Morris' Originalzeichnung wiedergegeben, welche uns deutlich zeigt, dass wir es nicht mit Schizoneura zu thun haben; vielmehr werden wir alsbald auf Zamiablätter erinnert. Die vergrösserte Fig. (6a.) zeigt glaube ich deutlich, dass alle die Nerven zum Blatte selbst gehören das dann ein einfaches Blatt ist, und nicht aus mehren einfachen Blättchen, wie die Scheidentheile (Blätter) in Schizoneura, gebildet ist.

Auch scheint aus Morris' Figur hervorzugehen, dass die Nerven kurz oberhalb der Basis gespalten waren — was bei Schizoneura nie vorkommt.

Ich würde für meinen Theil Zeugophyllites elongatus als zu Podozamites gehörig ansehen*).

Localität: Mulubimba, N. S. Wales (Mc' Coy). — (Morris' Exemplar war aus dem Jerusalem Basin, Van Diemen's Land).

Genus: **Nöggerathia** Stbg. (Zamia?)

Gewisse Blätter wurden von Dana zu dieser Gattung gestellt, von denen er sagt: „We here refer certain spathulate leaves having the following characters: Sessile, no midrib; veins straight, close, slightly divergent and occasionally connected transversally".

Dana bemerkt nichts von gespaltenen Nerven, und auch aus seinen Zeichnungen ist nichts davon zu entnehmen.

Doch die Exemplare die ich gesehen habe und die zu Nöggerathia gestellt wurden, zeigten alle eine deutliche und, wiederholte Furchung der Nerven.

Der Gattungsname Nöggerathia trägt noch vieles Mysteriöse an sich, besonders was die Stellung im Systeme anbelangt. Doch scheint es betreffs einzelner Formen kaum zweifelhaft, dass sie zu Cycadeeen gehören.

Auch glaube ich, wurde und wird vieles zu Nöggerathia gestellt, was anderwärts seinen Platz finden sollte.

Auch aus den indischen Kohlenschichten sind ähnliche Blätter, die zu Nöggerathia gestellt wurden, bekannt; von diesen scheint es mehr als wahrscheinlich, dass sie alle zu den Zamieae gehören und es ist am besten selbe gleich als Zamia zu behandeln.

Die Blätter, die in der indischen Kohlenformation vorkommen und auch als Nöggerathia classificirt wurden unterscheiden sich in so fern von den australischen, dass sie zum grössten Theile eine gleichartige Form zeigen, höchstens in der Grösse etwas abweichend; einzelne zeigen wohl auch etwas abweichende Form, doch bedingt diess in keinem Falle einen specifischen Unterschied, und behandle ich selbe als eine Art mit höchstens einer oder zwei Varietäten.

Unter den australischen Blättern erscheint aber eine etwas grössere Varietät von Formen zu existiren, obzwar es mir nicht geheuer scheinen will, sie als ebensoviele Arten zu unterscheiden. — Nach dem was ich von diesen Blättern gesehen habe, muss ich annehmen, dass Dana's Figuren nicht ganz richtig sind — besonders betreffs der Nervatur.

---

*) Schimper in seiner Pal. véget. p. 505 (II Bd. sagt über diese Art: „paraît aussi être une Cycadée. Les feuilles que d' autres auteurs ont reportées à ce genre sont tout à fait problématiques".

Dana beschrieb zwei Arten.

Nöggerathia spathulata Dana.

1849. Dana l. c. p. 715, Pl. 12, f. 9.

Foliis brevibus, spathulatis, apice triangularibus subacutisque; basi angustatis, dehinc sensim dilatantibus; nervis tenerrioris, sub distinctis.

Localität: District Illawara, N. S. Wales.

Nöggerathia media Dana.

1849. Dana l. c. p. 715, Pl. 12, f. 10.

Diese Art gehört meiner Ansicht nach, zur vorigen Art.

Localität: New Castle, Mouth of Hunter River.

Ich bilde auf Tafel 16, f. 2, 3, 4, drei Blätter ab, die zu der Nöggerathia gestellt werden sollten. Alle drei zeigen eine deutliche Dichotomie der Nerven, und zwar mehreremal im Verlauf (wenigstens zweimal).

Fig. 3. und 4. zeigen vollständige Identität in der Blattform und sind etwas ungleichseitig, mit stark verengter Basis, und mit rundlich zugespitztem Scheitel.

Die Blätter, glaube ich, zeigen deutlich, dass sie zu einem grösseren gefiederten Wedel gehören, und selbst nur losgetrennte Blättchen sind; ich glaube diess stimmt am besten zu Cycadenceen (Zamieen) und bietet uns insbesondere die Gattung Podozamites ein deutliches Analogon.

Fig. 2 (Taf. 16) zeigt eine etwas regelmässigere Form des Blattes; doch sind die Nerven ebenso beschaffen wie bei den zwei vorigen; fig. 2a zeigt eine etwas vergrösserte Ansicht des oberen Blatttheiles von fig. 2.

Keine von diesen drei Figuren stimmt zu Dana's Abbildungen — doch will ich sie nicht als Arten anführen, da ich glaube, dass die einzelnen Blättchen Variationen unterworfen sein könnten.

Localität: Die Exemplare, die ich abbilde sind von Bowenfels, N. S. Wales.

IV. Coniferae.

Von Coniferen liegen mir einzelne Zweige mit endständigen Aehren vor. Diese haben ein eigenthümlich mesozoisches Ansehen.

Ueber die Lagerung dieser Aeste, die auf Tafel 7, fig. 3. 4. 5. 6 abgebildet sind finde ich in einer Erklärung, welche den Exemplaren aus Australien (in H. W. B. Clarke's Sammlung) beigelegt war, folgendes:

„Nr. 22—29 (darunter sind die Coniferenäste) were obtained from a clayband in the 10 feet coalseam, now being worked at the mine of Mr. A. Brown. This seam of coal lies within 25 feet from the base of the Upper coalmeasures at Lithgow valley or Bowenfels."

Aehnliche Reste wurden bis jetzt aus Australien nicht beschrieben; nur Dana erwähnt Coniferenstämme und gewisse Coniferenschuppen; die mir vorliegenden Exemplare aber sind beblätterte Zweige.

Die Bildung und Stellung der Blätter erinnert am meisten an Brachyphyllum, zu welcher Gattung ich wohl die vorliegenden Reste zu stellen haben werde, obgleich ihnen die etwas häufigere Verästelung mangelt.

Genus: **Brachyphyllum** Brongniart 1828.

1828. Brongniart Prodrome, p. 109.

Die typische Art ist Brachyphyllum mamillare L. H. die im Unt-Oolith ziemlich häufig vertreten ist und auch in Indien in Schichten ähnlichen Alters vorkommt. Eine andere Art wurde als Brachyphyllum speciosum Mrst. beschrieben.

Neuerer Zeit hat Herr Prof. Schenk in seiner Rhätischen Flora zwei Arten als Brachyphyllum affine und Br. Münsteri beschrieben, die jedoch Schimper (Pal. végét) als eine Art vereinigte und zu einer neuen Gattung stellte, die er Cheirolepis nannte. Ich glaube so viel scheint sicher, dass Herrn Prof. Schenks Formen ziemlich verschieden sind von der ursprünglichen Art: Brachyphyllum mamillare.

Brachyphyllum (?) australe n. sp. Taf. VII. f. 3—6. Taf. XVII. Ramulis elongatis, teneris, flexuosis, ramificatis; foliis spiraliter dispositis, squamaeformibus, rhombeo-oblongis, crassiusculis, apice acuminatis, subcarinatis, subpatulis. Amentis rotundis, squamis subrhombeo-acute acuminatis, apice paulum patulis, subcarinatis, spiraliter dispositis tectis.

Die Form und Stellung der Blätter erinnert viel an die typische Species von Brachyphyllum; ich bin aber nicht mit der Zapfenbildung dieser letzteren Art bekannt, und ist die Verästelung in unserer Species aus Australien eine viel seltenere und die Zweige sind viel länger. Fig. 5 zeigt die Blattstellung, Fig. 6 zeigt einen Zapfen.

Localität: Bowenfels, N. S. Wales.

Dem Habitus nach ist unser Pflanze auch sehr ähnlich dem Echinostrobus Sternbergi Schimp. von Solenhofen (siehe Schimper Pal. veg. Atlas, Pl. 75, f. 21—24), insbesondere in der Art der Verästelung, doch habe ich an unseren Exemplaren nicht die Stacheln beobachten können die Schimper zeichnet, und auch sind die Zapfen in Schimpers Zeichnung verschieden von den unseren.

Eine zweite Form, welcher unsere Exemplare aus Australien auch noch gleichen, ist Prof. Schenks Palissya aptera; ich finde in Schimpers Atlas Taf. LXXV besonders eine Figur (Fig. 6), der einzelne Aestchen der australischen Formen sehr ähnlich sind; doch kann ich aus der erwähnten Figur bei Schimper nicht auf die Art der Verästelung schliessen; und dann zeigen die anderen Figuren der Palissya aptera Schenk (Schimper l. c. fig. 5) grössere und losere Zapfen.

Eben erhalte ich Herrn Saportas jurassische Pflanzen von Frankreich (Pal. Francaise, Végétaux. Terrain jurassique, Lor. 24. December 1877) wo auf 161 ein Brachyphyllum Papareli Sap. abgebildet ist, wo die mittlere Figur ziemlich an die eben erwähnte Conifere erinnert, so dass ich doch glaube sie richtig zu Brachyphyllum gestellt zu haben.

Coniferenschuppen. Dana, l. c. p. 714. Pl. 12, f. 1—8.

Einzelne Fruchtschuppen die an angegebener Stelle abgebildet sind, stellt Dana zu den Coniferen; einzelne scheinen Taxodium anzustehen.

Localität: New-Casteldistrict.

Vergleichung der New-Castlebeds mit den indischen Kohlenschichten.

Die indischen Kohlenschichten stehen meiner Ansicht nach zu den New-Castlebeds in demselben Verhältnisse, wie diese selbst zu den unteren Kohlenschichten. Während die New-Castlebeds auf marinen Schichten auflagern, unter denen zuerst Glossopteris, Phyllotheca und Nöggerathia entdeckt wurden und daher die Flora der New-Castlebeds als theilweise Wiederholung der in den marinen Schichten vorkommenden anzusehen ist, lagern die indischen Kohlenschichten auf der Talchirgroup, die fast ausschliesslich Gangamopteris enthält. Wenn wir nun diese Talchirgruppe wie ich noch im folgenden bemerken werde, als wahrscheinlich die Bacchus-Marshsandstones repräsentired ansehen dürften, diese aber selbst vielleicht als Repräsentanten der New-Castlebeds wenigstens theilweise, zu betrachten haben, so würde die Flora der indischen Kohlenschichten als eine dritte Wiederholung oder ein Weiterleben einzelner Formen der australischen Kohlenflora anzusehen sein — wie diess durch die Vergesellschaftung dieser Australischen Formen in Indien mit vielen andern Pflanzen, die wir in Australien nicht finden, und die europäische Formen sind, mehr als wahrscheinlich gemacht ist.

Wenn wir die Sache näher betrachten, so finden wir dass nur die New-Castlebeds die Gesammtheit der Formen enthalten, welche zur Parallelisirung der australischen Kohlenschichten und derselben in Indien angezogen wurden.

Diese Formen sind:

Indische Kohlenschichten.	Phyllotheca Bgt. Vertebraria Royle. Glossopteris Bgt. Nöggerathia Stbg.	New-Castlebeds.

Wenn nun auch die Formen alle in der That identisch wären, so haben wir doch auf der anderen Seite noch unterscheidende Merkmale für unsere Kohlenschichten:

a. Sie lagern auf der „Talchirgroup", welche vorwiegend die Gattung Gangamopteris führt, dann aber auch eine einfach gefiederte (triassische) Neuropteris, eine Voltzia und Albertia.

b. Die Kohlenschichten selbst führen die Gattung Schizoneura.

Diese Pflanzenformen sind in Australien nicht bekannt und bringen die indische Flora jedenfalls mit europäischen Formen in Verknüpfung.

4. Petrefacte aus den „Bacchus-Marhs-sandstones" in Victoria.

Aus den mir von Herrn W. B. Clarke mitgetheilten Schichtenreihen in Australien, geht hervor, dass er über die New-Castlebeds gleich seine Hawesbury- und Wiannamattabeds gesetzt hat, und erst über diese die Schichten in Victoria. Dabei hat er diese aber nicht weiter gegliedert. In einem meiner Aufsätze, wo ich diese Schichten zu erwähnen Gelegenheit hatte bin ich ihm in dieser Auffassung gefolgt. (Siehe Rec. Geol. Suw. of India 1876 Vol. IX).

Dabei begieng ich nun den Fehler, dass ich den ganzen Complex der Pflanzenschichten in Victoria über die Hawkesbury- und Wiannamatta schichten setzte, und die Gangamopteris-Arten mit den übrigen Pflanzenfossilien zusammenfasste.

Es ist wohl richtig, in New. South Wales folgen die Hawkesbury-Wiannamatta beds, unmittelbar über den New-Castlebeds- und ist kein eigentlicher Vertreter der Bacchus-Marsh-Gangamopteris-schichten vorhanden, soweit die gegenwärtige Kenntniss reicht.

Dass jedoch die Bacchus-Marshsandstones mit ihren Gangamopteris-Arten in Victoria am wahrscheinlichsten als zunächst über den New-castlebeds liegend, oder sie theilweise vertretend anzusehen sein dürften, würde vielleicht aus nachstehenden folgen:

1. Die Gattung Gangamopteris ist schon durch zwei Arten in den New-Castlebeds vertreten (jedoch eine nur identisch mit einer in den Bacchus-Marshsandstones).

2. Mit Rücksicht auf die verwandschaftlichen Beziehungen von Glossopteris und Gangamopteris zu lebenden Formen, besonders mit Bezug auf die Fruktifikation bei Glossopt. Browniana (beobachtet

von Herrn Carruthers), ist es immerhin möglich, dass Gangamopteris und Glossopteris in sehr naher verwandtschaftlicher Beziehung stehen und beide könnten in der That derselben Gattung angehören, ich brauche nur, um mich durch ein Beispiel klar zu machen, auf die Farrengattung Anthrophyum zu weisen — wo wir bei gleichbleibender Fruktifikation und netzförmiger Nervatur Formen mit und Formen ohne Mittelrippe vorfinden.

3. In den Hawkesbury- und Wianamattabeds finden wir keine Glossopteris, noch Gangamopteris vor. (Doch wird eine Glossopteris aus Tasmania, in Gesellschaft mit Pecopteris australis, wie es scheint aus höheren Schichten berichtet.

Die Stellung dieser Bacchus-marshsandstones ist wichtiger, als es vielleicht auf den ersten Anblick scheint.

Das fast ausschliessliche Vorkommen von Gangamopteris in diesen Schichten erinnert unwillkürlich an eine Gruppe in Indien, die als „Talchirgroup" unterschieden wurde und die Basis der Kohlenschichten bildet. Diese Gruppe führt auch, soweit gegenwärtig bekannt, vorwiegend Gangamopteris [*].

Wenn wir diese Schichtengruppen in beiden Ländern parallelisiren können (und diese Parallelisirung scheint natürlicher als die der Damunda Series mit den Newcastlebeds) so würde die Flora der indischen Kohlenschichten (Damuda Series), als über den Gangamopterisschichten (Talchirgroup), wohl als abermalige theilweise Wiederholung der Flora der australischen New-Castlebeds anzusehen sein, während natürlich viele andere Formen dazu treten, die in Australien noch nicht vorgefunden wurden, und daher in Indien die Epoche bezeichnen, und europäische Formen repräsentiren.

Dieses Verhältniss der Bacchus-Marshsandstones wurde auch von dem Australischen Geologen Wilkinson selbst angedeutet.

In einem Briefe an Herrn W. B. Clarke (ddo. 12. September 1877) den dieser letztere Herr mir zur gütigen Durchsicht eingesendet hat (in einem Briefe ddo. 28. September 1871) ist unter Anderem gesagt:

„It is not improbable that the latter (Bacchus-Marsh-sandstones) form the base of a great Series, of which the „Carbonaceous beds" are the upper members similar to the „Rajmahal" and Talchirgroups" of the „Gondwana Series" — but their actual connection has not yet been ascertained. . . . . ." —

Herr Mc' Coy spricht von diesen Schichten deutlich als „lower-mesozoic" und auch Herr Clarke ist dieser Ansicht nicht entgegen, und hat in seinen mir angegebenen Listen diese Schichten über die New-Castlebeds gesetzt und auch in den „Mines and Min. Statistics" p. 176. 181. 186 spricht er von diesen Schichten als mesozoisch und sagt auf Seite 176, dass in Victoria die marinen Schichten fehlen, und auch keine Glossopteris vorkommt, und scheint sie Herr Clarke als verschieden von den New-Castlebeds anzusehen.

Ich nehme aber die äusserste Möglichkeit an, nemlich, dass der Bacchus-Marsh-sandstone wenigstens zum Theil die New-Castlebeds repräsentirt, dann würden die indischen Kohlenschichten (Damuda Series) doch immer noch jünger als die New-Castlebeds anzusehen sein.

Es ist ziemlich auffällig, dass die Wianamatta und Hawkesbury-beds, die doch zu den New-Castlebeds in naher Beziehung stehen sollen, keine Glossopteris und auch keine Gangamopteris enthalten, woraus ich schliessen zu können glaube, dass die Bacchus-marsh-sandstones, doch eher theilweise die New-Castlebeds repräsentiren.

Diesen Fall vorausgesetzt, würden wir das Verhältniss vielleicht folgendermassen darstellen können.

---

[*] Dasselbe habe ich bekannt gemacht für die Kohlenschichten von Karharbali und Mohpani, die jetzt mit der Talchirgroup zu vereinigen sind.

Vergleichs-Tabelle der Schichten.

Indien.	Victoria.	N. S. Wales.
Die Damuda Series: Phyllotheca (seltener), Vertebraria; Glossopteris (sehr entwickelt.) Schizoneura häufig.) **Talchirgruppe** (mit den Karharbari beds.) — Gangamopteris, vorherrschende Form; eine identisch mit einer aus Victoria. Dabei Voltzia. Keine marinen Schichten.	**Bacchus-Marsh-sandstone:** Gangomopteris zahlreich entwickelt. — Keine marinen Schichten.	**New-Castlebeds:** Phyllotheca (häufig); Vertebraria, Glossopteris (häufig); Gangamopteris eine identisch mit einer aus Victoria, keine Schizoneura, keine Voltzia. Marine Schichten, mit Fauna. Glossopteris am Stony Creek, Rix's Creek, Anvil Creek, Greta, etc. Rhacopteris, Cyclostigma; Lepidodenderon am Smith's Creek, Port-Stefens, Arowa etc. Lepidodendron von Goonoo-Goonoo etc.

Genus: **Gangamopteris** Mc' Coy 1875.

1875. Mc' Coy, Prodrome of a Palaeontol. of Victoria Deade II. p. 11.
1847. Cyclopteris — Mc' Coy Ann. et Mag. Nat. Hist. Vol. 20 p. 148.
1876. Gangamopteris, Feistmantel. R. G. S. Ind. Vol. IX. Pl. 3. p. 73. 78. Pl. 4. p. 138.

Fronde simplici an impare pinnata; pinna media symmetrica, spathulata; lateralibus pinnis variantibus basi sub auriculata an auriculata; media costa nulla, nonnulis solum nervis crassioribus e basi usque ad folii dimidiam partem currentibus indicata. Nervis radiatim dispositis, creberrimis, anastomosantibus retia, forma variantia exhibentibus.

Schon im Jahre 1847 hat Herr Mc' Coy aus Australien (N. S. Wales) eine Farrenart mit dem Namen Cyclopteris? angustifolia beschrieben; dabei aber bemerkt, dass, obzwar die Nervatur nach Art der Cyclopteriden vertheilt ist, sie sich doch unterscheidet durch die constante Anastomosenbildung. — Im Jahre 1875 erhob er diesen Typus zu einer eigenen Gattung, besonders auf Grund von Exemplaren aus Victoria, aus den Bacchus-Marshsandstones, wo diese Gattung die einzigen fossilen Reste bildet — während sie in den New-Castlebeds nur untergeordnet war.

Die Formen der Blätter sind verschieden, viele gleichen denen der Gattung Glossopteris, viele aber stellen viel breitere Blätter dar; der Hauptunterschied liegt jedoch im Fehlen einer deutlichen Mittelrippe, die nur in der unteren Hälfte des Blattes durch einzelne stärkere Nerven in der Mitte des Blattes angeleutet ist. Die Nervatur ist im ganzen Blatt radiär vertheilt, und bildet Anastomosen; wir können daher recht gut sagen, Gangamopteris ist eine Glossopteris ohne Mittelrippe.

Es ist dasselbe Verhältniss vielleicht wie bei manchen lebenden Farren, z. B. bei den schon erwähnten Anthrophyum, wo wir auch von Anthrophyum mit Mittelrippe und ohne Mittelrippe sprechen.

Doch ist bei Gangamopteris bis jetzt keine Fruktification bekannt geworden.

In Indien ist Gangamopteris besonders in der Talchirgroup repräsentirt und in einer Abtheilung von Kohlenschichten in „Kurharbali coalfield" (N. W. von Calcutta) die unmittelbar über der Talchirgroup liegen und neben vielen anderen Pflanzen auch zahlreiche Formen der Gattung Gangamopteris führen; diese werde ich in meiner nächsten Arbeit beschreiben.

Mc' Coy beschreibt drei Arten von Gangamopteris.

Gangamopteris angustifolia Mc' Coy.

> 1847. Cyclopteris angustifolia, Mc' Coy l. c. vol. 20. tab. 19 f. 3. 3a.
> 1850. Unger l. c. p. 95.
> 1875. Gangamopteris angustifolia Mc' Coy Prodr. Pal. Victoria, Dec. II. p. 11. Taf. XII f. 1. Taf. XIII f. 2 2a.
> 1876. Desgl. Feistmantel R-G. S. Ind. Vol. IX Pl. 4 p. 138.

Foliis longissimis, lineari-lanceolatis, subinaequilateralibus, ad apicem sensim attenuatis, basis subconstricta; nervis confertis, media et parte radiantibus dichotomis omnibus anastomosantibus.

Dieses Blatt ist ziemlich lang im Verhältniss zur Breite, beiläufig neunmal länger als breit. Mc' Coy glaubt dass diese Art wahrscheinlich ungleich gefiedert war, und würde er dann die symmetrischen Formen entweder als einfaches Blatt oder als den endständigen mittleren Blattheil ansehen, zu dem die schiefgeformten Blätter die seitlichen Blattheile darstellen würden. Doch ist dies nur eine Vermuthung und hält es Herr Mc' Coy für gut gegenwärtig die einzelnen Formen selbstständig zu beschreiben, wovon die oben besprochene eine ist.

Localität: (Gustawany dudgee, N. S. Wales); Bacchus Marshsandstone, Victoria.

Gangamopteris spathulata Mc' Coy.

> 1875. Mc' Coy, Prodr. Pal. l. c. p. 12 Pl. XIII f. 1. 1a.

Fronde spathulata, symmetrica, aequalilaterali, obtuse acuminata, ad basem angustata.

Localität: BacchusMarshsandstone, Victoria (seltener.)

Gangamopteris obliqua Mc' Coy.

> 1875. Mc' Coy l. c. p. 13. Tafel XII f. 2—4.

Fronde lata, inaequilaterali, obliqua, basem versus sensim attenuante; basi oblique truncata, sessili.

Diese Art ist nach Herrn Mc' Coys Beobachtungen die häufigste und veränderlichste von den drei Formen.

Localität: Häufig in den BacchusMarshsandstones.

Vergleichung der Gangamopteris-Arten in Victoria mit denen in India.

Die hier angeführten drei Arten lassen sich in gewissem Grade auf indische beziehen.

Gangamopteris angustifolia Mc' Coy fand ich unter den Exemplaren aus der Talchirgroup in den Kurharbali-Kohlenschichten schon als solche bestimmt. Diese zwei Formen würden daher identisch sein.

Gangamopteris spathulata Mc' Coy hat eine nahe verwandte Form in den Kurharbali-Kohlenschichten, die ich als Gang. major beschreiben werde, indem sie sich durch grössere Dimensionen unterscheidet.

Gangamopteris obliqua Mc' Coy scheint 'in der Talchirgroup in Indien durch die Gangam. cyclopteroides Fstm. repräsentirt zu sein.

Die nahe Beziehung der Talchirgroup und der Bacchus-Marsh-sandstones ist auf diese Art deutlich zu ersehen.

5. Petrefacte der Hawkesbury- und Wianamattaschichten.

Auf den Kohlenschichten (New-Castlebeds) lagert in N. S. Wales eine Gruppe von Schichten, die Herr Clarke als die Hawkesbury- und Wianamatta-Schichten unterscheidet. Ich will diese zwei Schichtengruppen nicht erst getrennt besprechen, da sie in palaeontologischer Hinsicht zu einer Epoche zu gehören scheinen; sie sind am besten in der Umgegend von Sydney entwickelt.

Die Wianamatta-Schichten (die höhere Gruppe) bestehen aus dunkelfarbigen, eisenschüssigen, dünngeschichteten Schiefern mit Fischen, Muscheln und Pflanzen, und in der oberen Lage aus kalkigen Sandsteinen.

Die Hawkesburyschichten (vom Hawkesburyflusse, nördlich von Sydney, so benannt) bestehen vornehmlich aus Sandsteinen, Schiefern und Conglomeraten, dick geschichtet. Sydney steht auf Hawkesbury Sandsteinen.

Einzelne Autoren nannten diese Gruppe auch die Sydney-sandstones. Sie sind ärmer an Fossilien, als die Wianamattabeds; diese letzteren überlagern die Hawkesbury beds im Allgemeinen gleichförmig.

Das bemerkenswertheste mit diesen zwei Gruppen ist:

1) dass sie Fische führen, die wiederholt als Beweis für das Permische Alter benutzt wurden, obzwar, wie es scheint, ein nicht heterocerker Fisch darunter ist.

2) dass in keiner von beiden bis jetzt Glossopteris oder Gangamopteris aufgefunden wurde, und nur Pflanzen die auf ein mesozoisches Alter deuten und von denen einzelne noch in den oberen mesozoischen Schichten in Queensland etc. häufig sind. Als besonders wichtig erwähne ich das Vorkommen einer Macrotaeniopteris (Wianamattae), deren Wichtigkeit bei Beschreibung dieser Art hervorheben werde. Ich wende mich zu der Besprechung der Petrefacte, die nicht zahlreich sind und von denen mir einzelne vorlagen.

Fische.

1864. Qu. Journal Geol. Soc. p. 1. Pl. I.; Egerton: On some Ichttyolites from New South Wales.

Die Fischreste aus den beiden erwähnten Schichten wurden von Sir Egerton nach Exemplaren, die Herr B. Clarke eingeschickt, beschrieben (l. c.)

Sir Egerton erkannte unter den eingeschickten Resten drei Gattungen, zwei hiervon schienen ihm neu, die dritte wurde von ihm als Palaeoniscus bestimmt die zwei anderen sind: Cleithrolepis und Myriolepis, mit je einer Art; Palaeoniscus auch mit einer Art.

Die Vertheilung ist die folgende:

1) Palaeoniscus (antipodeus): aus den Wianamatta beds

2) Cleithrolepis (granulatus): aus den Wianamatta und Hawkesbury-beds

3) Myriolepis (Clarkei): aus den Hawkesbury beds.

Palaeoniscus antipodeus Egerton. Tafel 6 f. 4 (Schwanz.)

1864. Egerton l. c. p. 3. 4. Tab. I. f. 4. und Holzschnitt auf S. 5 (Schwanz.)

14*

Diese Art ist nach Photografien bestimmt. Eine Figur ist auf Egertons Tafel 1, f. 4. gegeben, welche den Körper des Fisches ohne Schwanz darstellt. Sir Egerton konnte keinen Unterschied von Palaeoniscus darin finden. Auf Seite 5 ist ein Holzschnitt eines Fischschwanzes der zu diesem Palaeoniscus gehören soll; er ist ein echter heterocerker Schwanz.

Das Vorkommen von Palaeoniscus in diesen Schichten hat wohl ein gewisses Interesse; es folgt aber keineswegs die Nothwendigkeit daraus, dass diese Schichten (Wianamatta) in denen er vorkam, als Permisch zu classificiren sind, dies umsomehr wenn wir folgendes erwägen:

1) Ist in diesen Schichten und in den tieferen Hawkesburybeds ein Fisch dessen heterocerke Natur nicht erwiesen wurde.

2) Palaeoniscus in der Wiannamattabeds scheint zu den Seltenheiten zu gehören.

3) Die Flora ist mesozoisch — und enthält einzelne Formen die dieselben sind wie in höheren Schichten in Australien.

4) Wir wissen dass Palaeoniscus auch anderwärts aus Schichten bekannt ist, von denen es ganz gewiss oder mehr als wahrscheinlich ist, dass sie zu Trias gehören.

In dieser Beziehung erwähne ich zuerst den Palaeoniscus superstes Eg. (Qu. Journ. geolog. Soc. XIV. p. 64 Pl. 1), der aus dem Keuper in England stammt. Ich gebe eine Copie der Figur auf meiner Tafel 6, f. 6.

Auch aus den Südafricanischen Karoobeds (den Beanfortbeds) wird ein Palaeoniscus angeführt und doch gehören diese höchst wahrscheinlich der Trias an.

5) Weiter finden wir aber auch andere heterocerke genera in die Trias hinüberreichen — so werden von Amblypterus zwei Arten aus dem Muschelkalk von Esperstedt südöstlich von Eisleben (Quenstedt Petrefaktenkunde, 1867, 2te Auflage, p. 208) angeführt.

Aus diesem möchte vielleicht folgen, dass in der Trias sich heterocerke und homocerke Fische mischen, wie es auch in diesen Hawkesbury und Wiannamatta Schichten der Fall zu sein scheint.

Wenn ich daher recht bereitwillig Herrn Clarke's Ansicht über das Alter der New-Castlebeds als richtig ansehe, scheint es mir doch immerhin möglich, dass die Hawkesbury und Wiannamattabeds recht wohl als Trias erscheinen können — trotz des Vorkommens von Palaeoniscus.

Localität: Palaeoniscus wurde in den Wiannamatta Schichten, in der Nähe von Paramatta, W. von Sydney gefunden.

Genus: Cleithrolepis Egert.

1864. Egerton l. c. p. 3. Taf. 1, f. 2. 3.

Von einem anderen Fische lagen Herrn Egerton zwei Exemplare vor; ein Bruchstück mit Kopf- und Körpertheil — aus diesem war Herr Egerton geneigt auf Platysomus zu schliessen; (siehe seine Taf. 1, f. 2). Doch von dem zweiten Exemplare, das im Photograph vorlag und das Taf. 1, f. 3 abgebildet ist sagt er folgendermassen (ich gebe die deutsche Uebersetzung):

„Eine Photographie eines zweiten Exemplares aber unzweifelhaft von derselben Art und aus derselben Localität, zeigt den hinteren Teil des Fisches und in diesem finden wir einige auffallende Abweichungen von den correspondirenden Theilen in Platysomus. In dieser Gattung beginnt die Rückenflosse an der obersten Erhöhung der Rückenkante und erstreckt sich von da zum oberen Lappen der Schwanzflosse, indem die Knochenstrahlen langsam vom ersten bis zum letzten sich verringern. Die Afterflosse ist exact so gebaut. In Herrn Clarke's Photograph (fig. 3) aber nehmen diese Flossen nicht die Hälfte der erwähnten Länge ein, sondern beginnen viel näher am Schwanze und verringern sich sehr schnell in der Länge der Strahlen.

Die Schwanzflosse zeigt auch verschiedene Charaktere in den beiden Gattungen.

Platysomus hat einen ganz deutlich heterocerken Schwanz, während an dem Schwanze der Australischen Exemplare, soweit aus der Photographie zu entnehmen ist, keine Spur von dieser Struktur (nemlich vom heterocerken Schwanz) entdeckt werden kann.

Daraus folgt, dass der Australische Fisch den Herr Egerton Cleithrolepis granulatus nennt sich sowohl in der Rücken- und Afterflosse, als auch in der Schwanzflosse von Platysomus unterscheidet. Die Schwanzflosse erschien nicht heterocerk, soweit wenigstens das eine vorliegende Exemplar zeigt.

Es ist mir daun nur nicht ganz klar, warum Herr Egerton auf Seite 4 seiner Beschreibung diesen Fisch doch als verwandt mit Platysomus anführt und warum dann Herr W. B. Clarke und andere auch auf diesen Fisch die Ansicht vom permischen Alter der Hawkesbury-Wianamatta-beds stützen sollten.

Localität: Hawkesburybeds (Cockatoo Island) und Wianamattabeds.

Genus: Myriolepis Egert.

1864. Egerton l. c. p. 2 3. Taf. I f. l.

Eine dritte Form glaubte Herr Egerton auf Acrolepis beziehen zu können; doch ist nur der Mitteltheil des Körpers erhalten, und gerade das wichtigste Organ, die Schwanzflosse fehlt; Herr Egerton sagt darüber p. 3:

„All evidence of the form of the tail is deficient."

Doch auch der Kopf ist unbekannt.

Die Art nennt Herr Egerton Myriolepis Clarkei.

Localität: Hawkesbury beds (Cockatoo Island).

Wir haben daher:

a) Einen heterocerken Fisch (Palaeonicus) aus den Wianamattabeds.

b) Einen nicht (?) heterocerken Fisch (Cleithrolepis) aus den Wianamtta- und Hawkesburybeds

c) Einen betreffs der Schwanzflosse zweifelhaften Fisch (Myriolepis) aus den Hawkesburybeds.

Pflanzen.

Phyllotheca Hookeri (australis?) Mc' Coy. Rep. of Progr. Geol. Surw. of Vict. III. 1876.
Sphenopteris alata Bgt. 1828.

Wie ich schon vorn bei dieser Art die Brongniart ursprünglich nach Exemplaren aus Australien vom Hawkesbury River beschrieben hat, erwähnt habe, ist nicht zu ersehen, aus welcher Schichtengruppe diese Art stammt, weswegen ich sie hier nochmals erwähne.

Thinnfeldia odontopteroides Morr. sp. Taf. 16, f. 1.

1845. Pecopteris odontopteroides Morris.
1847. Gleichenites odontopteroides Mc' Coy l. c. p. 141.
1872. Pecopteris odontopteroides, Carruthes in Daentree l. c. p. 355 Pl. XXVII. f. 2. 3.
1875. Clarke, Remarks etc., Mines und Min. Stat. p. 186.
1875. Crepin, in Bull. de l'Acad. Royale de Belgique Tome XXXIX. p. 258—262. f. 1—5.

Fronde dichotome divisa, pinnatifida, an pinnatopinnatifida; caule crassiusculo; pinnis elongato-linearibus alternis; locum divisionis versus brevioribus, apicem versus longioribus;

pinnulis (lobis) forma variantibus, nunc oblique ovato-oblongis, nunc quadrato-ovatis, apice oblique truncatis, basi connatis; nervis e basi intrantibus, dichotomis.

Von dieser Art liegt mir aus den Wianamattabeds ein grösserer Wedel vor als ich bisher abgebildet gesehen habe. Im unteren Theile der Figur sieht man die dichotome Theilung des Blattes. Der erhaltene Blattheil ist gefiedert; die Fiedern sind alternirend länglich-linear; der Stengel ziemlich dick.

Die Fiederchen (oder Lappen) sind an unserem Exemplare quadratisch-oval, oder dreiseitig oval, an der Basis verbunden.

An anderen Exemplaren aber werden sie länger, wie ich noch in der nächstfolgenden Abtheilung angeben werde.

Die Nerven sind an dem Wianamatta-exemplare nicht zu sehen — an anderen aber zeigen sie keine deutliche Mittelrippe, sondern mehre Nerven gehen von der Basis aus divergirend und sich dichotom theilend ins Blatt, wobei doch gewissermassen ein mittlerer Nerv in dem Basaltheil etwas stärker ist.

Ich glaube diese Form ist eher eine Thinnfeldia als eine Pecopteris. Ich wurde durch diese Art, besonders durch die weiter zu erwähnenden Exemplare aus der nächst höheren Abtheilung und durch die Abbildung bei Daentree stark an die Thinnfeldia crassinervis erinnert, die Herr Prof. Geinitz in seiner Abhandlung „über Rhätische Pflanzen- und Thierreste aus der Argentischen Republik" (Palaeontographica, 1876) Seite 4 beschrieb und Taf. I f. 10 — 16 abbildete.

Der einzige Unterschied schienen mir, die etwas stärkeren Nerven in Prof. Geinitz's Art zu sein; doch stimmt Herrn Carruthers fig. 2, Taf. XXVII (in Daentrees Abhandlung l. c.) — sehr viel mit Geinitz's Figuren 10. u. 11 Taf. I (l. c.) überein.

Localität: Wianamattabeds. (Siehe noch nächste Abtheilung).

Odontopteris microphylla Mc' Coy.
     1845. Mc' Coy l. c. p. 147.
     1875. Clarke, l. c. p. 156.
Diese habe ich schon aus den New-Castlebeds angeführt.

Localität: Wianamattabeds.

Pecopteris (?) tenuifolia Mc' Coy.
     1845. Mc' Coy l. c. p. 152 Pl. IX. f. 6.
     1875. Clarke l. c. p. 186.
Auch schon aus den New-Castlebeds angeführt.

Localität: Wianamattabeds.

Gleichenia dubia sp. n. Pl. 15, f. 8.

Fronde dichotoma, pinnata; rhachibus mediocris teretibus; pinnis distantibus alternis obovato-elongatis; inciso-lobatis; nervis indistinctis.

Die Zuweisung dieser Form zu Gleichenia habe ich auf Grund der Dichotomie des Laubes und der Form der Fiederchen gestützt; die Nerven sind ziemlich undeutlich, indem der Rest nur als Abdruck in einem feinkörnigen, gelblich-grünlichen Sandstein erhalten ist.

Soviel glaube ich aus der Nervation doch entnehmen zu können, dass dieser Rest nicht mit der Pecopteris odontopteroides Morr. (Gleichenites odontopteroides, oder Thinnfeldia odontopteroides, wie ich diese Art jetzt beschreibe) zu vereinigen ist. Es lag mir nur dieses eine Exemplar vor.

Die einzige Art mit der ich unsere Form vergleichen kann, wenn ich die Theile des getheilten Laubes für sich betrachte, ist Saportas Thinnfeldia incisa (Pal. Franc Végét. N. 8. p. 348, Tab. 42

f. 1—3) — doch kann ich die Aehnlichkeit nur auf die Form der Fiederchen beziehen, da Saportas Art eine andere Nervatur zeigt.

Localität: Wianamattabeds.

Macrotaeniopteris Wianamattae h. sp. Taf. 13, f. 2.

Fronde elongato-obovata, simplici, basi attenuata, apice?; rhachide crassa, lineata nervis secundariis sub angulo graduum 20–25 eggredientibns, confertis, 0·6—0·8 mm. distantibus, (prope rhachim), marginem versus dichotomis, tenuibus.

Der vorliegende Abdruck, nur ein Bruchstück des Blattes, gehört jedenfalls zu den Taeniopteriden und zwar zur Unterabtheilung: Macrotaeniopteris.

Das Vorkommen dieser Form in diesen Schichten ist von doppelter Wichtigkeit:

1) Ist diese Abtheilung von Taeniopteriden (Macrotaeniopteris) ganz besonders in der mesozoischen Epoche vorherrschend gewesen, vornemlich wenn auch ein Repräsentant dieser Untergattung sich schon im Perm vorfindet; aber wir treffen dieselbe auch im Trias in Indien (Kohlenschichten) und im Tertiären von Novale im Vicentinischen. Macrotaeniopteris hat daher eine ähnliche Vertheilung wie Glossopteris; sie beginnt im Perm (selten) hat ihre grösste Entwickelung im Lias und Oolith und reicht bis ins Tertiär.

2) Das Vorkommen von Taeniopteris combinirt mit dem Fehlen von Glossopteris, wie ich schon früher bemerkte ist für die Stellung der Wianamatta-Schichten von Wichtigkeit, indem Herr Daentree in seiner früher angegeben Abhandlung über Queensland das Vorkommen von Taeniopteris als besonderes Merkmal der mesozoischen Kohlenschichten in Australien angegeben hat. Er sagt auf Seite 288 (l. c.): „It would seem therefore that, apart from the presence of a distinguishing Fauna, Taeniopteris may be taken as evidence of the mesozoic and Glossopteris of the palaeozoic conformation in Australia."

Dieses stimmt recht wohl auch zu den übrigen Merkmalen der Hawkesbury-Wianamatta Schichten. In Indien haben wir aber zahlreiche Taeniopteriden in den Kohlenschichten mit Glossopteris in Gemeinschaft.

Die Taeniopteris der Wianamattabeds stimmt am meisten mit Saportas Taeniopt. (Macrot.) superba (Saporta, Végét. Triassic et Jurassic, Pol. franc. p. 439 Tab. 61. 62.) aus dem französischen Rhät überein.

Localität: Wianamattabeds, N. S. Wales.

Die hier angeführten und beschriebenen Pflanzen stammen wie zu ersehen, aus den Wianamattabeds, aus den Hawkesbury-beds habe ich keine Pflanzen gesehen; Herr W. B. Clarke führt auch nur zwei Gattungen, ohne specifische Namen und ohne jede weitere Beschreibung und Abbildung an.

In seiner vorn erwähnten Abhandlung (Qu. J. Geol. Soc. 1861. Vol. XVII. p. 354 etc.) finden wir aus den Hawkesburybeds, neben dem schon beschriebenen Fisch auch zwei Pflanzengattungen:

Sphenopteris sp.

Odontopteris sp.

Doch ist weiter nichts zur Charakteristik dieser Ueberreste zugefügt — und muss ich mich deshalb auf diese einfache Angabe beschränken.

6. Petrefacte aus den höchsten Pflanzen-Schichten in Australien.

In seiner Beschreibung der „Geologie von Queensland" führt Herr Daentree (l. c.) aus dem südlichen Theile der Provinz Kohlenschichten an, die als mesozoisch bezeichnet werden, während die Kohlen schichten im nördlichen Theil der palaeozoischen Epoche zugetheilt werden.

Die Pflanzenpetrefacte wurden als verschieden von denen in dem nördlichen Kohlenfelde gefunden; besonders war das gänzliche Fehlen von Glossopteris bemerkenswerth; dafür aber sind diese Schichten, die besonders bei Brisbane und Mary borough entwickelt sind durch das Vorkommen von Taeniopteris charakterisirt und Herr Daentree hat, wie ich schon erwähnte, Taeniopteris als Charakteristikon für die mesozoischen Kohlenablagerungen in Australien bezeichnet.

Wenn wir die allgemeinere Folgenreihe der Schichten betrachten, die Herr Etheridge auf Seite 326 in Daentrees erwähnter Abhandlung für Queensland gegeben hat, so finden wir, dass die „Taeniopteris-beds" über die marinen Schichten von Wollumbilla, die Lias und Oolithformen enthalten, gesetzt sind.

Schichten ähnlichen Alters finden sich in Richmond und am Clarence River in N. S. Wales; nur von der letzteren Localität liegen mir Fragmente von Petrefakten, schmale Taeniopteris vor; sonst sind mir keine bekannt.

Aus Victoria sind Petrefakte ähnlicher Schichten durch Mc' Coy bekannt gemacht worden, und zwar besonders vom Cape Paterson und Bellarine; auch hier ist Taeniopteris vorhanden. Diese Schichten sind es die Mc' Coy als „upper Mesozoic" bezeichnet, während „die Bacchus Marshsandstones" mit „Gangamopteris als „lower Mesozoic" angeführt sind.

Auch in Tasmanien scheinen nach vorliegenden Petrefakten ähnliche Schichten entwickelt zu sein; denn die Categorie der zweifelhaft unter Lager Pachydomus einfallenden Schichten scheint nicht zu existiren.

Equisetaceae.

Phyllotheca australis Mc' Coy.

Diese Form, die schon in den unteren Kohlenschichten, in Newcastlebeds und als Phyll. Hookeri Mc'Coy auch in den Wianamattabeds vorkam, wird auch aus den oberen mesozoischen Schichten in Victoria angführt.

Siehe: Report of Progress (Geol. Survey of Victoria, 1874 p. 24.; 1876 pag. 60.

Prodrome of Pal. of Victoria, 1875, Dec II, p. 15.

Localität: Cape Paterson Victoria.

Filices.

Sphenopteris elongata Carr.

1872. Carruthers in Daentree l. c. p. 355; Pl. XXVII, f.

Fronde dichotome divisa, divisionibus irregulariter pinnatis; pinnis simplicibus bifurcatis an irregulariter pinnatis; segmentis angustis linearibus, apicem versus attenuantibus; nervo medio singulo, nervos simplices in medio segmentorum (pinnularum) currentes, emittente.

Herr Carruthers berichtet dass diese Art neben Pecopteris odontopteroides die häufigste ist.

Localität: Tivoli coalmine, Queensland.

Thinnfeldia odontopteroides Morr. sp. Pl. 14, f. 5 Pl. 15. fig. 3—7, 7a. 7b.

    1845. Pecopteris odontopteroides Morr. p. 249 Pl. VI. f. 2—4.

    1872. Carruthers in Daentree (l. c.) p. 355, Pl. XXVII. f. 2. 3.

    1875. Odontopt. Morrisi, Crepin, Bull. d. l'Ac. Royle de Belgique Tome XXXIX. p. 258—262.

Die Diagnose dieser Art habe ich schon angegeben und auch das Nöthige darüber gesagt; hier gebe ich aber noch einzelne Abbildungen. Auf Taf. 14, f. 5. ist eine Copie einer Abbildung des Herrn Carruthers l. c. Pl. XXVII. f. 3; diese Figur ähnelt insbesondere den Fiedern des von mir auf Taf. 16 f. 1 abgebildeten Exemplares aus den Winnamatta-Schichten. Auf Taf. 15 sind einzelne Originalabbildungen. Fig. 3. 5 und 6. sind einzelne Fiedern dieser Art von Ipswich (südlich von Brisbone in Queensland. Fig. 5 und 6 zeigten ziemlich deutlich die Nervatur.

Fig. 4 und 7 sind Fiedern derselben Art aus Tasmanien (nach Herrn W. B. Clarkes eigener Angabe, doch ist die Localität nicht näher genannt). — Fig. 4 gleicht etwas der ursprünglichen Abbildung, wie sie Morris l. c. gegeben hat, wenigstens an Grösse: Fig. 7 gleicht vollständig den Figuren 5 und 6 aus Queensland. Von Fig. 7 habe ich zwei Fiederchen etwas vergrössert, um die Nervatur zu zeigen.

Localität: Wie schon erwähnt ist diese Art aus Queensland (Ipswich und Tivolimines) und aus Tasmanien bekannt.

Alethopteris australis Morr. sp. Taf. 14, f. 1. 1a.

1845. Morris l. c. p. 248 taf. 7. f. 1—2.

1875. Mc' Coy, Prodr. Pal. Victoria, Dec. II. p. 16, 17. Pl. XIV. f. 3.

Fronde bipinnata; pinnis obliquis, alternis, Pinnulis obliquis, subfalcatis, subalternantibus, lanceolato-ovatis, apice obtusiusculis, basim versus sensim dilatatis, tota basi adnatis, subcontiguis; margine plerumque integris, nonnunquam subsinuosis; nervo medio tenero, subflexuoso, ad apicem subevanescente; nervis secundariis obliquis, dichotomio e basi, nonnunquam etiam ad marginem.

Diese Art war eine von den dreien, die Morris aus dem Jerusalems-Basin (Tasmania) beschrieb und die nach Angaben des Herrn Strzelecki aus Schichten stammen sollten, die scheinbar unter marine Schichten einfallen.

Doch habe ich schon erwähnt, dass selbst Herr Clarke diese nicht bestätigen konnte und dass Selwyn diese Angabe durch seine Aufnahmen in Tasmanien widerlegte*) so dass das Vorkommen von Pecopteris australis (mit Zeugophyllites und Pecopteris odontopteroides) in marinen Schichten sich nicht weiter bestätigte. Im Gegentheil ist Pecopteris Australis vorherrschend in den oberen mesozoischen Schichten in Victoria, und verdanken wir Herrn Mc' Coy (1875) eine abermalige Beschreibung und Vergleichung, so wie eine neue Abbildung dieser Art.

Meine Abbildung Taf. 14, f. 1. 1a. ist seiner Abhandlung (l. c.) entnommen.

Nach Herrn Mc' Coy's Angaben, kann diese Art kaum unterschieden werden von einer Art aus den Oolithischen Schichten von Scarborough, die von Herrn Bean den manuscriptlichen Namen Pecopteris Scarburgensis erhielt und die nach Angaben des Herrn Leckenby zwischen Pecopt. insignis und P. ligata die Mitte hält. Herr Mc' Coy findet nur in der etwas deutlicheren Zähnelung gegen die Spitze der Fiederchen in der englischen Art einen Unterschied von der australischen Form. Ich meiner Seits finde eine ziemliche Verwandtschaft mit Pecopt. (Alethopteris) indica Olith. besonders mit dem auf Tafel XXVII. f. 1 abgebildeten Exemplar (Oltham aus Morris, Rajmahal Flora 1862).

Diese Form gehört jedenfalls in die Gruppe der Alethopteris Whitbyensis Schimp. 1869 (Feistm. 1876) zu der ja unsere Alethopt. indica auch zu stellen ist.

Diese Art ist es mit der die Pecopteris Lindleyana der indischen Kohlenschichten so oft verglichen wurde. Ich habe von Anfang behauptet, dass sich beide unterscheiden; doch sind beide in der

---

*) Siehe Mc' Coy in Transact. Royal Soc. of Victoria, 1860. Vol. V. p. 104.

That insoweit mit einander zu vergleichen, als beide zu der mesozoischen Gruppe der Alethopteris Whitbyensis gehören. Zur Vergleichung gebe ich auf Tafel 18, f. 9. u. 10 Abbildungen von Fiedern der indischen P. Lindleyana; fig. 9 zeigt eine Fiederfragment in Fructification.

Doch wenn wir bedenken dass das Vorkommen dieser Art im Jerusalembasin unter Pachydomus ein sehr zweifelhaftes war und sogar wiederlegt wurde und dass selbe im Gegentheil häufig ist in den oberen mesozoischen Schichten in Victoria und in ähnlichen Schichten in Tasmanien, aus den Newcastlebeds hingegen nicht angeführt wird, so würde eine Identification, wenn sie schliesslich auch durchzuführen wäre, nicht gerade für das palaeozoische Alter der indischen Kohlenschichten sprechen.

Me' Coy fand selbe an einzelnen Localitäten; von denen insbesondere die Barabol Hills von Wichtigkeit sind, indem daselbst diese Art mit Taeniopteris Daentrei zusammen vorgefunden wurde.

Aus Tasmanien wird diese Pecopt. australis in Gemeinschaft mit Glossopt. Browniana berichtet. (Vergl. Geol. Suw. of. Viet. Rep. of Progr. 1874 pag. 24; Prodr. Pal. Viet. Dec. II. p. 15.).

Localität: Bellerine (bei Geelong), Barabool Hills in Victoria; Tasmania.

Vom Clarence River liegt mir ein Exemplar vor, wo mit der zu erwähnenden Taeniopt. Daentreei, auch Alethopt. australis sich zusammen vorfindet.

Cyclopteris euneata Carr.

1872. Carruthers in Daentree l. c. p. 355. Pl. XXVII. f. 5.

Fronde tota, ignota; pinnis integris, magnis, euneatis, margine externo rotundato; nervis tenuibus, semel bisque dichotomis; hinc illinc anastomosantibus media in pinnula.

Localität: Tivoli coal mine, Queensland.

Ich denke nicht dass der von Carruthers beschriebene Ueberrest eine Fieder darstellt; ich denke eher, dass es ein Bruchstück des Blattes ist und die keilförmige Form nur eine zufällige ist. Auch würden die hier und da anastomosirenden Nerven einen erwägen machen, ob vielleicht nicht eine andere Form, als Cyclopteris, vorliegt.

Taeniopteris Daentreei Me' Coy. Taf. 14. f. 2. 3, 2a. 4.

1875. Me' Coy Prodrome Pal. Viet. Dec. II, p. 15, Pl. XIV. f. 1. 2.

1872. Carruthers l. c. p. 355 Pl. XXVII, f. 6.

Fronde (pinnulis?) longissima, lineari, parallela; coriacea, marginibus integra; nervo medio crasso, nervis secundariis subangulo recto an subrecto egredientibus plurimis furcatis differentibus in locis longitudinis nervorum.

Diese Art, von der ich zwei Figuren Me' Coy's wiedergebe (Taf. 14, f. 2 3) ist in den mesozoischen Schichten Victorias sehr häufig und wurde von da zuerst bekannt und zwar wie ich schon erwähnte an einer Localität mit Pecopt. (Alethopteris) australis.

Die Art wie sie Me' Coy beschreibt ist schmalblättrig, ziemlich lang, mit starker Mittelrippe und Seitennerven die unter einem rechten oder fast rechten Winkel ausgehen und sich ein oder zweimal in der Fläche des Blattes furchen.

Herr Carruthers beschreibt die Art auch aus Queensland, und trotzdem sein Blatt (siehe meine Tafel 14 f. 4) viel breiter als Me' Coy's Form, stellt Carruthers sein Blatt doch als identisch mit der Form aus Victoria hin. Wenn wir jedoch Herrn Carruthers Figur betrachten, so finden wir bei derselben auch eine ziemlich starke, gerundete Mittelrippe, die Seitennerven gehen auch unter einem im Allgemeinen nahezu rechten Winkel ab ein- oder zweimal gefurcht. Ich sehe mich daher nicht berechtigt Carruthers Figur von Me' Coy's Taeniopt. Daentreei abzutrennen, obzwar beide ziemlich verschieden aussehen.

Mc' Coy's Figuren kann ich in gewisser Beziehung mit einer Art vergleichen, die in Indien in der sog. „Sripermaturgroup" (bei Madras) vorkommt, welche Gruppe durch ihre übrigen Petrefacte und durch ihre Beziehung zur Rajmahalgroup nicht viel jünger als Lias sein dürfte.

Localität: Cape Paterson, Barabool Hills, und am Wannon River in Victoria (Pl. 14 f. 2. 3); Queensland, Tivoli coalmine (Pl. 14 f. 4).

Vom „Southgate, Clarence River" liegen mir Exemplare einer schmalblättrigen Taeniopteris vor, die wohl nicht von T. Daentrei verschieden ist, und gehören diese Schichten wohl auch in die Gruppe der oberen mesozoischen Kohlenschichten.

Glossopteris Browniana Bgt.

Glossopteris Browniana wird aus Tasmanien in Gemeinschaft mit Pecopteris australis berichtet (Siehe: Geol., Surv. of Victor., Rep. of. Progres 1874 p. 24, und Mc' Coy, Pal. of Vict. Dec. II, p. 15).

Doch ist nicht näher angegeben zu welcher Abtheilung die Schichten gehören, in denen Glossopteris vorgefunden wurde.

Sagenopteris (?) Tasmanica n. sp. Taf. 15, f. 10.

Fronde composita, digitata (?) lobis linearibus, ad apicem attenuatis; nervo medio distincto rotundo, nervis secundariis sub angulo acuto eggredientibus furcatis, semel (ut videtur) anastomosantibus.

Aus der Figur des einen vorliegenden Exemplares scheint hervorzugehen, dass die Blättchen zu einem Blatte gehörig seien, das dann fingerförmig gefiedert zu nennen wäre, und dürfte unser Rest daher am ehesten zu Sagenopteris zu stellen sein.

Sie erinnert ein wenig an Sagenopteris Phillipsi L. & H. aus dem Englischen, Oolith.

Localität: Tasmanien (ohne weitere Ortsangabe).

Eine andere Sagenopteris werde ich im Nachtrage aus Queensland beschrieben.

Cycadeaceae.

Von Cycadeaceen aus dieser obersten Abtheilung der Kohlenschichten liegen mir keine Reste vor; doch hat Mc' Coy drei Arten von Zamites beschrieben.

Genus: Zamites Brongt.

1874. Mc' Coy, Pal. Vict. Dec. I. Pl. VIII.

Mc' Coy bildet mehrere Exemplare ab, die auf den ersten Anblick ziemlich stark an Coniferen erinnern; doch behandelt sic Mc' Coy als entschiedene Cycadeaceen und stellt zwei davon zu Podozamites.

Podozamites (Zamites) Barklyi Mc' Coy.

1874. l. c. p. 33. Taf. VIII. f. 1. 2. 5.

Fronde 1'5" und 2'5" lata; rhachide crassiuscula, pinnulis confertis, linearibus obtuse acuminatis basim versus subito contractis, basi contracta oblique insertis, subalternis vel fere oppositis; superficie conferte striatis inferiore que in parte 10 ad 12 costulis longitudinalibus equalibus ad apicem subevanescentibus, notatis.

Prof. Mc' Coy hat diese Art dem Sir Henry Barkly, früheren Gouverneur von Victoria gewidmet.

Localität: Bellarinebeds, Victoria.

Podozamites (Zamites) ellipticus Mc' Coy.

1874. l. c. p. 35 Tab. VIII. f. 4.

15 *

Fronde ad 23'' lata; rhachide crassa; pinnulis ellipticis, distantibus; latiusculis, coriaceis, plerumque 3 costulas, nonnumquam 11 minores exhibentibus, superficie conferte striatis, basi contractis, oblique insertis, subalternis vel fere oppositis.

Diese Art erinnert etwas an einen Podozamites den ich als P. Hacketi beschrieb. (Pal. indica 1878: Jabulparflora).

Localität: Bellarinebeds, Victoria.

Zamites longifolius Mc' Coy.

1874. Mc' Coy l. c. p. 35 Pl. I. VIII. f. 3.

Fronde angusta, rhachide tenui, pinnulis subcontractis oblique insertis, confertis ad basim incurvis, dehinc rectis, linearibus, obtuse acuminatis, longitudinaliter striatis, una stria media distincta.

Dies ist die kleinste von den beobachteten Formen auch ist sie seltener als die übrigen. Durch den stärker hervortretenden Mittelnerven scheint sie sich mehr einem Cycadites zu nähern — doch sind andere Merkmale widersprechend.

Localität: Dieselbe wie bei den übrigen.

Incertae sedis.

Cardiocarpum (?) australe Carr.

1872. Carruthers in Daentree l. c. p. 356; Pl. XXVII. f. 4.

Fructus cordatus, apice acuminata; semine ovato acuto.

Nichts ist über die mögliche Verwandschaft dieser Frucht angegeben.

Localität: Tivoli mine, Queensland.

Indische Pflanzenreste zur Vergleichung.

Ausser den im vorigen beschriebenen Pflanzenresten aus Australien habe ich auf Tafel 18 noch einige Figuren von Pflanzen aus der idischen Kohlenformation beigegeben.

Die Figuren stellen jedoch nur 5 Formen dar, von denen 4 solche sind die mit australischen Formen verglichen oder indentificirt wurden.

Diese sind:

Schizoneura (Gondwanensis) Tab. 18, f. 2. 3. Diese Form wurde widerholt mit dem australischen Zeugophyllites identificirt — doch brauchen wir nur diese Figuren mit denen auf Taf. 13, f. 6, 6a zu vergleichen und der Unterschied tritt von selbst zu Tage — beide gehören nicht nur verschiedenen Gattungen, sondern Ordnungen an. Sowohl Schizoneura als auch der Zeugophyllites wurden übrigens noch mit Nöggerathia in Verbindung gebracht. Doch dazu mögen die Figuren 2. 3. 4 auf Tafel 16 verglichen werden. Ich glaube Schizoneura ist nicht in Australien bekannt.

Vertebraria (indica Royle). Ich gebe drei Figuren 4. 5. 6. Fig. 6 ist dem Werke Royle's*) entnommen; die zwei andern (4. 5.) wurden 1876 von mir publicirt (Journ. As. Soc. Beng).

Wie schon früher erwähnt, ist es ebenso schwer die Verschiedenheit, als die Identität der Formen zu beweisen — einige sehen in der That mehr ähnlich aus — doch scheint es mir, dass sie in beiden Ländern verschiedenen Pflanzen angehören.

*) Illustr. of Botany etc. of the Himalo Mouts. 1839. Pl. 11.

Ich erkläre daher, dass ich der Möglichkeit einer äusseren Identität ganz und gar nicht entgegen bin, da beide Floren doch noch dem Wesen nach verschieden genug sind.

Die 3 abgebildeten Exemplare stellen verschiedene Stadien dar; f. 4 ein Stamm, gefurcht; fig. 5 die Wurzelfasern; 6 die gewöhnliche Stengelform.

Phyllotheca habe ich nicht abgebildet, da die wenigen Exemplare der indischen Kohlenschichten kaum hinreichen endgiltige Vergleichungen anzustellen — und dann müsste man ja auch die Oolithischen Formen aus Italien und Sibirien hinzuziehen.

Sphenopteris (polymorpha Fstm). Fig. 7. 8. stellen zwei Bruchstücke, der soviel gegenwärtig bekannt, einzigen in den indischen Kohlenschichten vorkommenden Sphenopteris.

In einiger Hinsicht erinnert diese Form etwas an Sphenopteris alata aus Schichten am Hawkesbury-river in Australien, wie ich es auch schon früher einmal erwähnte (Journ. Asc. Soc. Bengal 1876. p. 357). — Doch bezieht sich diese theilweise Aehnlichkeit nur auf die kleineren Blättchen — während die ältern und grösseren Fieder in beiden Formen ganz verschieden sind.

In Australien ist die Gattung Sphenopteris hauptsächlich in den New-Castlebeds vertreten; eine Art ist auch in den Wianamattabeds und eine in den höchsten mesozoischen Kohlenschichten in Queensland.

In Indien kommt die eine Art in den Damuda Series vor — und zwar sowohl in der unteren als auch in der oberen Abtheilung derselben.

Sphenopteris ist also aus dem Catalog der Identitäten auszulassen.

Alethopteris: Die in unseren Schichten vorkommende Art Alethopteris, wurde mit der Al. (Pecopt.) australis verglichen, wohl aus dem Grunde, dass Strzelecki aus Tasmanien berichtete, Schichten mit Alethopteris australis, Gleichenites odontopteroides und Zeugophyllites unter Schichten mit Pachydomus globosus einfallend beobachtet zu haben. Doch wie schon erwähnt, hat sich diese Thatsache nicht bestätigt und gehört Alethopteris australis wohl zunächst den mesozoischen Schichten in Australien an. Eine Vergleichung der indischen mit der australischen Art würde daher nicht gerade für das Palaeozoische Alter sprechen.

Im übrigen scheint es mir, dass diese beiden Arten nicht gut mit einander verglichen werden können; auf Taf. 18, f. 9. 10 gebe ich die Abbildungen zweier Fiederchen und jeder möge selbe mit Fig. 1. Taf. 14, wo die echte Al. australis abgebildet ist vergleichen.

Uebrigens ist Al. Lindleyana ziemlich selten in unseren Kohlenschichten.

Auch gab ich eine Abbildung der indischen Sphenophyllum Trizygia Ung. Taf. 18 fig. 1 — wovon nichts aus Australien bekannt.

Wie es sich mit Glossopteris verhält, habe ich schon früher angegeben, und habe gezeigt, dass diese Gattung aus Palaeozoischen Schichten bis ins Tertiär sich erhielt, ja sie hat auch lebende Analogien.

Nöggerathia ist, wie ich erwähnte weder mit Zeugophyllites noch mit Schizoneura zu verwechseln, und nur in dieser beschränkten Form sind einige unserer indischen Formen mit australischen zu vergleichen.

So bleiben daher nur die 4 Formen: Phyllotheca, Vertebraria Glossopteris und Nöggerathia die als Analoga zwischen den indischen Kohlenschichten und denen in Australien angeführt werden können — und zwar finden sie sich im letzteren Lande in diesem Verein vornehmlich in den New-Castlebeds.

Wenn wir nun auf Grund dieser Ergebnisse die Pflanzenschichten in beiden erwähnten Ländern, vergleichen so können wir vielleicht folgende Schlüsse ziehen:

a) Die tiefen Schichten mit Rhacopteris, Cyclostigma, Lepidodendron fehlen in Indien.

b) Auch die Schichten mit mesozoischer Flora in Gesellschaft mit palaeozoischen Thieren fehlen.

c) Auch die New-Castlebeds können mit den Damudas nur betreffs einzelner Formen — verglichen werden — aber die indischen Kohlenschichten lagern auf Gangamopterisschichten, was mit den New-Castlebeds nicht der Fall ist — dagegen scheinen die Gangamopterisschichten in Victoria der Talchirgroup zu entsprechen.

Ich möchte deshalb diese Flora in Indien als eine weitere Wiederholung der ersten mesozoischen Flora in Australien bezeichnet wissen.

d) Die oberen mesozoischen Schichten in Australien repräsentiren vielleicht theilweise die obere Abtheilung des Gondwana-Systems in India.

Einige Worte über die mesozoischen Formationen mit Pflanzen in S. Africa.

Im Südlichen Africa sind auch Pflanzenschichten entwickelt, die auch zweierlei Gruppen angehören und auch mit jenen in Indien und Australien in Vergleichung gebracht wurden. Ich habe diesen Abschnitt zwar schon in meinem Aufsatze: „Ueber das Verhältniss gewisser fossilen Floren etc. 1877" auch behandelt; aber durch die jetzt betreffs der Australischen New-Castlebeds gewonnen Resultate, denen zufolge selbe tiefer erscheinen als die indischen Damudaschichten, wird selbe Modification auch auf die tieferen der Africanischen Schichten auszudehnen sein.

Die Literatur, die uns über diese Africanischen Schichten Aufschluss giebt, ist besonders folgende:

Krauss in Nov. Act. Leopold. Nat. Cur. Vol. XXII Pt. II. mit Tafeln.

Bain u. Sharpe: Transactions Geol. Soc. London, Vol. VI. und Ser. p. 175; mit Tafeln.

Tate: On South African fossils. Quart. Journ. Geol. Soc. 1867 p. 140. etc. Pl. V—IX.

Griesbach: On the Geology of Natal in S. Africa. Qu. I. Geol. Soc. XXVII (1871) p. 53.

Stow: On Some points in South-African Geology Qu. J. Geol. Soc. London, XXVII, p. 497 etc.

Huxley: Triassic Dinosauria Qu. Journ. Geol. Soc. XXVI, p. 32 etc; und: „On Hyperodapedon", ib. XXV. p. 138 etc.

Owen: Catalogue of the fossil Reptilia of South Africa 1876.

Die tiefsten Schichten, um die es sich hier bei der Vergleichung mit Indien und Australien eigentlich handelt, sind die sog. „Karoobeds" oder die „Karooformation".

Diese Karooformation führt Pflanzenreste und Landthiere. Sie ist selbst wieder in 4 Gruppen gegliedert (von oben nach abwärts):

a) Stormbergbeds.
b) Beaufortbeds.
c) Koonapbeds.
d) Eccabeds.

Nur die zwei oberen sind von Belang für unsere Betrachtung, da nur aus diesen die hieher bezüglichen Petrefacte bekannt wurden.

Während einzelne Autoren diese Formation als palaeozoisch ansehen, ist die Ansicht, dass sie zur Trias gehören die bei weitem vorwiegende, wie ich es weiterhin anführen werde, und wie es insbesondere einleuchtend ist aus Prof. Huxley's Lehre vom „Poikilitic System" zu dem die Landthierreste der beiden erwähnten Gruppen zu stellen sind.

Während die Landthierreste zum grossen Theil schon früher beschrieben wurden, haben wir die

Beschreibungen der Pflanzen erst durch Herrn Tate 1867 erhalten — doch sind diese nur auf eine Schicht beschränkt.

Die Stormbergbeds enthalten nur Reptilienreste und finden sich bei Tate folgende angeführt:

Dicyuodou testudiceps On., Euskelesaurus Browni Hx. Orosaurus Hx., Cynochampsa laniarius Ow., Massospondylus Ow., Pachyspondylus Ow. Leptospondylus, O.

Diese Reptilien gehören zum „Poikiliticsystem" des H. Prof. Huxley.

Die Beaufort beds enthalten ähnliche Reptilreste, besonders:

Oodennodonprognathus, Oud. Baini Ow. Oud. Grayi Dicynodon laeextleeps, D. strigiceps, D. Baini, D. tigriceps, D. declivis, D. latirostris, D. verticalis, Micropholis Stowi Hx. Galesaurus planiceps Ow. Cynochampsa laniarius Ow. etc.

Betreffs dieser Thierreste, wenigstens rücksichtlich der Dicynodonten sind diese beiden Gruppen zu vergleichen mit den indischen Dicynodontschichten die die obere Abtheilung der Kohlenschichten ausmachen, und als Pancheltgroup unterschieden sind.

Der Micropholis Stowi aber, ist sehr verwandt mit Brachyops laticeps aus den Mangli Schiefer, südlich von Naypur, was vielleicht meine Ansicht unterstützt, dass diese Manglischichten auch zur indischen Panchetgroup gehören.

Die Beaufortbeds in Africa führen aber neben den genannten Thierresten auch Pflanzen — und zwar die folgenden:

Glossopteris Browniana (?) von Tate als solche angeführt; doch meiner Ansicht nach sind die von Tate abgebildeten Exemplare verschieden von dieser Art.

Glossopteris Sutherlandi Tate p. 140. Pl. VI, f. 2. 2b. dürfte, meiner Ansicht nach zur vorigen gehören.

Rubidgea Mackayi Tate, l. e. p. 141. Pl. V. f. 8, könnte möglicherweise eine Gangamopteris sein. Ist vollständig verschieden von meiner Palaeovittaria.

Dictyopteris simplex Tate l. c. p. 141 Pl. f. 6 ist nur eine Glossopteris, und erinnert an eine indische Form Glossopt. Damudica Fstm.

Phyllotheca (??) p. 141. Pl. V, f. 6. Die von Tate gegebene Figur deutet wohl auf einen Equisetaceenrest hin, doch ist schwerlich zu ersehen ob es eine Phyllotheca ist.

Die Flora dieser Gruppe ist daher ziemlich einförmig und beschränkt sich vornemlich auf einfach gefiederte und genetznervige Farren (Glossopteris und Gangamopteris?) und spärliche Reste von Equisetaceen (Phyllotheca?)

Dies im Verein mit den Reptilien und bei der Ueberlagerung der Beaufortbeds durch die Stormbergbeds, (welche besonders der Panchetgroup entsprechen) würde mehr als deutlich darauf hinweisen, dass diese Gruppen in Africa nur mit den Kohlenschichten in Indien nicht aber mit den New-Castlebeds in Australien zu parallelisiren sind, zumal, wenn wir noch hinzufügen, dass die „Eccabeds" in Africa mit dem „Talchirboulderbed" in Indien, (unter den Kohlenschichten) verglichen werden.

Ich habe jetzt nur noch etwas über die Ansichten über das Alter dieser Schichten zu sagen. In dieser Beziehung ist kaum zu zweifeln, dass nach der allgemeinen Annahme diese Schichten Triassisch sind.

Herr Tate in seiner erwähnten Abhandlung betrachtet diese Schichten als Triassisch. Er sagt auf pag. 142, bei der allgemeinen Betrachtung in Punkt 3. „From the very characteristic Jurassic Flora presented by the Geelhoutboom shales and limestones the Flora of Karoobeds cannot be regarded as contemporaneous with the Jurassic Flora of Europe but as it possesses a Mesozoic facies it may be considered to be of Triassic age."

Als nächst ausschlaggebend in dieser Beziehung habe ich Prof. Huxley's Ansichten zu citiren; und zwar zuerst in seiner Abhandlung über Hyperodapedon 1869 wo er für die Formationen mit gleichartigen Reptilresten den Namen „Poikilitic System" wählt; er sagt auf Seite 149:

„As the age of the beds in question is determined stratigrafically in Brittain and Germany to be Triassic it may seem overrefinement to hesitate in declaring the African and Indian formations to belong to the same period."

Und in seiner Abhandlung „Triassic Dinovannia" Qu. J. Geol. Soc. 1870 bestätigt Professor Huxley noch weiter das „Triassische Alter" dieses „Poikilitic system". Prof. Huxley sagt Seite 49:

„Puttingtogether all the facts non ascertained respecting the distribution of the „Poikilitic Reptilia"
Ithink that the horizon of all these beds tends to become definetely Triassic rather than Permian."

Zu diesem gehören die Africanischen Karoo-Schichten und die indischen Kohlenschichten — während in Australien nichts Sicheres von diesen Thieren in dieser Periode bekannt ist.

Zunächst habe ich dann Herrn Griesbachs Ansicht zu citiren: er sagt l. c. über die Karooformation:

„Mr. Tate regards them (-the Karoobeds) as Triassic whilst Mr. Wyley thinks that they belong to the carboniferous; but as the eval from Tulbagh, in the Cape Colony is decidedly carboniferous and the succeeding Karooformation does not lie conformably on the former, Mr. Tates opinion seems the most acceptable. Also the sameformation, with Dicynodon and Glossopteris Browniana, occuring in India at the base of the cretaceus Series is proved, by a careful examination of its Flora to be a triassic deposit. There can certainly not be the aldigtest doubt that the Natal coal (Karoobeds) belongs to a far younyer period than the Tulbagh, which is an acquivalent of our coalmeasures."

Als die letzte, und ich möchte sagen, wichtigste Kundgebung in dieser Richtung ist Herrn Owens „Catalogue of the fossil Reptilia of S. Africa 1876" anzusehen.

Obzwar Herr Prof. Owen sich nicht ganz entschieden für Trias ausspricht, ist aus seinen Aussagen und aus seiner Schreibweise bei der Citirung der Localitäten und in der Tabelle der Trias Vorzug gegeben.

Prof. Owen sagt auf Seite VIII:

„The question lies between the Triassic and upper carboniferous periods; but the more generally adopted reference of the Beaufortbeds and especially the Stormbergbeds to a Triassic age has been provisionally assigned in the notices of the localities in this Catalogue."

Und auf Seite IX sagt er weiter:

„The aus wer then to the questin of the geologist as to the age of the S. African Reptilia, at the present phase of evidence is that they are not later than Trias and probebly lived in the palaeozoicperiod."

Bei der Citirung der Localitäten aber schreibt Herr Prof. Owen deutlich: „From the triassic formation etc.

Und in der Formationstabelle schreibt er folgendermassen:

Secondary or mesozoic.		Oolite Wealden etc. etc.		etc.	
				Bonebed Keuper Muschelkalk Bunter	Trias	Tretospondylia. Theriodontia. Anomodotia.	S. African Reptilia.

Diese Ansichten sprechen für sich selbst und brauche ich keine weiteren Begleitworte hinzuzufügen, ich möchte nur sagen, dass es mir sehr unnatürlich erscheint, diese africanische Karooformation als Evidenz zu citiren, wenn es sich um das palaeozoische Alter der indischen Kohlenschichten handelt.

Die Vergleichung der indischen Kohlenschichten mit den africanischen Karoobello führt im Gegentheil zu dem Schlusse dass beide eher Triassisch sind.

Die oberen mesozoischen Schichten in Africa sind unter dem Namen Uitenhageformation bekannt, und sind Jura; sie führen in der unteren Abtheilung Pflanzen, in der oberen marine Thierreste; bei diesen ist der interessante Umstand, dass Typen verschiedener Horizonte zusammenliegen.

Diesen oberen Schichten, den sog. „Trigoniabeds" ist die Juraformation in Kach parallel, indem viele der marinen Thierreste ident sind — nur ist in Kach über den marinen Thierresten (die theilweise Oberjurassisch sind) nochmals eine Flora von mitteljurassischem Typus — die dieselbe ist, wie die mitteljurassische Flora der Jabalpurgroup, Ostsibiriens und der Amurländer, sowie Englands und Spitzbergens.

Allgemeine Betrachtungen und Schlüsse.

Die australische Flora, die ich in vorgehenden Seiten zu beschreiben versucht — bei weitem aber nicht erschöpft habe[*]) ist für die Palaeontologie, namentlich für die Kenntniss des „Wiederauflebens", oder

---

[*]) In einem Nachtrage werde ich noch mehrere Formen hinzugeben.

„Wiederholens", oder vielleicht besser gesprochen der „Langlebigkeit von Formen" von ungemeiner Wichtigkeit.

Die Kenntniss der Flora in Australien, zugleich auch angewendet auf die Flora in Indien und in Asien (wohl auch im südöstlichen Russland) zeigt uns, dass hier gewisse Landorganismen (die Flora und theilweise auch Fauna) langlebiger waren, als es in den mehr westlichen Ländern (Europa und Amerika der Fall ist.

Während in diesen Ländern ergiebige Kohlenflötze (Braunkohle nicht eingerechnet) nur während der Steinkohlenperiode abgelagert worden zu sein und von dem Wachsthum der so eigenthümlichen „Steinkohlen-Flora" abhängig gewesen zu sein scheinen, war es in den östlichen Ländern verschieden; in Australien finden wir nur zum Theil carbonische Pflanzen, und der Hauptcomplex der Kohlenschichten, die auch noch dem Carbon (oder wenigstens der palaeozoischen Zeit) zugerechnet werden enthält keine solchen. In Indien wo auch ziemlich mächtige Kohlenflötze liegen, ist nichts von diesen echten carbonischen Pflanzen zu finden, — und in Asien — hauptsächlich in China finden sich ausgedehnte mesozoische Kohlenlager. —

Für Asien wurde in dieser Richtung ausgezeichneter Aufschluss gegeben in Herrn v. Hochstetters „Asien, seine Zukunftsbahnen und seine Kohlenfelder." Das Capitel über die Kohlenfelder wurde im Auszuge ins Englische übersetzt, im Auftrage der indischen Regierung, 1877.

In der Betrachtung der Vertheilung und Entwickelung dieser Flora in den östlichen Ländern müssen wir jedenfalls von Australien ausgehen.

1. Der Charakter der tieferen australischen Kohlenschichten ist vorzüglich durch die marine Fauna bedingt — diese Fauna bleibt constant carbonisch während die Flora noch während dieser Zeit ihren Character ändert — sie nimmt nämlich mesozoischen Habitus an.

2. Die tiefsten pflanzenführenden Schichten sind jene, die ich als devonische Schichten von Goonoo-Goonoo im Norden von N. S. Wales und aus Queensland angeführt habe. Die Pflanzenreste sind besonders durch das Lepidodendron nothum repräsentirt, zu dem sich Bruchstücke von Cyclostigma gesellen; diese letztere Gattung ist in Europa bis jetzt nur in Heers „Uraustufe" bekannt.

3. Doch ist es nicht unmöglich, dass die Flora der Schichten von Smith's Creek Stroud und Port Stephens im Norden von N. S. Wales, woruntcr ich ein Sphenophyllum sp., zwei Arten der Gattung Rhacopteris und eine Art von Cyclostigma vorgefunden habe, mit der vorigen zu derselben Bildungsepoche gehört.

Aber Herr W. B. Clarke bezeichnet diese Schichten nach den mitvorkommenden marinen Thierresten, die dem Kohlenkalk angehören, auch schon als „carboniferous" — und würden wir sie dann natürlich als der Kohlenkalkperiode gehörig, anzusehen haben.

Wie ich erwähnt habe führt Herr Clarke aus diesem Bereiche auch ein Lepidod. rimosum und Lepid. dichotomum an; aus der vorliegenden Photographie des Lep. rimosum deren Copie ich hier wiedergegeben habe, möchte ich aber eher schliessen, dass es eine Lepid. Veltheimianum sei; das Lepid. dichotomum habe ich nicht gesehen. Auch Lepid. australe Mc' Coy aus Victoria gehört her.

In dieser Abtheilung von Schichten haben wir daher das Zusammenvorkommen von Untercarbonischer Fauna und untercarbonischer Flora zu verzeichnen.

Nichts davon in den indischen Kohlenschichten.

Wir werden aber bald sehen dass wir auch in Australien vergeblich nach der reichen Flora der sog. productiven Steinkohlenformation suchen.

4. Während nemlich dieselben marinen Thierreste fortdauern, treten an einzelnen Localitäten im Norden von N. S. Wales Pflanzenformen auf, die sich dann lange weiter erhalten und insbesondere nach Ablagerung der marinen Reste reichlich sich entwickelten.

Dieser Pflanzenformen sind besonders 3: Phyllotheca, Glossopteris und Nöggerathia.

Es beginnen daher Formen, die dann noch in der mesozoischen Epoche weiter leben, in Australien in Schichten, die unter marinen Schichten mit palaeozoischen Thierresten liegen.

Die erwähnten drei Gattungen (Phyllotheca, Glossopteris und Nöggerathia) finden sich in Begleitung von Kohlenflötzen — und habe ich von Glossopteris drei Arten aus dieser Abtheilung in N. S. Wales beschrieben und abgebildet, andere nächstens.

Zwischen diesen Kohlenflötzen und der folgenden Abtheilung liegt ein Complex von marinen Schichten mit Thierresten.

Ich will von der Flora in dieser Abtheilung der marinen Schichten als von dem „I. Auftreten der mesozoischen Formen" oder „I mesozoische Flora" sprechen.

Soweit gegenwärtig bekannt, finden wir dieses Verhältniss nur in Australien vor, und zwar:

a) In New-South-Wales im nördlichen Theile, und sind hier besonders die Localitäten Raymonds-Terrace, Rix's Creek, Stony Creek, Greta, Anvil Creek, Mt. Wingen etc. zu nennen.

b) In Queensland ist das nördliche Kohlenfeld im Bereiche der Flüsse Dawson, Comet, Mackenzie, Nogra, Isaac und Bowen als zur palaeozoischen Epoche gehörig bezeichnet, und durch das Vorkommen von Glossopteris mit marinen Thierresten gekennzeichnet. (Siehe Daentree's Abhandlung.)

In Victoria ist von diesen Schichten nichts bekannt, und auch in Tasmanien nicht.

5. Unmittelbar über diesen marinen Schichten liegen in N. S. Wales die Hauptlager der Kohlenschichten, insbesondere jene von New-Castle- und Bowenfels, die ich im vorigen als „New-Castlebeds" bezeichnet habe.

Wir finden hier Glossopteris und Phyllotheca vorherrschend — auch die sogenannte Nöggerathia tritt auf. Dies sind die Formen die wir schon in den Kohlenschichten unter der marinen Ablagerung kennen gelernt haben — und nun über den marinen Schichten treten sie wieder auf — und zwar in einem viel reichlicheren Maasse.

In diesen New-Castlebeds ist überhaupt die Flora, so weit gegenwärtig bekannt, am zahlreichsten entwickelt in den australischen Kohlenschichten.

Die erwähnten drei Arten sind aber in diesen New-Castlebeds mit vielen anderen, neuen Typen vergesellschaftet, die in den unteren Kohlenschichten nicht vorhanden sind — ich nenne besonders Vertebraria viele neue Formen von Glossopteris, Sphenopteriden, eine Gangamopteris, Coniferenzweige und andere.

Dies würde mich vielleicht berechtigen, diese Flora als die II. mesozoische Flora, oder den marinen Schichten, zu bezeichnen.

Herr W. B. Clarke sieht diese Abtheilung auch noch als palaeozoisch an — wofür er besonders in den Lagerungsverhältnissen Gründe zu haben scheint. Doch dürften diese Schichten jedenfalls jünger als untercarbonisch sein. Glossopteris scheint in dieser Abtheilung für Australien zu erlöschen.

16*

Diese Flora ist zwar vergleichbar mit der in Indien, doch wohl nicht gleichartig mit ihr — die Lagerungsverhältnisse scheinen dagegen zu sprechen — vielmehr scheinen sie anzudeuten, dass die indische Flora eine weitere Wiederholung der australischen sei — Glossopteris tritt in Indien gleich zahlreich auf und reicht höher hinauf.

6. Diese Flora findet sich in Australien nur in N. S. Wales. Als theilweise selbe repräsentirend oder unmittelbar auf sie folgend dürfte die Flora der Bacchus-Marsh-sandstones in Victoria anzusehen sein, die vornehmlich durch die Gattung Gangamopteris gebildet wird.

7. In Indien lagern die Kohlenschichten auf einer Gruppe von Schichten, der „Talchirgroup" die zum grössten Theile auch nur Gangamopteris enthält. Vielleicht können diese beiden Schichtengruppen, in Indien und Victoria parallelisirt werden — und dann dürfte die indische Kohlenflora, als über den Gangamopterisschichten, auch als eine Wiederholung der I. mesozoischen Flora in Australien angesehen werden; wir haben hier wieder Phyllotheca (obzwar sparsamer als in Australien); Glossopteris, ungemein zahlreich, eine oder die andere Art identisch —; auch Nöggerathia (Zamites) findet sich hier, und wie es scheint sehr häufig.

Doch mit diesen Formen treten auch hier viele andere auf, keine marine Fauna ist vorhanden.

Glossopteris in Indien tritt aber auch schon in der tieferen Gruppe mit Gangamopteris auf, dauert in Schichten hinüber, die wohl Keuper (Panchetgroup) und Mitteljura (Jabalpurgroup) sind.

7. Während daher Glossopteris in Australien in palaeozoischen Schichten auftritt und an der Grenze dieser Zeit erlischt, beginnt selbe in Indien erst um diese Zeit und dauert in den Mitteljura hinüber.

8. Nach den Untersuchungen des Herrn Trautschold kommt Glossopteris auch im Jura Russlands vor — und finden wir selbe auch noch im Tertiär von Novale im Vicentinischen.

9. Glossopteris ist daher eine Gattung von weiter verticaler Verbreitung.

10. Dasselbe gilt von Phyllotheca; denn Phyllotheca geht in Australien aus der „I. mesozoischen Flora" bis in die „oberen mesozoischen" Schichten in Victoria. Ausserdem kennen wir sie aus dem Jura.

11. Die Flora der „Hawkesbury-" und „Wianamattabeds" in New-South-Wales ist mesozoisch, mit zwei oder drei Formen die aus den N.-Castlebeds herüber gekommen sind. Auch sind heterocerke und nicht heterocerke Fische da — was wohl auf Trias deutet.

12. Die Flora der obersten Schichten ist jurassisch aber wieder mit Formen noch, die schon in den New-Castlebeds begonnen und durch die Wianamattabeds bis in die obersten Schichten sich erhalten haben.

13. In den australischen Schichten, die mit dem gemeinsamen Namen „Kohlenschichten" bezeichnet werden können, da sie alle mehr weniger kohlenführend sind, die aber vom Untercarbon bis Jura reichen, haben wir was die Pflanzenpetrefacte anbelangt eine Reihe von Formen, die stets durch gemeinsame Glieder unter einander vereinigt sind — und an diese australischen Formenreihen lehnen sich dann jene in Indien und anderwärts an. Ich werde diese Verhältnisse durch Tabellen versinnlichen.

14. Die Glossopterisschichten in Africa, die Karoobeds, sind viel besser mit den indischen Kohlenschichten, mit den Damooda-Series zu vergleichen, da die Lagerungsverhältnisse ähnlich sind wie in Indien und da die Beaufortbeds (mit Glossopteris und Phyllotheca) und die Stormbergbeds dieselbe

Thierreste (Dicynodon) führen, wie die obere Fortsetzung der indischen Kohlenschichten, die als „Panchet-group" gesondert wurde. (Siehe Owen's Catalogue of the fossil Reptilia of South Africa).

In Australien haben wir daher einen Fall vor, der sich auf eine zweifache Art ausdrücken lässt, je nachdem wir Europäische oder blos locale Verhältnisse der Faunen und Floren ins Auge fassen — und diese doppelte Erklärungsweise stellt die beiden Anschauungsweisen der Herren Clarke und Mc' Coy, die sich so schroff gegenüber standen, in das eigentliche Licht — wobei es sich hauptsächlich um die New-Castlebeds handelte.

a) Betreffs der Auffassung mit Zugrundelegung Europäischer Verhältnisse haben wir zu sagen, dass rücksichtlich der Landorganismen (Flora) eine mesozoische Zeit vom Untercarbon bis zum Jura reicht (indem wir die Flora als mesozoisch im Sinne Europäischer Verhältnisse anzusehen haben) während die marinen Thierreste, unabhängig von der Flora classificirt, in dieser Kohlenperiode (untere Abtheilung der australischen Kohlenschichten) auch carbonisch sind; die New-Castlebeds lagern über diesen, und enthalten einen heterocerken Fisch — betreffs dessen wir diese Schichten auch in die Categorie palaeozoisch zu stellen haben — während die Flora an sich betrachtet, als mesozoisch bezeichnet werden müsste, so dass ich glaube, dass Herr Mc' Coy, angesichts der Flora nicht so ganz im Unrecht war, wenn er selbe als mesozoisch betrachtete, was übrigens auch noch Herr Carruthers (in Duentree's Geologie von Queensland l. c.) that.

Wenn ich dieses Verhältniss bildlich darstellen sollte, so würde es folgendermassen lauten:

Oberdevon.	Untercarbon.		New-Castlebeds.	Bacchus-Marsh-sandst.	Wianamatta-Hawkesburybeds	Oberste Kohlenschichten.
Goouno-Goonoo. Queensland. Lepidodendron.	Smith's Creek. Port Stefens. Gippsland. Rhacopteris, Cyclostigma, Lepidodendron etc.	Stony Creek. Greta etc. Queensland. Glossopteris, Phyllotheca, Nöggerathia.	Glossopteris Phyllotheca Vertebraria Nöggerathien.	Gangamopteris.	Phyllotheca, andere mesozoische Formen	Phyllotheca etc.
Flora-	Palaeozoisch.			Mesozoisch.		
Fauna-	Palaeozoisch.			Mesozoisch.		
Marine Thierreste.	Marine Thierreste.		Heterocerker Fisch.			

b) Wenn wir aber die Verhältnisse in Australien vom localen Standpunkte auffassen, und die Flora (Glossopteris, Phyllotheca etc.) weil sie in Schichten mit palaeozoischen Thierresten beginnt, auch als palaeozoisch ansehen, so müssten wir rücksichtlich der Flora eine palaeozoische Epoche bis über die New-Castlebeds annehmen, — dies ist Herrn W. B. Clarke's Standpunkt. Von diesem Standpunkte betrachtet würden sich auch die indischen Kohlenschichten in diese ideale „palaeozoische Epoche" einschliessen lassen, nur würde dieselbe Epoche auch dann bis zum Jura auszudehnen sein, da Glossopteris in Indien und in Russland im Jura nicht vorkommt.

Im ersteren Falle beginnt eine mesozoische Epoche früher (schon während noch palaeozoische Thierreste leben) im zweiten Falle würde eine palaeozoische Epoche länger dauern — noch, wenn schon anderwärts mesozoische Thierreste auftreten.)

Dies sind „scheinbare palaeontologische Unregelmässigkeiten" oder „Widersprüche" die sich durch die Unabhängigkeit der Landorganismen von den gleichzeitigen Meeresorganismen erklären lassen — wie wir dasselbe Verhältniss auch ja heutzutage klar genug sehen.

16. Wenn ich nun noch der Vollständigkeit wegen meine Betrachtungen in Kürze indischen Verhältnissen zuwende, so wird sich ergeben, dass wir einige sog. „scheinbare palaeontologische Unregelmässigkeiten" auch hier und zwar in der oberen Abtheilung der „Pflanzenführenden Schichten" (Gondwana-System) zu verzeichnen heben. Diese Abtheilung repräsentirt, sowohl durch die Lagerung, als auch durch die Gesammtheit der Petrefacte den Jura, und sind in den einzelnen Unterabtheilungen folgende Besonderheiten zu verzeichnen:

a) In der Abtheilung, welche als „Kota-Maleribeds" bezeichnet wird und wohl nicht älter ist als Lias, finden sich folgende Thier- und Pflanzenreste zusammen:

Hyperodapedon. In Europa nur in der Trias von England.

Parasuchus. Verwandt mit dem Triasischen Belodon.

Ceratodus. (Verbreitung: Trias-Oolit)- am nächsten Triasischen Formen.

Lepidotus. Liasische Form.

Aechmodus. Liasische Form.

Von Pflanzenresten sind Formen zu verzeichnen, die einestheils in der Kach-Jabalpurgroup vorkommen (Araucarites Kachensis und Pallisiga Jabalpurensis) andererseits ist aber die Gattung Ptilophylllum da, welche in der ganzen „oberen Abtheilung" der Pflanzenschichten vorkommt.

b) In der Abtheilung, die „Jabalpur-proup" genannt wird und welche der reine Repräsentant von Mitteljura ist, kommt noch Glossopteris vor, und zwar eine Form, die ich nicht unterscheiden kann von einer, die in den Kohlenschichten (Damuda-Series) sehr häufig ist.

c) In der obersten Gruppe der „Pflanzenführenden Schichten" in Kach, ist der umgekehrte Fall von dem in Australien bekannt gemachten.

Hier haben wir eine Flora, die mitteljurassisch und von demselben Horizont ist, wie jene in der Jabalpur-group und anderwärts im Mitteljura, die aber eine marine Fauna überlagert, welche Formen vom Mittel- und Oberjura enthält. Dieses Verhältniss habe ich auch schon in meinen früheren Arbeiten deutlich hervorgehoben.

Zum Schlusse füge ich noch zwei Tabellen bei; die eine zeigt die verticale Verbreitung einzelner langlebiger Gattungen (mit sehr nahestehenden Formen); die zweite zeigt den Verbreitungs- und Entwickelungsbezirk der mesozoischen Floren.

Tabelle I.

Veranschaulicht die verticale Verbreitung einiger, in Australien, Indien etc. vorkommenden langlebigen Pflanzenformen.

Zu Palaeozoisch stelle ich hier, in New-South-Wales, die Lokalitäten: Stony Creek, Rix's Creek, Green, Anvil Creek; in Queensland: das nördliche Kohlenfeld; und Fundorte in Europa.

Die New-Castlebeds, Indischen Kohlenschichten und Karoobeds lasse ich ohne Altersbestimmung, obzwar die beiden letzteren, meiner Meinung nach recht wohl als Trias angesehen werden können — dies natürlich schliesst nicht aus, dass andere Autoren sie als etwas anderes betrachten können.

Namen.	Palaeozoisch. Australien.	Europa etc.	New-Castle beds.	Indische Kohlen-schichten.	Bacchus-Maralneamlat. Karoobeds	Wianamatta- und Hawkesbury	Jura.	Tertiär.
Phyllotheca	New-South-Wales	—	New Castle	Damuda-Series	Karoobeds	Wianamatta	Indien; Silurien; Victoria;	—
Sphenophyllum	—	Oberdevon; Culm;Carbon. Perm.	New Castle	Damuda Series.	—	Wianamatta	Queensland Tasmanien	—
Thinnfeldia odontopteroides u. sp	—	—	New Castle	—	—	Wianamatta	—	—
Odontopteris microphylla Mc'Coy.	—	—	New Castle	—	—	Wianamatta	—	—
Pecopteris (?) tenuifolia Mc'Coy.	—	—	New Castle	—	—	Wianamatta	—	—
Macrotaeniopteris (nahe verwandte Formen)	—	Perm.	New Castle Bowenfels etc.	Damuda Series.	Karoobeds	Wianamatta	Indien; Europa.	Norale (Indien.)
Glossopteris	New S Wales Queensland	—	New Castle Bowenfels etc.	Talchir group. Damuda Series Panchet group	Karoobeds	—	Indien; Russland.	Norale Indien
Gangamopteris als Gattung	—	—	New Castle	Talchir group	Bacchus-Marahnandi.	—	—	—
Gangamopteris angustifolia Mc'Coy.	—	—	New Castle	Talchir group.	Bacchus-Marahnandi.	—	—	—
Nöggerathia (Zamia)	N. S Wales.	—	New Castle	Talchir group. Damuda Series	—	—	—	—
Pterophyllum (verwandte Arten).	—	Perm.	—	Damuda Series	—	—	Indien (Rajmahal-group).	—
Gruppe der Alethopteris Whitbyensis	—	—	—	Damuda Series	—	—	Europa, Indien, Australien.	—

Lebende Verwandte.	Europa.	Africa.	Asien: Sibirien, China.
Gingko biloba in China und Japan. Astrophyum, Polypodium, Pteris, Chrysodium (für Glossopteris und Gangamopteris); Equisetum für Phyllotheca etc. etc.	**Tertiär** von Novale (Italien): Glossopteris apocynophyllum und Macrotaeniopteris. Tertiär von Senegaglia: Gingko adiantoides Ung. Tertiär, Grönland; Gingko adiantoides Ung. **Kreide**, obere, Grönland: Gingko primordialis; untere: Gingko arctica. —		
	Jura, Italien: Phyllotheca. „ Spitzbergen, England. Gingko digitata, G. Huttoni etc. „ Russland: Glossopteris. **Lias und Rhät.** Macrotaeniopteris Cycadites, Pterophyllum, etc. etc.	**Uitenhage Formation:** a) Obere-Trigoniabeds - marine Thierreste, gemischter Typus-Unter-Mittel-Oolite. b) Untere-Pflanzenschichten mit jurassischen Pflanzen.	**Mitteljura**, Sibirien mit Phyllotheca sibirica und Gingko; Alethopteris Whitbyensis Podozamites, Pterophyllum etc. Kohlenfelder von Sschwan, Junan, Kwei-Chow (China).
	Trias; Buntsandstein und Keuper: Schizoneura, Macropterygium, Pterophyllum, Voltzia, Albertia; Neuropteris mit einfachem Blatt, etc. etc. Palaeoniscus superstes im Keuper Englands. Hyperodapedon, Trias, England. Ceratodus.	**Karooformation** (Trias): III mesozoische Flora: Stormbergbeds mit Dicynodon. Beaufortbeds mit Glossopteris, Phyllotheca und Dicynodon. Palaeoniscus	Trias: China.
	Palaeozoisch.	Palaeozoisch.	Palaeozoisch.

belle.

der mesozoischen Flora.

Asien. Indien.	Australien: Victoria.	Australien: New S. Wales, Queensland.
Kachgroup: Mitteljurassische Flora mit Ober- und mitteljurassischer Meeresfauna **Jabalpurgroup:** Mitteljurassische Flora und Glossopteris und Gingko **Kota-Maleri-beds:** Mitteljurassische Flora mit Gingko; dann Hyperodapedon, Parasuchus, Ceratodus, Lepidotus, Aechmodus etc. **Rajmahal-Group:** Liasische Flora: Pterophyllum Cycadites, Macrotaeniopteris etc.	Obere Kohlenschichten: Alethopteris australis, Taeniopteris Daentrecti, Zamites etc	Obere mesozoische Kohlenschichten mit Phyllotheca australis Thinnfeldia odontopteroides (in Queensland) und Glossopteris (in Queensland) Glossopteris (in Tasmanien)
		Wianamatta und Hawkesburybeds mit mesozoischer Flora, darunter Pecopt. odontopteroides (Thinnfeldia) Pecopt tensifolia, Odontopteris microphylla und Phyllotheca. Dann Fische: Palaeoniscus antipodeus Myriolepis Clarkei Cleitrolepis granulatus
Panchetgroup: mit Schizoneura und Glossopteris Dicynodontia **Damoodagroup:** Fortsetzung der I. mesozoischen australischen Flora in den indischen Kohlenschichten Phyllotheca, Schizoneura, Glossopteris (sehr zahlreich) Alethopteris Lindleyana, Pterophyllum, Nöggerathia (Zamites) Voltzia. Vertebraria. Macrotaeniopteris, Angiopteridium, Sagenopteris **Talchir- und Karharbaribeds:** vorherrschend Gangamopteris; dann einfach gefiederte Neuropteris, Voltzia, Albertia, aber auch einzelne Glossopteris.		New-Castlebeds: in New Southwales bei Newcastle, Bowenfels etc., mit Kohlenflötzen. Fortsetzung der mesozoischen Flora der unteren Schichten Glossopteris (sehr zahlreich). Phyllotheca (zahlr.) Vertebraria, Nöggerathia, Gangamopteris (1 Art), Pecopt. (Thinnfeldia) odontopteroides microphylla (diese 3 sind auch in den Wianamattabeds)
		Marine Schichten: mit palaeozoischer Fauna.
	Bacchus-Marsh-sandstone: mit 3 Arten von Gangamopteris.	Untere Kohlenschichten: Kohlenflötze mit Glossopteris, Phyllotheca, Nöggerathia. erstes Auftreten der mesozoischen Flora in New-South-Wales und Queensland
		Schichten mit Rhacopteris, Cyclostigma, Lepidodendron
		Schichten mit Lepidodendron nothum, Cyclostigma, von Goonoo-Goonoo und in Queensland.

Verzeichniss der Localitäten im östlichen Australien von denen mir gegenwärtig Pflanzenreste bekannt sind.

Anvil Creek, Nord- v. N. S. Wales, — Glossopteris unter marinen Schichten.

Arewa, Nord- v. N. S. Wales; Rhacopteris wie am Smiths Creek, aber nach Mc' Coy auch Glossopteris.

Bacchus-Marsh, Victoria; Gangamopterisschichten; „lower mesozoic" Mc' Coy's.

Bellarine: Victoria; obere mesozoische Schichten, Alethopteris australis, und Zamites, Daentreei Mc' Coy.

Blackmannswamp: N. S. Wales. New-Castlebeds: Glossopteris.

Bowenfels, N. S. Wales: W. of Sydney: New-Castlebeds: Glossopteris etc.

Cape Paterson: Victoria: Obere mesozoische Schichten: Taeniopteris Daentreei. —

Clarks Hill. N. S. Wales: New-Castlebeds.

Gippsland: Victoria: Untercarbon: mit Lepidodendron australe. Mc' Coy.

Goonoo-Goonoo: N. S. Wales, am Peenflusse: Oberdevon mit Lepidodendron nothum Ung.

Greta: N. S. Wales (im Norden): Glossopteris unter marinen Schichten.

Guntawang-Mudgee: N. S. Wales: Gangamopteris.

Hawkesbury-beds: Schichten ober den New-Castlebeds, N. S. Wales: Fische.

Illawara, N. S. Wales. New-Castlebeds: Glossopteris.

Ipswich: Queensland: südliches Kohlenfeld: Obere mesozoische Schichten: Thinnfeldia.

Jerusalembasin: Tasmania: Horizont unsicher.

Mulubimba: N. S. Wales: New-Castlebeds: Glossopteris.

Port-Stephens: Norden von N. S. Wales: untere Kohlenschichten mit: Sphenophyllum, Rhacopteris etc.

Rix's Creek: N. S. Wales: Glossopteris unter marinen Schichten.

Smith's Creek: N. S. Wales: Untere Kohlenschichten: Cyclostigma, Rhacopteris.

Stony Creek: N. S. Wales: Glossopteris, unter marinen Schichten.

Tasmania: Obere mesozoische Schichten.

Tivoli mines: Queensland: Obere mesozoische Kohlenschichten und Bacchusmarsh-sandstones.

Wianamatta-beds: N. S. Wales: Schichten ober dem Hawkesburybeds: Flora und Fische.

Wingen (Mt): Norden von N. S. Wales. Glossopteris unter marinen Schichten.

Wyatt (Mt): in Queensland: Oberdevon mit Lepidodendron nothum Ung.

(Im Nachtrage werde ich vielleicht auch noch einige Fundorte anführen.)

Tafelerklärung.

17*

3. Phyllotheca australis Bgt. Blattwirtel und Scheide. Von New-Castle.

4. Palaeoniscus antipodens Egert. Aus den Wianamattabeds. Ein heterocerker Schwanz.

5. Urosthenes australis Dan. Von New-Castle. Ich habe nur den Schwanz dieses Fisches wiedergegeben.

6. Palaeoniscus superstes Egert. Das Exemplar, das Egerton aus dem Keuper in England beschrieb.

Tafel VII.

1. Phyllotheca australis Bgt. Verzweigtes Exemplar, mit Blattscheiden, aber abgebrochenen Blättchen. Von N.-Castle.

2. Phyllotheca australis Bgt. Grosse Blattscheide mit langen Blättchen. Von New-Castle.

3—6. Brachyphyllum (?) australe n. sp. Von Bowenfels (Lithgow valley). Die Struktur der Blättchen scheint zu dieser Gattung zu stimmen; doch die Zweige sind länger und zapfentragend.

5a. Zweigstückchen vergrössert. 6a. Zapfen etwas vergrössert.

Tafel VIII.

1. 2. Glossopteris linearis Mc' Coy. Von New-Castle. (Netzwerk vergrössert siehe weiter.) —

3. Glossopteris Browniana Bgt. Echte Form in Brongniarts ursprünglichem Sinne der var. australasinca; zeigt deutlich dass die Netznervatur bis zum Rande geht. Die Spitze ist stumpf, gerundet. Von Bowenfels.

3a. Das Netzwerk vergrössert.

4. Wohl auch nur Glossopteris-Browniana Bgt. mit engeren Maschen. Von New-Castle.

5. Glossopteris sp. Vom Blackmannswamp.

5a. Vergrössertes Netzwerk.

Tafel IX.

1. Glossopt. Taeniopteroides n. sp.; Exemplar mit enggestellten Nerven, denen einer Taeniopteris gleichend. Von Blackmanswamp.

1a. Vergrössertes Maschenwerk.

2. 3. 4. Glossopteris parallela n. sp. Von Bowenfels.

3. Ein Exemplar den mittleren Theil des Blattes darstellend, nach oben und unten sich varengend.

Tafel X.

Fig. 1. 3. 4. 5. 7. Glossopteris Browniana Bgt. In verschiedenen Formen. 1. Von Blackmanswamp; 3. ebendaher; 4. Von Bowenfels; 5. Blackmanswamp. 7. Bowenfels.

2. 6. Glossopteris sp. Bowenfels.

Tafel XI.

1. Glossopteris Browniana Bgt. Von N.-Castle. Ich glaube dies Blatt gehört auch zu dieser Art.

2. Glossopteris ampla Dan. Basaltheil eines sehr breiten Blattes mit starker Mittelrippe und lang- und engmaschigen Nervennetzen. Von N.-Castle.

3. 4. Glossopteris linearis Mc' Coy.

3. Von New-Castle; 3a. Vergrössertes Netzwerk. 4. Von Bowenfels; 4a. Nervatur vergrössert.

5. Gangamopteris (?) sp. Dies Blatt zeigt nicht hinreichend den Mittelnerven, so dass ich glaube, dass es eher zu Gangamopteris gehören dürfte. Von Bowenfels.

Tafel XII.

1. 2. Caulopteris (?) Adamsi n. sp. Von New-Castle. Dieser Ueberrest scheint mir ein Bruch-stück eines Farrenstammes zu sein.

3. 5. 6. Entwickelungsstadien von Glossopteris. 3. 5. Von Bowenfels; 6 von New-Castle.

4. Glossopteris linearis Mc' Coy. 4a. vergrössertes Blattstück. Von N. Castle.

7. Glossopteris ampla Dan. Der Spitzentheil eines ziemlich breiten Blattes mit langen engen Maschen. Von New-Castle.

Tafel XIII

1. Glossopteris Wilkinsoni n. sp. Schmales, bandförmiges Blatt, mit einfacher Maschenbildung. Von Blackmanswamp.

1a. Vergrössertes Blattstück. —

2. Macrot. Wianamattae n. sp. Bruchstück des Blattes mit dicker Mittelrippe. Aus den Wiana-mattabeds.

3. 4. Lepidodendron australe Mc' Coy — Copien nach Mc' Coy. — Gipsland in Victoria.

5. Pecopteris odontopteroides Morr.; aus dem Jerusalembasin in Tasmanien; Copie nach Morris in Strzelecki —

6. 6a. Zeugophyllites elongatus Morr. Jerusalembasin in Tasmanien. Copie der Originalfigur in Morris in Strzelecki, welche den Unterschied zeigt von Nöggerathia und Schizoneura.

7. 8. Clasteria australis Dan. Figuren nach Dana, die zeigen dass Clasteria zu Vertebraria gehört. Von Mulnbimba N. S. Wales.

Tafel XIV.

1. Pecopteris (Alethopteris) australis Morr. Ein schönes Exemplar dieser Art; Copie nach Mc' Coy; von Cape Paterson, Victoria. Deutlich verschieden von Pecopt. Lindleyana Royl.

1a. Einzelne Fiederchen vergrössert.

2. 3. Taeniopteris Daentreei Mc' Coy. Die schmale Varietät dieser Art, wie sie ursprünglich von Mc' Coy aufgefasst wurde. Mc' Coy's Figuren. Von Victoria.

2a. Vergrössertes Blattstück.

4. Taeniopteris Daentreei (Carruth.) — Eine mehr breitblättrige Varietät, aus Queensland, die indessen von Herrn Carruthers noch hieher gestellt wird. Copie nach Carruthers.

5. Thinnfeldia odontopteroides Morr. sp. Aus Queensland Copie nach Carruthers.

6. 7. 8. Lepidodendron nothum Ung. (Carr.) Formen dieser Art aus Queensland, nach Carruthers, die jedoch mit den vor mir aus N.-S.-Wales abgebildeten vollständig übereinstimmen.

Tafel XV.

1. 2. Phyllotheca australis Bgt.

1. Stengel mit kurzblättrigen Scheiden. 2. Geripptes Stammstück. Von New-Castle.

3. 7. Thinnfeldia odontopteroides Morr. sp. Einzelne Fiedern.

3. 5. 6. Von Ipswich in Queensland. 4. 7. Von Tasmanien.

8. Gleichenites dubius — aus den Wianamattabeds Farronblatt mit dichotomem Stengel.

9. Gangamopt. Clarkei n. sp. Erinnert etwas an Gangamopteris spathulata Mc' Coy; ist aber mehr lederartig und hat stärkere Nervatur. Von Bowenfels.

10. Sagenopteris Tasmanica n. sp. Aus Tasmanien. Die Nerven bilden Maschen und das Blatt scheint fingerförmig.

Tafel XVI.

1. Thinnfeldia Odontopteroides Morr. sp. Ein schönes dichotomes Blatt. Aus den Wianamatta-beds.

2. 3. 4. Nöggerathia sp. Diese Blätter gehören zu den unter diesem Namen beschriebenen Formen. Ich kann keines so recht mit Danas Figuren identificiren; doch möchte ich sie auch nicht als eigene Arten beschreiben. Von Bowenfels.

Tafel XVII.

Brachyphyllum (?) australe n. sp.

Ein ziemlich reichlich verzweigtes Exemplar, das, wie ich glaube, hinreichend zeigt, dass es eine Conifere ist. Von Bowenfels.

Tafel XVIII.
(Enthält indische Pflanzenreste zur Vergleichung.)

1. Sphenophyllum Trizygia Ung. Von Raniganj. Blattwirtel in 3 Paaren.

2. 3. Schizoneura Gondwanensis Feistm. 2. Schmälere Blättchen. 3. Längere Blättchen. Von Raniganj.

4. 5. 6. Vertebraria indica Royl. 4. Mit Rippen auf der Oberfläche und einem Aste eingelenkt. 5. Wurzelfasern. 6. Royle's typische Figur. Von Raniganj.

7. 8. Sphenopteris polymorpha Fstm. 7. Oberer Blatttheil; 8. Tieferer Blatttheil.

9. 10. Alethopt. Lindleyana Royle. 9. Fructificirend. 10. Ein Fieder der Originalfigur in Royle. Von Raniganj.

Feistmantel del.

Fig. 1—5. Lepidodendron nothum Ung. (Carruth.). 6. 6a. Cyclostigma sp.

1. Sphenophyllum sp.   2. Rhacopteris intermedia n. sp.   3. 3a. Rhacopteris comp. inaequilatera. Göpp.

Feistmantel del.

Fig. 1. 2. Rhacopteris comp. inaequilatera Göpp.

Fig. 1. 2. Rhacopteris comp. inaequilatera Göpp. 3. 3a. Cyclostigma australe n. sp.

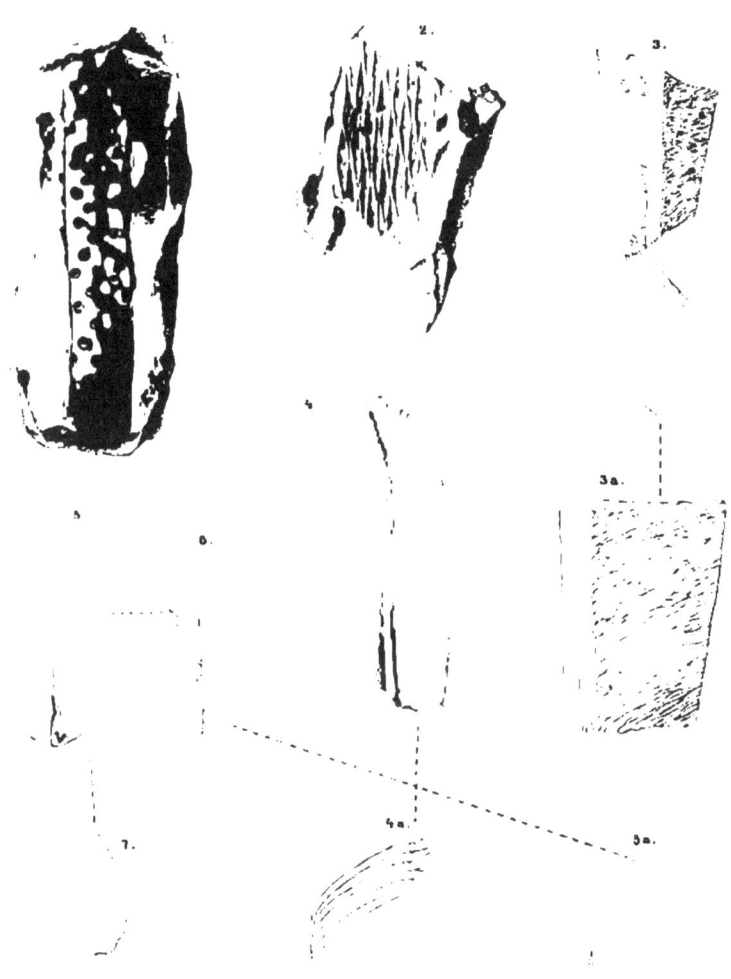

Fig. 1. Cyclostigma australe n. sp. 2. Lepidodendron rimosum (? Veltheimianum). 3. 3a. Glossopteris primaeva n. sp. 4. 4a. Glossopteris Clarkei n. sp. 5. 6. 7. 5a. Glossopt. Browniana.

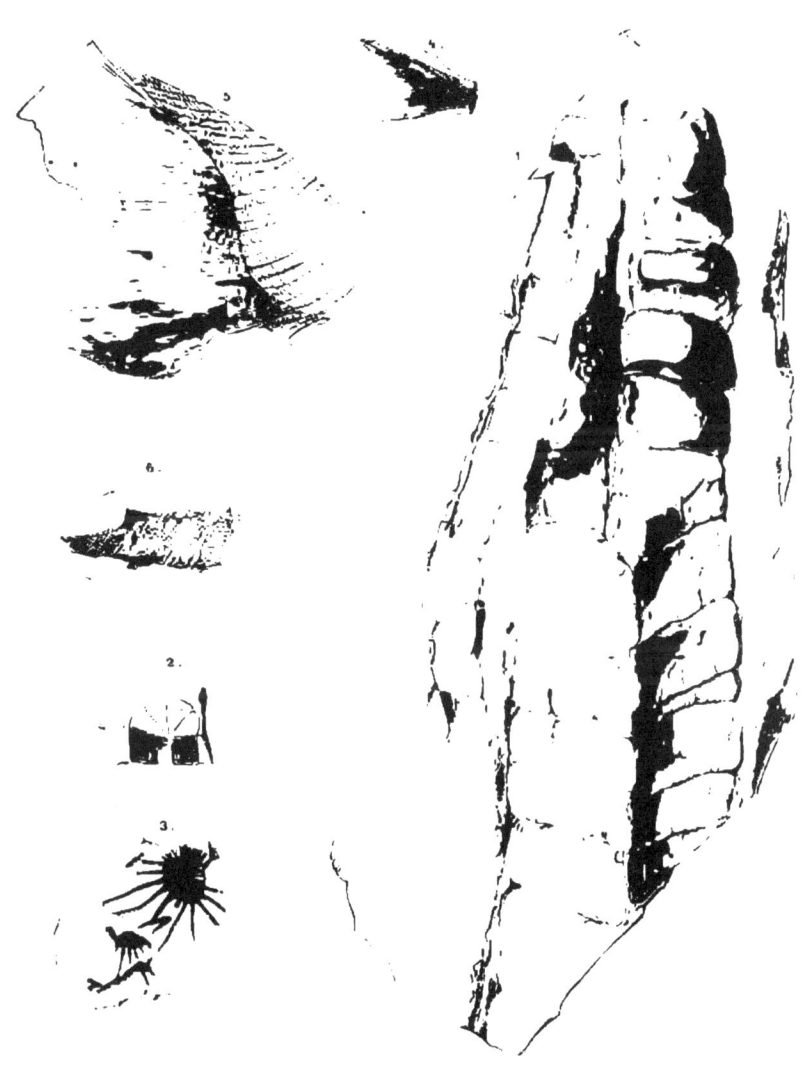

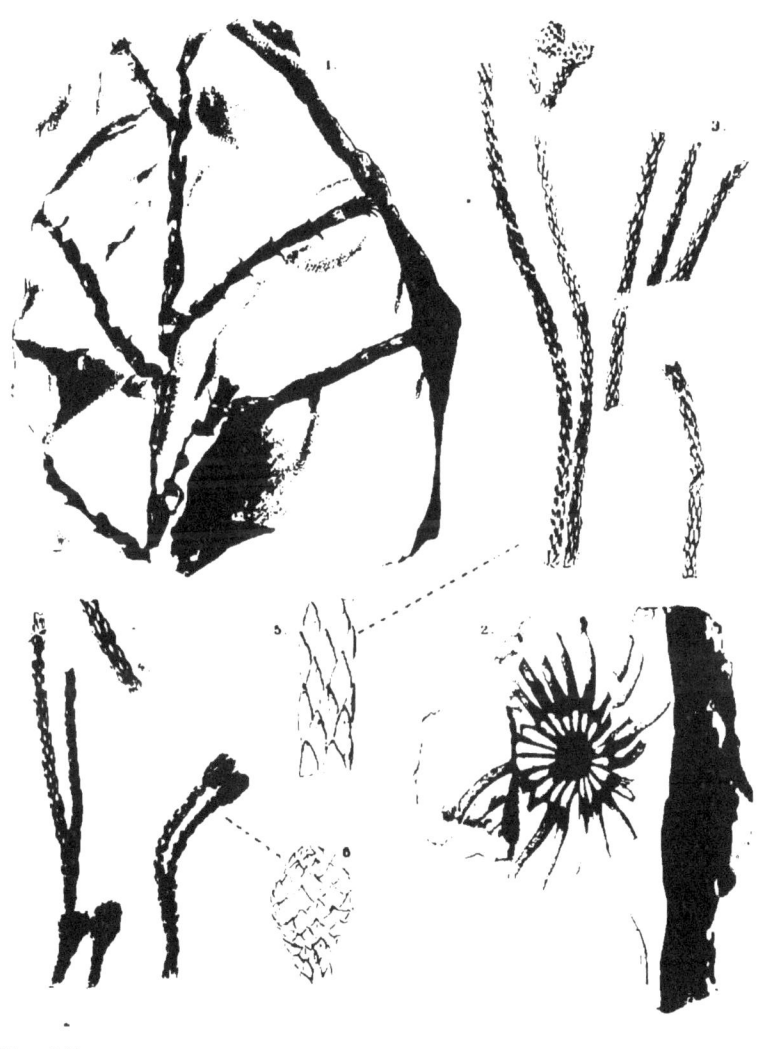

Feistmantel delt.

Fig. 1. 2. Phyllotheca australis Bgt. 3. 4. 5. 6. Brachyphyllum(?) australe n. sp.

Fig. 1. 2. Glossopteris linearis Mc'Coy. 3. 3a. 4. Glossopteris Browniana Bgt.

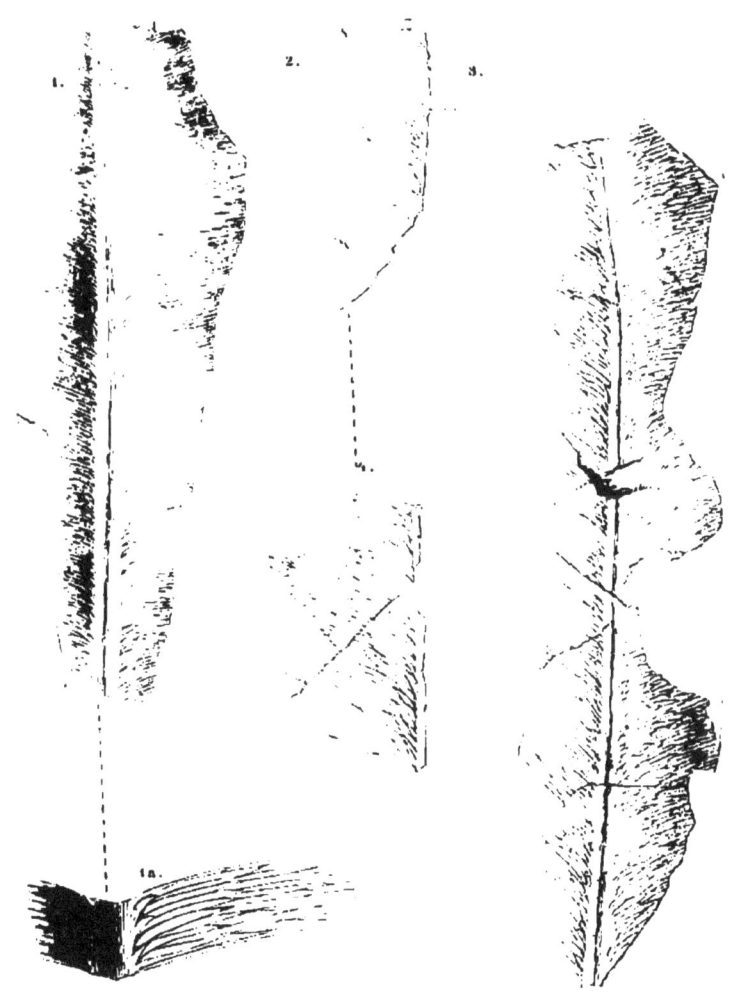

Feistmantel del.

Fig. 1. 1a. Glossopteris Taeniopteroides n. sp. 2. Glossopteris parallela n. sp.

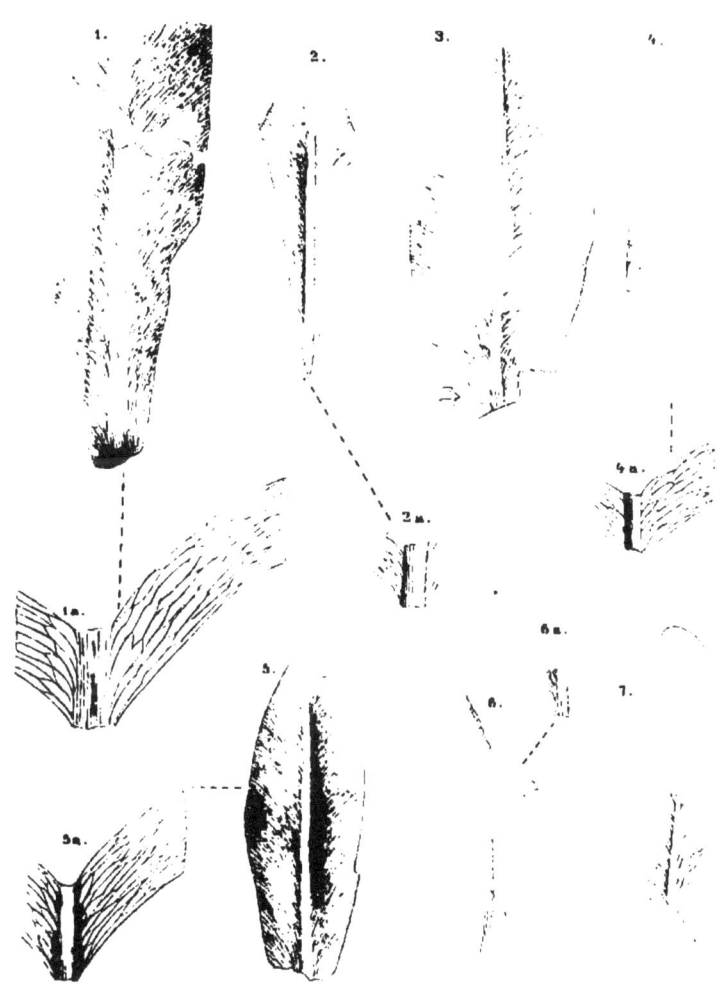

Fig. 1. 3. 4. 5. (?) 7. Glossopteris Browniana Bgt. Fig. 2. 6. Glossopteris sp.

Fig. 1. Glossopteris Browniana Bgt. 2. Glossopteris ampla Dan. 3. 4. Glossopteris linearis.
5. Gangamopteris (?) sp.

Fig. 1. 2. Caulopteris (?) Adamsi nsp. 3. 5. 6. Glossopteris-Entwickelungsstadien. 4. 4a. Glossopt.
linearis Mc' Coy. 7. Glossopt. ampla Dan.

Feistmantel del.

Fig. 1. 1a. Glossopteris Wilkinsoni n. sp.   2. Macrotaeniopteris Wianamattae nsp.   3. 4. Lepidodendron australe Mc'Coy.   5. Pecopteris odontopteroides Morr.   6. 6a. Zeugophyllites elongatus. Morr.   7. 8. Clasteria australis Dana (Vertebraria).

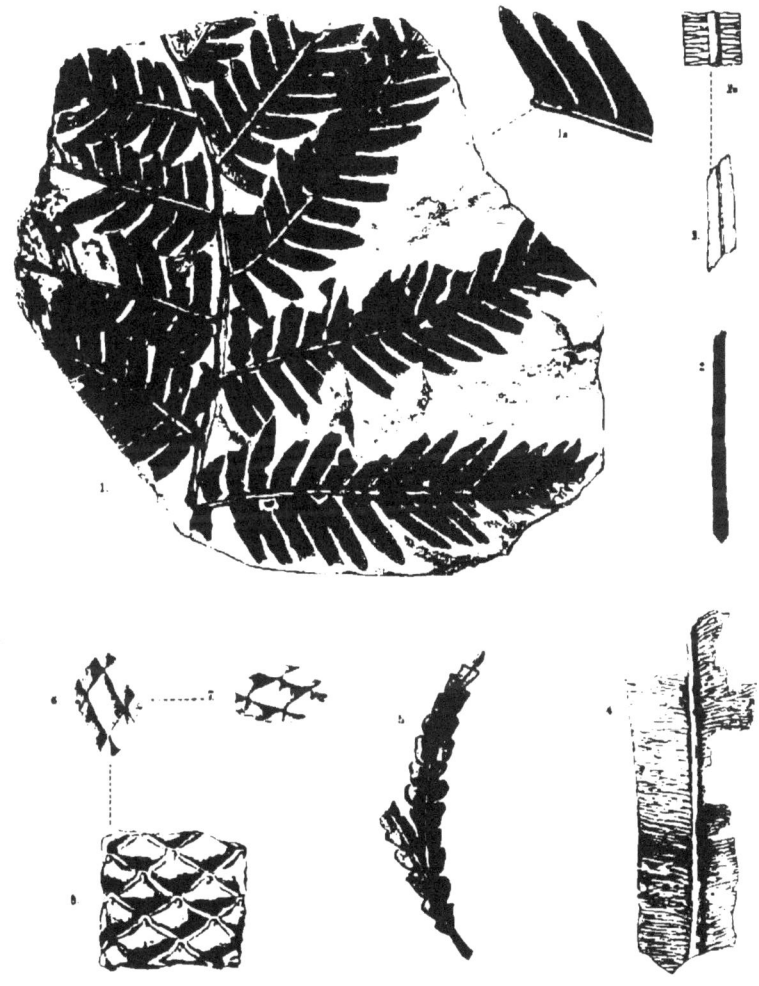

Feistmantel del.

Fig. 1. 1a. Alethopteris australis Morr. 2. 2a. 3. Taeniopteris Daentreei Mc'Coy. 4. Taeniopteris
Daentreei Carr. 5. Thinnfeldia odontopteroides Morr. sp. 6. 7. 8. Lepidodendron nothum Ung.

Fig. 1. 2. Phyllotheca australis Bgt. 3—7. Thinnfeldia odontopteroides Morr. sp. 8. Gleichenia
dubia n. sp. 9. Gangamopteris Clarkeana n. sp. 10. Sagenopteris Tasmanica n. sp.

Fig. 1. Thinnfeldia odontopteroides n. sp.   2. 3. 4. Nöggerathia sp.

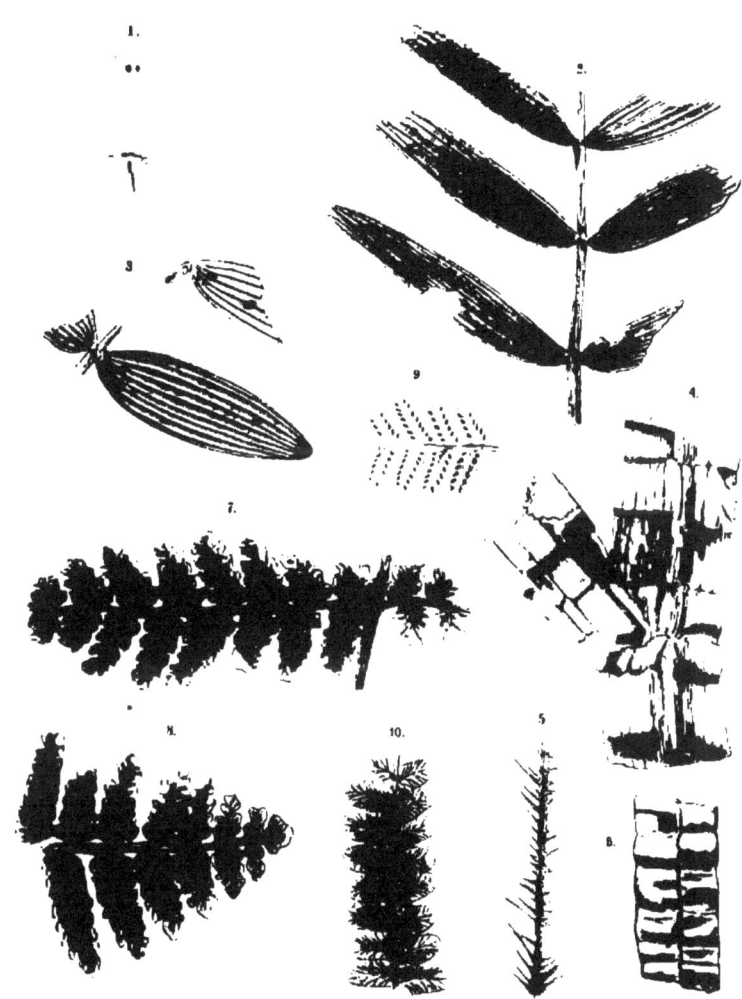

1. Sphenophyllum Trizygia Ung. 2. 3. Schizoneura Gondwanensis Fstm. 4. 5. 6. Vertebraria ...
indica Royle. 7. 8. Sphenopteris polymorpha Fstm. 9. 10. Alethopteris Lindlevana Royle.

PALAEONTOLOGISCHE BEITRÄGE.

PALAEOZOISCHE UND MESOZOISCHE FLORA

DES ÖSTLICHEN AUSTRALIEN

VON

DR. OTTOKAR FEISTMANTEL,

CORRESP. MITGLIED DER KGL. BÖHM. GESELLSCHAFT DER WISSENSCHAFTEN ZU PRAG

DERZEIT IN CALCUTTA.

MIT TAFELN I—XII (XIX—XXX).

CASSEL.

Verlag von Theodor Fischer.

1879.

Vorwort.

Mit vorliegender Abhandlung vollende ich für's Gegenwärtige meine Arbeit über die fossilen Pflanzen aus Australien, soweit sie den palaeozoischen und mesozoischen Kohlenschichten entstammen und soweit sie mir in der von Herrn W. B. Clarke eingesendeten Sammlung vorlagen.

Ob zwar die Arbeit vielleicht nicht so vollständig und weitschweifig geschrieben ist, wie sie in Europa zusammengebracht werden könnte, so dass vielleicht manch' übereifriger Kritiker sich bewogen fühlen dürfte, mir vorzuwerfen, dass „mein Buch von Sorgfalt weit entfernt ist" *), so übergebe ich selbe doch ohne Zögern der Oeffentlichkeit, in der vollen Ueberzeugung, dass jeder, der sich in meine Lage und in die Umstände, unter welchen ich diese Arbeit zusammengebracht habe, nur für einen Augenblick versetzen wird, gewiss von allzu eifriger Kritik abstehen wird.

Die Arbeit ist vollständig in meinen Privatstunden zu Stande gebracht, deren jedoch nicht viele übrig bleiben; die Zeichnungen der Abdrücke sind alle von mir selbst angefertigt, da ich dies als den kürzesten Weg zum Ziele erkannte — denn die Eingeborenen machen sich alle Arbeit recht bequem. — Der unangenehmste Umstand ist, dass alle Europäischen Publicationen hier sehr spät ankommen und man die grösste Mühe anwenden muss, um mit dem Fortschritte palaeontologischer Forschung in Europa und anderwärts nur halbwegs gleichen Schritt zu halten.

Auch muss ich die geehrten Leser um Nachsicht bitten, wegen etwaiger Druckfehler oder anderer sinnstörender Textfehler; denn es ist ausserhalb der Möglichkeit, dass mir die Correcturbogen hieher zur Durchsicht geschickt würden.

Eine ziemlich ansehnliche Anzahl ähnlicher Fehler ist in meiner ersten Abhandlung vorhanden. In der vorliegenden Abhandlung habe ich, soweit ich es als nothwendig erachtet hatte, selbe berichtigt und bitte die geehrten Herrn Leser, die Abschnitte I. und XIV. der gegenwärtigen Abhandlung gütigst zu berücksichtigen und daraus die Fehler in meiner ersten Arbeit zu corrigiren.

---

*) Ch. Weiss, Steinkohlen-Calamarien, 1876, auf Seite 106 eine ähnliche Anmerkung betreffs meines Werkes über böhmische Steinkohlenpetrefakte.

Es bleiben mir noch einige tertiäre Pflanzen, die ich später einmal beschreiben werde.

Für freundliche Unterstützung schulde ich meinen besten Dank; ganz besonders dem nun verstorbenen Herrn W. B. Clarke, für eingesandte Petrefacte und andere Mittheilungen; dann dem Herrn C. S. Wilkinson, australischem Regierungsgeologen, für eingesandte Petrefacte und einige Mittheilungen; dann dem Herrn John Mackenzie aus Australien, für eingesandte Petrefacte und einen Detaildurchschnitt durch die untercarbonischen Schichten in N. S. Wales (bei Stroud); endlich dem Herrn M. W. S. Clarke, dem Sohne des oben genannten Forschers, für eingesandte Aufsätze seines verstorbenen Vaters.

Calcutta, Juli 1879.

Dr. Ottokar Feistmantel.

Inhaltsverzeichniss zur zweiten Abhandlung.

Palaeozoische und mesozoische Flora im östlichen Australien.

(Nachtrag zur ersten Abhandlung *).

Als ich das Manuscript zu meiner ersten Abhandlung (L c.) fertig gestellt hatte, erhielt ich von Herrn W. B. Clarke in Sydney **) eine weitere Sendung australischer fossiler Pflanzen. Da die Tafeln zur ersten Abhandlung vor dem Manuscript weggeschickt und ihrer Vollendung nahe waren, konnte ich das Manuscript auch nicht aufhalten, und versprach die neu zugesandten Pflanzen in einem Nachtrage zur Veröffentlichung zu bringen. Hier liegt er vor.

Herr W. B. Clarke sandte auch einige neue Mittheilungen, ebenso dann später der australische Geologe Herr C. S. Wilkinson, der mir auch neulich einige schöne Farrenabdrücke einschickte, die um so interessanter sind, da sie aus einer Schichtengruppe (den „Hawkesburybeds") kommen, aus der bis jetzt nur wenige Fossilien bekannt waren und da sie über eine interessante Pflanzenart weiteren Aufschluss geben.

Die gegenwärtige Abhandlung enthält eine reichliche Zugabe an Arten fossiler Pflanzen, theils neu an und für sich, theils neu für Australien, erweitert die Kenntniss von der geographischen Verbreitung einzelner Pflanzen; erweitert die in der vorigen Abhandlung vorgebrachten Ansichten; enthält die nöthigen sachlichen Berichtigungen und bespricht den Inhalt der wichtigsten Litteratur, mit Rücksicht auf die Gliederung der pflanzenführenden Formationen. Diese Abhandlung ist daher in der That mehr als ein blosser Nachtrag.

Auch wurde inzwischen die auf Australien sich beziehende Litteratur um zwei Publicationen (palaeontologischen und geologischen Inhalts) vermehrt. Diese sind:

Clarke (Rev. W. B.): Remarks on the sedimentary Formations of New-South-Wales. IV. Edit. Sydney 1878. Diese Publication, die das letzte Werk des verstorbenen Herrn Clarke bildet, erhielt ich von dessen Sohne im September 1878 zugesendet. Es ist eine wesentlich vermehrte Auflage desselben, zuletzt 1875 publicirten Werkes und hat darin Herr Clarke auch die meisten ihm von mir brieflich gemachten Mittheilungen aufgenommen. Ich werde auf diese Abhandlung speciell zu sprechen kommen.

Etheridge (Robert, jun., F. G. S.). A Catalogue of Australian Fossils. Cambridge 1878. In diesem Cataloge zählt Herr Etheridge die pflanzlichen und thierischen Fossilien Australiens in stratigraphischer und systematischer Ordnung auf. Herr Etheridge hat im Allgemeinen dieselbe Eintheilung (für die pflanzenführenden Schichten) beobachtet, wie ich sie gegeben habe, und ich werde selbe bei der Beschreibung der Petrefacten noch näher besprechen.

---

*) Erschienen in Palaeontographica, 1878. Suppl. III. Lief. III.
**) Herr Clarke ist kurz darauf, am 16. Juni (1878) gestorben; ich erfuhr die traurige Nachricht erst Anfangs Juli (1878), nachdem schon mein Manuscript abgeschickt war.

Ausserdem möchte ich anführen:

Feistmantel (Ottokar, Dr.): The fossil Flora of the Lower Gondwanas. 1. The Flora of the Talcheer-Karharbaribeds. — In der Palaeontologia Indica, 1879. Mit 27 (4*) Tafeln (worunter 5 Doppeltafeln).

Ich erwähne diese Abhandlung deshalb, weil ich bei der Besprechung der Schichtengruppen „New-Castle-beds" und „Bacchus-Marsh-sandstones" mich auf selbe zu beziehen haben werde.

Medlicott (H. B.) and Blanford (W. T.), A Manual of the Geology of India. 1879. (2 Vol. and a map.)

Im ersten Bande dieses werthvollen Werkes finden sich, im V. Capitel, wo Herr Blanford die indischen Kohlenschichten (Damuda-Series) bespricht, die Ansichten dieses Autors über die Beziehung der Flora der indischen Kohlenschichten zu der australischen Flora.

In der ersten Abhandlung habe ich vergessen anzuführen:

Crépin: Note sur le Pecopteris odontopteroides Morr. In: Bullet. de l'Acad. R. de Belgique 1875, XXXIX, Pag. 258—263; Fig. 1—5. — Siehe gegen Ende auch Herrn De Koninck's Abhandlung.

I. Berichtigungen zur ersten Abhandlung.

Bei dem Umstande, dass ich mein Manuscript von Calcutta nach Europa einsandte und es daher nicht selbst corrigieren konnte, war es nur mehr als wahrscheinlich, dass eine Anzahl von Fehlern zum Vorschein kommen würden, die sonst, wenn ich die Correctur hätte selbst besorgen können, zu vermeiden gewesen wären.

Die einfachen Druckfehler, die zumeist beim aufmerksamen Lesen leicht zu corrigiren sind, will ich am Ende dieser Schrift (wenigstens die wichtigsten derselben) namhaft machen; es sind aber andere Fehler, die sinnstörend sind; diese will ich in diesem Abschnitte aufklären; auch bedürfen einzelne Stellen sachlicher Berichtigung, in Folge inzwischen erhaltener richtiger Erklärungen; diese letzteren werden im Verlaufe der Abhandlung bei den betreffenden Abschnitten volle Berücksichtigung finden.

Die hauptsächlichsten Berichtigungen für die erste Lieferung meiner Arbeit (Palaeont. Suppl. III, Lief. III, Heft 2, Seite 55—64) habe ich bald nach Erhalt derselben nach Europa abgesandt und sind selbe dann in dem 2. Hefte abgedruckt worden. Doch sind noch wieder andere in diesem 2. Hefte selbst (Seiten 85—126) enthalten, und will ich nun auf folgende sinnstörende Sätze aufmerksam machen.

Auf Seite 78 (des 1. Heftes), wo ich von den Schichten in Tasmanien spreche, soll es in Zeile 13 von oben heissen:

„Doch bewies Selwyn, dass dieser Fall nicht existiere" anstatt: „. . . . dass dieser Fall existiere." — Wir finden nemlich in den Transact. of the Royal Society of Victoria Vol. V. 1860, p. 104 in einem Aufsatze des Herrn Prof. MC'Coy eine Stelle, wo ganz deutlich gesagt wird, dass Selwyn nachwies, dass die Pflanzenschichten in Tasmanien (mit Pecopteris odontopteroides etc.) über den marinen Schichten liegen — also ganz regelmässig. (Siehe noch weiter.)

Auch Herr Etheridge in seinem Catalog führt selbst bei „Mesozoic" an und auch aus Herrn Crépins Beschreibung (l. c.) geht hervor, dass die Stücke, die ihm aus Tasmanien vorgelegen sind, mit denen aus den oberen mesozoischen Schichten in Queensland identisch waren. (Beide enthielten Pecopteris Thinnfeldia odontopteroides und Sphenopteris elongata Carr.)

Auf Seite 89 (des 2. Heftes) sind die 3 Arten: Thinnfeldia odontopteroides, Odontopteris microphylla, Pecopteris tenuifolia aus dem Bereiche der „New-Castlebeds" auszulassen, da die Localität „Clarks Hill" in die „Wianamattabeds" gehört, und die genannten 3 Arten in den „New-Castlebeds" bis jetzt nicht gefunden wurden.

Auf Seite 102, Zeile 19 von unten die Localität „Guntawang Mudgee" zu: „Guntawany dudgee" verdruckt.

Auf Seite 107, Zeile 12 von oben, ist das Wort vornemlich wegzulassen.

Auf Seite 108, Zeile 19 von oben, ist zu lesen: „unter Lager mit Pachydomus", anstatt: unter Lager Pachydomus." —

Auf Seite 109, Zeile 5 und 6 von unten lese Oldh. und Oldham, anstatt: Olith. und Olitham.

Auf Seite 115, Zeile 8 von oben lese: lacertipes statt lacextipes; Zeile 13 von oben Panchetgroup statt Pancheltgroup, und 15 von oben: Nagpur statt: Naypur.

Auf Seite 116 sollte der Satz Zeile 13 von oben: „Putting together all the facts etc." — mit dem folgenden: „I think that the horizon etc." — fortlaufend gedruckt sein, da sie einen Satz bilden.

Auf Seite 120 ist in den Punkten 11 und 12 die Angabe, dass „In die Hawkesbury-Wianamattabeds und in die oberen mesozoischen Schichten einzelne Formen aus den „New-Castlebeds" herüberreichen" wegzulassen, da sich selbe auf die Localität „Clarks Hill" bezog, die jedoch den „Wianamattabeds" angehört. (Doch gehen Formen aus den „Wianamattabeds" in die oberen mesozoischen Schichten hinüber — wenigstens eine: die Thinnfeldia odontopteroides Fstm.).

Auf Seite 122 ist ein sinnstörender Druckfehler; in der Zeile 3 von oben, gegen Ende, soll es nemlich heissen: „da Glossopteris in Indien und Russland im Jura noch vorkommt" anstatt: ... im Jura nicht vorkommt. — (Dazu verweise ich zu Punkt 16 b) auf derselben Seite (122), wo deutlich gesagt wird, dass Glossopteris in der „Jabalpurgroup" (Mitteljura) in Indien noch vorkommt.)

In der Tabelle I. der langlebigen Formen auf Seite 123 sind die drei Arten Thinnfeldia odontopteroides Fstm., Odontopteris microphylla Mc'Coy und Pecopteris tenuifolia aus der Columne „New-Castlebeds" auszuscheiden (da sie in diesen Schichten nicht vorkamen), und die zwei letzteren Arten haben daher aus der Tabelle gänzlich auszufallen, da sie nur in den Wianamattabeds gefunden wurden.

Die Tabelle II. ist in dem Theile auf Seite 125 verdruckt, indem in der Columne für Australien der Abschnitt Wianamatta-Hawkesburybeds mit der Panchetgroup in Columne Indien auf gleicher Linie und der Abschnitt „New-Castlebeds" den „Bacchus-Marshsandstones" in Columne „Victoria" gegenüber stehen sollte.

Ich gebe diesen Theil der Tabelle wieder.

Auch ist in dieser Tabelle wieder die Thinnfeldia odontopteroides von den New-Castlebeds auszuscheiden.

Auf Seite 127 ist in dem „Verzeichniss der Localitäten" die Localität „Clarks Hill" als zu den „Wianamattabeds" (und nicht zu den „New-Castlebeds") gehörig anzuführen.

II. Einige Bemerkungen zu den Schichtengruppen.

In meiner ersten Abhandlung unterschied ich, auf Grund der mir von Herrn Clarke gemachten Mittheilungen, auf Seite 62—64, vornemlich sechs Schichtengruppen, aus denen mir Pflanzenpetrefacte bekannt

17 *

waren und habe diese auch in der Reihenfolge der Schichtengruppen abgehandelt. Nicht alle sechs Schichtengruppen sind jedoch in jeder der vier Colonien (Queensland, Neu-Süd-Wales, Victoria und Tasmanien) entwickelt. Gegen Ende habe ich die Gliederung in jeder der Colonien gegeben.

Die Reihenfolge der sechs Schichtengruppen (von unten nach oben) war folgende:

1) **Schichten unter den „unteren Kohlenschichten"** mit **Lepidodendron nothum** (oberdevonisch) — in N.-S.-Wales und Queensland.

2) **Carbonische Schichten** — „untere Kohlenschichten" (lower coal measures), die ich wieder in zwei Abtheilungen (a. und b.) unterschied — in N.-S.-Wales und Queensland.

Diese Gruppen bezeichnete ich als „marine Schichten mit palaeozoischer Fauna." —

3) **Obere Kohlenschichten** — sogen. New-Castlebeds — in (N.-S.-Wales).

4) Die **„Bacchus-Marshsandstones"** — in Victoria.

5) Die **„Hawkesbury- und Wianamattabeds"** — in N.-S.-Wales.

6) Die **oberen mesozoischen Schichten** in Queensland, Neu-Süd-Wales, Victoria und Tasmanien.

Diese vier letzteren bezeichnete ich als „Schichten über der marinen Fauna" und betrachtete selbe als Aequivalent der mesozoischen Zeit.

In seinem vorn angeführten Catalog australischer Petrefacte hat Herr R. Etheridge im Allgemeinen auch dieselbe Eintheilung beobachtet. Er unterschied:

1) **Lower Palaeozoic** — silurisch. — Von hier sind nur zwei unsichere Pflanzenreste angeführt.

2) **Middle und Upper Palaeozoic.** Diese Abtheilung entspricht meinen Gruppen Nr. 1 und 2. Nur führt Herr **Etheridge** noch mehrere andere Formen an, die ich gegenwärtig auch aufgenommen habe.

3) **Mesozoic.** In dieser Abtheilung zählt Herr **Etheridge** die Pflanzen, sowie auch die (theilweise heterocerken) Fische jener Schichten auf, die ich unter meinen Nr. 3—6 angeführt habe, also auch jene der New-Castlebeds, die von manchen Forschern noch als zum „Palaeozoic" gehörig betrachtet werden; jedenfalls sind sie, glaube ich, die tiefsten in dieser mesozoischen Abtheilung.

Das Nähere über diese Schichtengruppen, die Berichtigungen zu meiner ersten Abhandlung, sowie Beschreibung der neu bekannt gewordenen Formen aus denselben, werden im palaeontologischen Theil gegeben, zu dem ich mich jetzt wende.

III. Palaeontologische Abtheilung.

Da in der systematischen Tabelle (Seite 65 u. ff.) auch einige Berichtigungen erforderlich sind und da gegenwärtig mehrere neue Arten hinzukommen, betrachte ich es als wünschenswerth, selbe in der vollständigen Form hier wiederzugeben.

Ich möchte aber zugleich die in der ersten Tabelle (S. 65—68) erforderlichen Berichtigungen ersichtlich machen (die Columnen zählen von links nach rechts).

Auf Seite 66 ist in der 4. Columne (für New-Castlebeds) das Citiren der 3 Arten: **Thinnfeldia odontopteroides, Odontopt. microphylla** und **Pecopteris (?) tenuifolia** unrichtig, denn die

Localität „Clarks Hill", die ich irrigerweise zu den New-Castlebeds stellte, gehört den Wianamatta-Hawkesbury-beds (2. Columne) an.

Odontopteris ovata (auch auf Seite 66 in der 4. Columne angeführt), gehört in die 6. Columne.

Die drei Arten Thinnfeldia odontopteroides, Alethopteris australis und Zeugophyllites elongatus, zweifelhaft (aus Tasmanien) in der 5. Columne (Schichten mit mesozoischer Flora, unter palaeozoischen Thierresten) angeführt, gehören, wie Selwyn *) zeigte, in Tasmanien nicht in das Bereich dieser Schichten, sondern wohl in das der oberen mesozoischen Kohlengruppe.

Bei Sagenopteris Tasmanica Fstm. ist das Zeichen des Vorkommens (†) in der ersten Columne ausgelassen: ebenso bei Lepidodendron nothum in der 7. Columne und bei Lepid. australe in der sechsten.

Die Art Caulopteris Adamsi Fstm. soll nur in der 4. Columne citirt sein. —

In der gegenwärtigen Tabelle werde ich auch die Gruppirung der Schichtung nach Herrn W. B. Clarke (4. Ausgabe seiner: Remarks on the Sedimentary formations in N.-S.-Wales 1878) und nach Herrn R. Etheridge (siehe das vorn angeführte Werk) hinzufügen. Bei meiner Eintheilung will ich die Columnen bloss mit 1. 2. (a. und b.), 3. 4. 5. 6. bezeichnen, welche Bezeichnung sich auf die eben im vorigen angeführten Schichtengruppen bezieht, weswegen die Nummerirung von rechts nach links geschah.

Ich werde auch die bei Herrn R. Etheridge enthaltenen Arten, die ich früher nicht angeführt habe, in die Tabelle einschliessen, und zwar die Arten aus Middle Palaeozoic (Devon) in der Columne 1, obzwar sie vielleicht tiefer sein mögen, als Lepidodendron nothum Ung.

IV. Tabelle über die australischen Fossilien.

In der Tabelle bedeutet in Columne 5. der Buchstabe W. die Wianamattabeds und H. die Hawkesburybeds.

Namen der Fossilien.	Secondary.				Upper Palaeozoic.			Middle Palaeoz.	W. B. Clarke 1878 (l. c.).
	Mesozoic.				Upper and Middle Palaeozoic.				R. Etheridge Junr. 1878 (l. c.)
	Schichten über der marinen Fauna.				Marine Schichten mit palaeozoischer Fauna.				
	6.	5.	4.	3.	2.		1.		O. Feistmantel, 1878.
					b.	a.			
A. Thierreste. Fische.									
Urosthenes australis, Dan.	.	.		†			.		Heterocerk.
Palaeoniscus antipodeus. Eg.	.	† W.					.		Heterocerk.

*) Siehe Mc'Coy in Transact. of the Royal Society of Victoria, Vol. V. (1860) p. 104.

Namen der Fossilien.	Secondary.			Upper Palaeozoic.			Middle Palaeoz.	W. B. Clarke, 1878 (l. c.).
	Mesozoic.			Upper und Middle Palaeozoic.				R. Etheridge, Junr. 1878 (l. c.).
	Schichten über der marinen Fauna.			Marine Schichten mit palaeozoischer Fauna.				O. Feistmantel, 1878.
	6.	5.	4.	3.	2. b.	2. a.	1.	
Cleithrolepis granulatus, Eg.	.	W. † II.	.	.	.	.	.	?
Myriolepis Clarkei, Eg.	.	† II.	.	.	.	.	.	?
B. Pflanzen.								
1. Equisetaceae.								
Phyllotheca australis, Bgt.	†	†	.	†	†	.	.	Die Gattung im Oolith in Europa und Asien. Und in den Damudas in Indien.
Vertebraria australis, MC' Coy.	.	.	.	†	.	.	.	Die Gattung auch in den Damudas in Indien.
Calamites radiatus, Bgt.	.	.	.	.	.	†	.	Culm und Kohlenkalk.
Calamites varians, Germ.	.	.	.	.	.	?	.	Die Localität nicht naher angegeben.
Annularia australis, n. sp.	.	.	.	.	†	.	.	
Sphenophyllum. sp.	.	.	.	.	.	†	.	
2. Filices.								
Sphenopteris alata, Bgt.	.	† ?	.	.	.	.	.	
Sph. alata, var. exilis, Morr.	.	.	.	†	.	.	.	
Sph. elongata, Carr.	†	.	.	.	.	.	.	
Sph. flexuosa, Mc'Coy.	.	.	.	†	.	.	.	
Sph. germana, Mc'Coy.	.	.	.	†	.	.	.	
Sph. hastata, Mc'Coy.	.	.	.	†	.	.	.	
Sph. iguanensis, Mc'Coy.	.	.	.	.	.	.	†	
Sph. lobifolia, Morr.	.	.	.	†	.	.	.	
Sph. plumosa, Mc'Coy.	.	.	.	†	.	.	.	
Aneimites Iguanensis, Mc'Coy.	.	.	.	.	.	.	†	
Archaeopteris Howitti, Mc'Coy.	.	.	.	.	.	.	†	
Archaeopteris, sp.	.	.	.	.	.	†	.	
Archaeopteris Wilkinsoni. n. sp.	.	.	.	.	.	†	.	

Namen der Fossilien.	Secondary.				Upper Palaeozoic.		Middle Palaeoz.	W. B. Clarke, 1878 (l. c.).
	Mesozoic.				Upper und Middle Palaeozoic.			R. Etheridge, Junr. 1878 (l. c.).
	Schichten über der marinen Fauna.				Marine Schichten mit palaeozoischer Fauna.			O. Feistmantel, 1878.
	6.	5.	4.	3.	2. b.	2. a.	1.	
Rhacopteris inaequilatera, Göpp.	.	.	.	.	.	†	.	Otopteris ovata, Mc'Coy.
Rh. intermedia, Fstm.	.	.	.	.	.	†	.	
Rh. cmp. Römeri, Fstm. sp.	.	.	.	.	.	†	.	
Rh. septentrionalis n. sp.	.	.	.	.	.	†	.	
Thinnfeldia odontopteroides, Fstm. (Morr. sp.).	†	W. † H.	.	.	.	.	.	Pecopteris odontopteroides, Morr.
Odontopteris microphylla, Mc'Coy.	.	W. †	.	.	.	.	.	
Cyclopteris cuneata, Carr.	†	.	.	.	.	.	.	
Alethopteris australis, Morr.	†	.	.	.	.	.	.	Vergl. Alethopteris indica Oldh. Morr. sp.
Pecopteris ? tenuifolia, Mc'Coy.	.	W. †	.	.	.	.	.	
Gleichenia dubia, Fstm.	.	W. †	.	.	.	.	.	
Taeniopteris Daentreei, Mc'Coy.	†	.	.	.	.	.	.	Angiopteridium.
Taeniopt. Wianamattae, Fstm.	.	W. †	.	.	.	.	.	Macrotaeniopteris.
Glossopteris Browniana, Bgt.	† ?	.	.	†	†	.	.	Auch in Indien.
Gl. Browniana, var. praecursor.	.	.	.	.	†	.	.	
Gl. ampla Dan.	.	.	.	†	.	.	.	
Gl. cordata, Dan.	.	.	.	†	.	.	.	
Gl. Clarkei, Fstm.	.	.	.	.	†	.	.	
Gl. elegans n. sp.	.	.	.	.	†	.	.	
Gl. elongata, Dan.	.	.	.	†	.	.	.	Eine verwandte Form in Indien.
Gl. linearis, Mc'Coy.	.	.	.	†	.	†	.	Eine verwandte Form in Indien.
Gl. parallela, Fstm.	.	.	.	†	.	.	.	
Gl. primaeva, Fstm.	.	.	.	.	†	.	.	
Gl. reticulum, Dan.	.	.	.	†	.	.	.	
Gl. taeniopteroides, Fstm.	.	.	.	†	.	.	.	

Namen der Fossilien.	Secondary.				Upper Palaeozoic.			Middle Palaeoz.	W. B. Clarke, 1878 (l. c.).
	Mesozoic.				Upper uud Middle Palaeozoic.				R. Etheridge, Junr. 1878 (l. c.).
	Schichten über der marinen Fauna.				Marine Schichten mit palaeozoischer Fauna.				O. Feistmantel, 1878.
	6.	5.	4.	3.	2.		1.		
					b.	a.			
Gl. Wilkinsoni, Fstm.	.	.	.	†	.	.	.		
Glossopteris, junge Blättchen.	.	.	.	†	.	.	.		
Gangamopteris angustifolia, Mc'Coy.	.	.	†	†	.	.	.		Auch in Indien, in der Talchirgruppe.
Gangamopt. Clarkeana, Fstm.	.	.	.	†	.	.	.		
Gang. obliqua, Mc'Coy.	.	.	†	.	.	.	.		Aehnliche Form i. Indien (Talchir-group).
Gang. spathulata, Mc'Coy.	.	.	†	.	.	.	.		Aehnliche Form i. Indien (Talchir-group).
Sagenopteris Tasmanica, Fstm.	†	.	.	.	.	.	.		
Sagenopt. rhoifolia, Presl.	†	.	.	.	.	.	.		
Caulopteris (?) Adamsi, Fstm.	.	.	.	†	.	.	.		
3. Lycopodiaceae.									
Lepidodendron australe, Mc'Coy.	.	.	.	.	.	†	.		
Lepid. dichotomum, Stbg.	.	.	.	.	.	†	.		
Lepid.nothumUng.(Carr.).	.	.	.	.	.	.	†		
Lepid. Veltheimianum, Stbg.	.	.	.	.	.	†	.		Das Lepid. rimosum, von H. W. B. Clarke erwähnt, stelle ich hieher.
Knorria — ?	.	.	.	.	.	†	.		
Lepid. Volkmannianum, Stbg.	.	.	.	.	.	†	.		
Cyclostigma austr., Fstm.	.	.	.	.	.	†	.		
Cyclostigma, sp.	.	.	.	.	.	.	†		
4. Cycadeaceae.									
Zamites Barklyi, Mc'Coy.	†	.	.						Podozamites.
Zam. ellipticus, Mc'Coy.	†	.	.						
Zam. longifolius, Mc'Coy.	†	.	.						

Namen der Fossilien.	Secondary.			Upper Palaeozoic.			Middle Palaeoz.	W. B. Clarke, 1878 (l. c.).
	Mesozoic.			Upper und Middle Palaeozoic				R. Etheridge, Junr. 1879 (l. c.).
	Schichten über der marinen Fauna.			Marine Schichten mit palaeozoischer Fauna.				O. Feistmantel, 1878.
	6.	5.	4.	3.	2. b.	2. a.	1.	
Otozamites comp. Mandeslohi, Kurr.	†	.	.	.	.		.	
Zeugophyllites elongatus, Morr.	† ?			†				Podozamites ?
Nöggerathiopsis media, Dan.				†				
Nögg. prisca, n. sp.	.			.	†	.	.	
Nögg. spathulata, Dan.	.			†	.		.	
Nöggerathiopsis, sp.	.			†	.		.	
Cordaites austral. Mc'Coy.	.			.	.		†	
5. Coniferae.								
Brachyphyllum australe Fstm.	.			†	.		.	
Coniferenschuppen, Dana.				†				
Incertae sedis.								
Cardiocarpum australe, Carr.	†			.	.		.	

In der gegenwärtigen Abhandlung will ich dieselbe Reihenfolge der Schichten befolgen, wie in der ersten.

A. Bereich mariner Schichten mit palaeozoischer Fauna.

1. Pflanzenreste aus devonischen Schichten.

Siehe meine erste Abhandlung (1878) Seite 68—71.

Lepidodendron nothum, Ung. (Carr.) Tafel I, fig. 1. 2.

1878 Feistmantel l. c. Seite 69, Taf. I, fig. 1—5.

1878 R. Etheridge, Catalogue etc. Pag. 31.

Von dieser Art gebe ich abermals zwei Abbildungen; sie stimmen mit den früher abgebildeten vollständig überein, nur sind die Gefässpunkte in dem oberen Blattpolsterwinkel nicht besonders deutlich erhalten.

Ich habe diese Exemplare besonders darum abgebildet, weil sie von einer neuen Localität herstammen, nemlich: „Back Creek diggings, Barrington River", N.-S.-Wales.

Ich glaube, diese Exemplare zeigen noch weiter den Unterschied von Mc'Coy's Lepid. australe, welchen Unterschied auch Herr Etheridge (l. c. p. 31) klar darlegt.

Ich bezeichnete die Schichten, aus den dieses Lep. nothum stammt, als „Ober-Devonisch" (oder repräsentiren sie vielleicht Uebergangsschichten), und selbe sind aus Neu-Süd-Wales und Queensland bekannt.

Prof. Mc'Coy beschreibt noch einige andere devonische Formen aus Victoria, die ich wenigstens dem Namen nach anführen will.

Sphenopteris Iguanensis, Mc'Coy.

1876. Mc'Coy, Prodromus of the Palaeontology of Victoria Decade IV. pag. 22 tab. 36 fig. 3—5a.
1878. R. Etheridge, l. c. pag. 32.
Localität: Iguana Creek, Victoria.

Aneimites Iguanensis, Mc'Coy.

1875. Smyth (Brough) Report of Progress (II.) of the Geolog. Surv. of Victoria, p. 73.
1878. R. Etheridge, l. c. p. 29.
Localität: Dieselbe (Upper Devonian).

Archaeopteris Howitti, Mc'Coy.

1875. Smyth (Brough) l. c. p. 73.
1876. Mc'Coy, l. c. p. 21 tab. 36 fig. 1—2a.
1878. R. Etheridge, l. c. p. 29.
Localität: Dieselbe.

Cordaites australis, Mc'Coy.

1875. Smyth (Broug.) l. c. p. 73.
1876. Mc'Coy, l. c. p. 22, tab. 36 fig. 6 u. 7.
1878. R. Etheridge, l. c. p. 30.
Localität: Dieselbe.

Das von Herrn Etheridge erwähnte Leptophloeum rhombicum Daws. (aus Queensland: Mount Wyatt, Canoona und Broken River) ist mit Lepidod. nothum zu vereinigen.

Wenn ich jetzt noch das in der ersten Abhandlung erwähnte und abgebildete Cyclostigma in Betracht ziehe, so kennen wir sechs Arten fossiler Pflanzen aus devonischen Schichten in Australien, und zwar:

vier aus Victoria,
zwei aus New-South-Wales,
zwei aus Queensland.

Ich gebe eine Uebersicht der aus dem Devon in Australien beschriebenen Formen mit Bezugnahme auf andere Länder.

	Australien.			Europa.	Amerika.
	Victoria.	Neu-Süd-Wales.	Queensland.		
Filices.				.	
Sphenopteris Iguanensis, McCoy.	Iguana Creek.	—	—	—	—
Anelmites Iguanensis, McCoy.	Iguana Creek.	—	—	— ·	—
Archaeopteris Howitti, M'Coy.	Iguana Creek.	—	—	—	—
Lycopodaceae.					
Lepidodendron nothum, Ung.	—	Goonoo-Goonoo am Peelflusse. Back-Creek diggings. Barrington River.	Mt. Wyat. Canoona River. Broken River.	Thüringen. In oberdevon. Schichten. .	Canada. Oberdevonische Schichten.
Cyclostigma sp.		Goonoo-Goonoo am Peelflusse.	Ebenda.	Irland : Bären-Insel. (Ursastufe).	—
Nöggerathieae.					
Cordaites austr., Mc'Coy.	Iguana Creek.	—	—	—	—

2. Pflanzenreste aus carbonischen Schichten.

a. Pflanzenreste, die mit europäischen Formen verglichen an und für sich als carbonisch anzusehen sind.

In meiner ersten Abhandlung lagen mir nicht viele Formen vor und die Pflanzen waren auch nicht so gut erhalten. Die zweite Sammlung enthielt besonders eine ziemlich reiche Suite von Pflanzen aus den Schichten am Smiths Creek (bei Stroud), die, wie schon in der ersten Abhandlung angedeutet, vielleicht als Repräsentanten der „Ursastufe" von Prof. Heer anzusehen sein dürften.

Herr John Mackenzie F. G. S. (Gouvernements Examiner of Coal fields) in Australien hatte die Güte, mir einen genauen Durchschnitt (20000' lang) durch diese Ablagerung zu schicken, wo die einzelnen pflanzenführenden Schichten mit Nummern bezeichnet sind, die sich auf dieselben Zahlen, die auf den einzelnen Gesteinstücken aufgeklebt sind, beziehen, so dass hieraus ersichtlich ist, aus welcher Schichte jedes der Stücke genommen wurde. Ich werde diesen interessanten Durchschnitt noch im Weiteren besprechen.

Von der Localität Arowa liegen mir diessmal zwei Exemplare vor, die deutlich zeigen, dass es dieselbe Rhacopteris ist, wie vom Smiths Creek (Stroud). Es ist mehr als wahrscheinlich, dass Herrn Mc' Coy's Otopteris ovata von Arowa diese Rhacopteris darstellt; dann ist jedoch auch die Glossopteris linearis Mc'Coy als schon in dieser Schichtengruppe anfangend zu betrachten.

Die Zahl der Pflanzenreste aus diesem Bereiche ist diessmal eine grössere, besonders erwies sich die Gattung Rhacopteris formenreich; auch ein Calamites und zwei Arten von Lepidodendron kamen vor. Ich führe auch, auf die Autorität der Herren Clarke und Etheridge gestützt, mehrere Arten an,

18 *

die zwar nicht aus den Smith's-Creek Stroud-Schichten stammen, aber dennoch carbonische Schichten sind und deren Localität nur allgemein als: Lower-Coalmeasures angeführt ist.

· Ich will die Fossilien in systematischer Ordnung beschreiben.

Equisetaceae.

Genus: Calamites. Suckow 1784.

Calamites radiatus, Bgt. Taf. VI, fig. 1. Taf. VII, fig. 3. 4.

1828. Brongniart, Hist. d. vég. foss. I. p. 122 Pl. 26.

1852. Calamites transitionis Göpp. Flora des Uebergangsgeb., in: Nov. Act. Academ. Leop. Carol. p. 116, Taf. III, IV.

1869. Bornia radiata, Schimper, Palaeontol. végétale, p. 335, Pl. XXIV.

1871. Calam. radiatus, Heer, Foss. Flora der Bäreninsel, p. 32, tab. I—VI. (In: Kongl. Svenska Vetenskaps-Akademiens Handlingar. Bandet 9 Nr. 5.)

1875. Archaeocalamites radiatus. Stur, Culmflora des Mährisch-Schlesischen Dachschiefers, p. 2, Taf. I, fig. 3—8; Taf. II—IV; Taf. V, fig. 1. 2.

1878. Bornia radiata, Etheridge, Catalogue etc. p. 29.

1877. De Koninck, Foss. Palaeoz. Nouv.-Galles d. Sud; pt. 3. pag. 142, tab. 7, fig. 1.

Diese im Kohlenkalk und Culm Europas so wohl bekannte Pflanze erfuhr eine sehr weitläufige Erläuterung von Seiten des Herrn Dion. Stur (l. c.), der sie auch zum Typus einer neuen Gattung: Archaeocalamites machte. Ich ziehe es jedoch vor, sie mit dem Brongniart'schen Namen anzuführen.

Herr Dion. Stur hat auch die Blattorgane dieser Pflanze eingehend illustrirt und auch an einem Exemplare aus dem Kohlenkalke von Rothwaltersdorf in Schlesien, das ich 1873 abgebildet und zu Asterophyllites gestellt habe[*], den Fruchtstand erläutert.

Als ich meine erste Abhandlung über australische Flora schrieb, lag mir diese Art nicht vor; auch hatte ich Herrn De Konincks Arbeit nicht zur Hand.

Gegenwärtig aber liegen mir drei Exemplare vor, die ich zu dieser Art stelle.

Die zwei Exemplare fig. 3. 4 auf Tafel VII stellen Stammstücke dar. Fig. 3 zeigt ziemlich deutlich die charakteristische Rippen- und Furchenstellung im Gelenke; ich kann selbe am besten mit Herrn Stur's (l. c.) fig. 6. Taf. I. vergleichen.

Fig. 4 ist ein Stück eines etwas dickeren Stammes; auch die Rippen erscheinen breiter, obzwar sie im Abdrucke etwas verworren sind. Im Gelenke erscheinen auch die schwachen Abdrücke von Höckerchen, und rechts erscheint eine grössere rundliche vertiefte Narbe, die wohl einer Astnarbe entspricht.

Zur Vergleichung mit diesem Exemplare möchte ich auf Prof. Heer's Abbildungen in der Flora der Bäreninsel Tab. IV, fig. 1. 4. verweisen.

Auf Tafel VI, fig. 1 habe ich ein Exemplar abgebildet, das wohl die Blattorgane dieses Calamites darstellt. Es sind dünne borstenartige Eindrücke, die an einzelnen Stellen eine Dichotomie zeigen; doch ist diese bei weitem keine so regelmässige, wie Herr Stur bei den Blättern des Calamites radiatus beschrieben hat; dessenungeachtet scheint es mir, dass es die Blattorgane dieses Calamiten sind und verweise ich zur Vergleichung auf Heer's Abbildung Taf. II, fig. 6.

---

[*] O. Feistmantel: Das Kohlenkalkvorkommen bei Rothwaltersdorf in der Grafschaft Glatz und dessen organische Einschlüsse. Zeitschr. d. deutsch. Geol. Gesellsch. XXV. 3. p. 463 u. ff.

(Zu meinem Bedauern muss ich noch bemerken, dass ich auch diesmal Herrn De Konincks Abhandlung über palaeozoische Fossilien von N. S. Wales [*]) hier in Calcutta nicht auftreiben, und daher meine Exemplare mit seiner Abbildung nicht vergleichen konnte.)

Localität: Die von mir abgebildeten Exemplare stammen aus den Schichten von Smiths Creek (Strood) und tragen die Nummern 6 (die zwei Stammstücke, Tafel VII, fig. 3. 4) und 17 (das Exemplar mit den Blättern, Taf. VI, fig. 1) des Durchschnittes. Herr De Koninck giebt keine Localität für diese Art an (soweit ich aus Herrn W. B. Clarkes Abhandlung, l. c. 1878, p. 127 und 135 schliessen kann).

Calamites varians Germ.

1877. De Koninck, l. c. pt. 3. pag. 142.
1878. Etheridge l. c. p. 30.

Keine Localität ist angegeben, nur allgemein: Lower marine beds, and Lower coalmeasures.

Sphenophyllum sp.

1878. Feistmantel, Fossile Flora Australiens, p. 73, Tafel II, fig. 1.

Localität: Port Stephens.

Filices.

Genus: Rhacopteris Schimper 1869 (Stur 1875).
1869 Schimper, Trait. d. Pal. végétale Vol. I.

Von dieser Gattung bildete ich schon in meiner ersten Abhandlung mehrere Exemplare ab; doch waren die Stücke von keiner besonders guten Erhaltung, namentlich was die Nervatur der Blättchen anbelangt; heute bin ich im Stande, die Nervatur besser zu illustriren.

Auch von Arowa, woher Mc'Coy eine Otopteris ovata beschrieb zugleich mit Glossopteris linearis, liegen mir gegenwärtig zwei Exemplare vor, die ohne Zweifel dieselbe Rhacopteris sind, wie eine vom Smith's Creek (Strood), und wenn dies Mc'Coy's Originalpflanze war (woran Herr W. B. Clarke nicht zweifelte), so ist der Fundort Arowa, und mithin auch Glossopteris linearis [natürlich immer vorausgesetzt, dass selbe mit der vermeintlichen Otopteris ovalis (Rhacopteris) in derselben Schicht vorkam] in den Bereich der Smith's Creek Schichten zu stellen, und wäre sonach diese Glossopteris die älteste in Australien und überhaupt (soweit gegenwärtig bekannt) die älteste Form dieser Gattung.

Auch sind diese Smith's Creek-beds, nördlich von New-Castle, bis jetzt die einzigen in Australien, wo diese Rhacopteris gefunden wurde.

Rhacopteris inaequilatera, Göppert sp.; Taf. I, fig. 3. 4; Taf. II, fig. 1 a. b. c. 3; Taf. III; Taf. IV, fig. 2. 3; Taf. V, fig. 4. 5. 5a; Taf. VI, fig. 2?

1859. Cyclopteris inaequilatera Göpp.; Fl. d. Sil., Dev. und unt. Steinkohlf. p. 72, tab. 37, fig. 6, 7 a und b.
1874. Palaeopteris inaequilatera Schimper, l. c. Vol. III.
1875. Rhacopteris — Stur, Culmflora d. Mähr. Schles. Dachschiefers, p. 75—76.
1878. Rhacopteris inaequilatera, Feistmantel, Foss. Fl. Australiens, p. 74, tab. I, fig. 3. 3a; Taf. III; Taf. IV, fig. 1. 2.
1847. Otopteris ovata Mc'Coy Ann. and Mag. Nat. Hist. XX, p. 148; Taf. 9, fig. 2.

---

*) Mémoires de Société Royale de Liège 1876 und 1877.

Das mir jetzt vorliegende Material lässt kaum zweifeln, dass die oben citirten Figuren die Rhacopteris inaequilatera aus dem schlesischen Kohlenkalke repräsentiren, soweit die Göppert'schen Figuren (l. c.) eine endgiltige Vergleichung zulassen. Die Blättchen bei unseren Formen sind zwar im Allgemeinen etwas mehr gleichseitig, doch ist die Nervatur entsprechend und auch die Blättchenform stimmt in vielen Fällen überein.

Die in meiner ersten Arbeit abgebildeten Exemplare waren nicht so gut erhalten, namentlich war die Nervatur ziemlich undeutlich; es ist daher das auf Tafel II, fig. 3a gegebene vergrösserte Blättchen (in meiner ersten Arbeit) als nicht ganz correct zu betrachten. Heute bin ich im Stande, die Nervatur besser und correct zu veranschaulichen.

Die vorliegenden Reste stellen den Farren in verschiedenen Grössen dar und alle zeigen das einfache Blatt. Die Rhachis ist verschieden, aber in keinem Falle besonders dick, zumeist von einer Mittellinie durchzogen. An dieser Rhachis sitzen die Blättchen mit verschieden langen und dicken Stielchen, alternirend; manchmal sind sie scheinbar sitzend, doch ist auch in diesem Falle eine Art Stielchen vorhanden, indem die Rhachis an der Anheftungsstelle der Blättchen vorspringt, um das Blättchen aufzunehmen. Die schönste Stielchenbildung zeigen die Exemplare fig. 1, 3 auf Taf. II, fig. 2 auf Taf. III, fig. 3 auf Taf. IV.

Die Form der Blättchen ist im Allgemeinen eine viertelkreisförmige, der untere Rand gewöhnlich etwas länger, doch in einzelnen Exemplaren sind die Fiederchen schmäler (Taf. III, fig. 3; Taf. IV, fig. 2, 3; Taf. V, fig. 5), oder tritt das Entgegengesetzte ein, dass nemlich der, der Rachis zugekehrte Theil des Fiederchens die Rhachis überlappt (Taf. II, fig. 1c) und das Blättchen auf diese Art breiter ist.

Der Göppert's Abbildung von Rhacopteris inaequilatera am nächsten kommende Rest ist fig. 3 auf Tafel II; doch ist wenig Zweifel, dass auch die übrigen, oben angeführten Figuren hierzu gehören.

Der äussere (runde) Rand der Fiederchen ist bei den einzelnen Exemplaren mehr weniger deutlich gekerbt; das auf Taf. VI, fig. 2 abgebildete Exemplar, das gespaltene Fiederblättchen darstellt, ist jedoch auch geneigt, hierher zu stellen, da der Umriss der Blattform und die Nervatur vollkommen stimmen. Schwerer zu bestimmen dürfte es sein, ob das Blättchen fig. 6 Taf. VI. hieher gehört, obzwar es mit der Abbildung fig. 2 Taf. VI. ziemlich übereinstimmt.

Die Nervatur ist, soviel ich beobachten konnte, eine wiederholt dichotome; die besten Beispiele der Nervatur habe ich auf Tafel II. In fig. 1. a. b. c. gegeben, selbe ist ganz so dargestellt, wie ich selbe mit der Loupe am Original (fig. 1. — die Blättchen sind mit a. b. c. bezeichnet) beobachten konnte.

Die auf Taf. V, fig. 4. 5. abgebildeten Stücke sind von Arowa, jenem Fundorte, woher Herr McCoy eine Odopteris ovata zugleich mit Glossopteris linearis beschrieb, und wegen der Glossopteris zu der oberen Abtheilung der Kohlenschichten zuzog.

Herr W. B. Clarke sandte mir diese zwei Stücke als Repräsentanten von Herrn McCoy's Otopteris ovata; es ist kein Zweifel daran, dass selbe mit den Pflanzen vom Smith's Creek, die ich hier als Rhacopteris inaequilatera anführte, identisch sind. Dies ist natürlich recht wichtig wegen der Glossopteris, die somit noch in einen tieferen Horizont versetzt wird.

Göppert's Rhacopteris inaequilatera, stammt, wie bekannt, aus dem Kohlenkalk von Rothwaltersdorf in Schlesien, und sind die Smith-Creekschichten in Australien gewiss auch von diesem Alter, wenn sie nicht eher wegen des Vorkommens von Cyclostigma als Repräsentanten der Uebergangsschicht — Urastufe Heer's — anzusehen sein dürften, wie ich das schon in meiner ersten Abhandlung angedeutet habe.

Localität: a) Smiths Creek Stroud: Taf. I, fig. 3 (Nr. 15), fig. 4 (Nr. 13); Taf. II, fig. 1 (Nr. 16), fig. 3 (Nr. 14); Taf. III, fig. 1 (Nr. 16), fig. 2 (Nr. 16), fig. 3 (Nr. 14); Taf. IV, fig. 2 (Nr. 10), fig. 3

(Nr. 13); ? fig. 6 (Nr. 8); Taf. VI. fig. 2 (Nr. 18). — b) Port Stephens (Abbildungen in meiner ersten Arbeit). — c. Arowa (Taf. V, fig. 4. 5). —

Rhacopteris intermedia, Fstm.

1878. Feistmantel, Fossile Fl. Australiens, Palaeontograph., Sappl. III. Lief. III. Heft 2. p. 75, Taf. 2. fig. 2.
Localität: Port Stephens (Smiths Creek Schichten).

Rhacopteris (?) Römeri, Fstm., Taf. II. fig. 2. 2 a.

1873. Sphenopteris Römeri, Feistmantel. Zeitschr. d. D. g. G. XXV. 3. pag. 508, Taf. XV, fig. 11.
1873. Sphenopt. petiolata, Feistmantel l. c. pag. 510, Taf. XV, fig. 12.

In meiner Abhandlung über die Pflanzenreste des Kohlenkalkes von Rothwaltersdorf (l. c.) habe ich zwei Fiederstücke abgebildet, die ich beide bei der Gattung S p h e n o p t e r i s anführte.

Nach den Auseinandersetzungen des Herrn Dion. Stur in seiner Culmflora des Mähr. Schles. Dachschiefers, ist kein Zweifel daran, dass die zwei von mir a. o. a. Stelle abgebildeten Reste von Rothwaltersdorf zu R h a c o p t e r i s gehören. Herr Stur hat sich auch dahin geäussert, dass beide von mir abgebildeten Stücke wahrscheinlich als untere und obere Portion zu derselben Art gehören. Es ist kein Grund, dieser Ansicht des Herrn Stur entgegen zu sein, und behalte ich für die von mir abgebildeten Reste von Rothwaltersdorf den Namen R h a c o p t. R ö m e r i.

Auf Taf. II. fig. 2 der gegenwärtigen Arbeit bilde ich ein Bruchstück eines Fiedera mit 2 Fiederchen ab, die mich lebhaft an jene von mir aus dem schlesischen Kohlenkalk beschriebene Art erinnern.

Unter den von Herrn Stur abgebildeten R h a c o p t e r i s formen haben vielleicht die unteren Blättchen von R h a c o p t. f l a b e l l i f e r a und R h. p a n i c u l i f e r a einige Aehnlichkeit mit den jetzt abgebildeten; doch ist die Verwandtschaft dieser letzteren mit R h. R ö m e r i viel grösser. In fig. 2 a ist eines der Fiederchen vergrössert, um die Nervatur zu zeigen; selbe stimmt ganz nah überein mit der von mir auf Taf. XV, fig. 12a. in meiner Rothwaltersdorfer Flora gezeichneten. Die Nervatur ist eine dichotome, folgend der Lappenbildung des Fiederchens.

Localität: Schichten von Smiths Creek (Stroud) Neu-Süd-Wales. (In Europa im Kohlenkalk von Schlesien, bei Rothwaltersdorf.)

Rhacopteris septentrionalis n. sp., Pl. IV, fig. 5.

F o l l i s p i n n a t i s, r h a c h i l i n e a l o n g i t u d i n a l i p e r c u r s a p i n n u l i s s u b a l t e r n i s, b r e v i t e r p e t i o l a t i s, s u b e r e c t i s, o b l o n g i s, r h a c h i m v e r s u s p r o f u n d o b i l o b a t i s d e h i n c s u b f l a b e l l i f o r m i b u s; l o b i s f o r m a s u b r h o m b e i s, p r o f u n d e f i s s i s, l a c i n i i s a p i c e r o t u n d a t i s; n e r v a t i o n e i n d i s t i n c t a.

Der vorliegende, nicht ganz deutlich erhaltene Rest ist der einzige dieser Art unter den australischen Exemplaren.

Der Form nach erscheint die Pflanze als R h a c o p t e r i s. Am nächsten scheint sie Herrn Stur's (l. c. p. 77, Tab. VIII, fig. 5—7) R h a c o p t e r i s t r a n s i t i o n i s zu stehen; doch ist unsere Pflanze schwächer, sowohl in der Rhachis als auch im Bau der Fiederchen; diese sind viel schlanker, sind auf der, der Rhachis zugewendeten Seite zuerst in zwei tiefgetrennte Lappen getheilt, die Spitze fächerförmig geschlitzt; die Lappen sind von annähernd rhombischer Form, aber auch dann noch zerschlitzt, die Fetzen an der Spitze gerundet. Die Nervatur konnte ich nicht ganz deutlich beobachten.

Die vorliegende Art ist auch deutlich von der früher von mir beschriebenen R h. intermedia verschieden.

Localität: Schichten von Smiths Creek Stroud. (Nr. 5 des Durchschnittes.)

Genus: Archaeopteris Dawson.

Zu dieser Gattung, die von Dawson aufgestellt und von Stur noch mehr erweitert wurde, möchte ich vier Exemplare aus den australischen Smiths-Creek-Schichten stellen, die auf Taf. IV, fig. 4; Taf. VI, fig. 3. 4 und Taf. VII, fig. 1 abgebildet sind.

Wie ich schon vorn bemerkte, hat Herr Mc'Coy eine Archaeopteris Howitti aus devonischen Schichten in Victoria beschrieben, aber ich bedaure, dass ich diese Art nicht zur Vergleichung heranziehen kann, da Decade IV der „Palaeontology of Victoria", wo diese Art abgebildet ist, bis jetzt in keiner Bibliothek in Calcutta vorhanden ist.

Herr D. Stur hat in seiner Culmflora des Mährisch-Schlesischen Dachschiefers p. 57 eine Liste der bis dahin bekannten Archaeopteris-Arten gegeben; es findet sich darunter auch die Cyclopteris dissecta Göpp. als Archaeopteris dissecta Göpp. sp., zu der übrigens Herrn Stür's Archaeopt. lyra recht nahe steht. Schimper hatte diese Cyclopteris dissecta zuvor als Sphenopteridium dissectum Göpp. sp. (Schimp. Pal. végét. Vol. III) angeführt und dazu jene Form gezogen, die von Ludwig *) als Sphenopteris imbricata Göpp. beschrieben und auf Taf. XXII, fig. 3. 3a (l. c.) abgebildet wurde; selbe gehört demnach auch zum Genus Archaeopteris, und in der That stimmt sie mit Archaeopteris dissecta in allen Merkmalen überein, ausgenommen, dass die Blattstengel nicht mit Spreublättchen bedeckt gewesen zu sein scheinen, wie es bei Archaeopt. dissecta Göpp. der Fall ist. (siehe die Fig. 25—27 in meiner Flora von Rothwaltersdorf, Z. d. D. g. G. Vol. XXV); ich für meinen Theil sehe dies nicht als hinreichendes Unterscheidungsmerkmal an, obwohl Herr D. Stur bei der Unterscheidung seiner Archaeopt. lyra (Culmflora d. Mähr. Schles. Dachschiefers p. 64) von Arch. dissecta Göpp. sp. den Mangel der Spreublättchen als einen der Unterscheidungsgründe hervorgehoben hat.

Mit Rücksicht auf die Eigenschaften dieser Archaeopteris dissecta Göpp. sp. (mit Einschluss der Sphenopteris imbricata in Ludwigs oben angeführter Arbeit) — habe ich vier Farrenreste unter den australischen Fossilien (die ich zur Hand hatte) zur Gattung Archaeopteris verwiesen.

Archaeopteris sp. Tafel IV, fig. 4.

Das auf Taf. IV, fig. 4 abgebildete Exemplar ist, glaube ich, nicht hinreichend gut erhalten, um darauf eine eigene Art zu gründen, auch kann ich es auf keine der bekannten Arten beziehen; ich bilde es vornemlich darum ab, weil es das einzige Stück ist, das die Spaltung der Blattspreite zeigt; im Uebrigen ist der Abdruck ziemlich undeutlich erhalten; es ist immerhin möglich, dass es als unterer Theil des Blattes zu der anderen Art, von der drei Exemplare vorliegen, gehört.

Localität: Smith's-Creek-Schichten (Stroud) N.-S.-Wales. (Nr. 6 des Durchschnittes.)

Archaeopteris Wilkinsoni n. sp. Taf. VI, fig. 3. 4; Taf. VII, fig. 1.

Foliis pinnatis; rhachi stricta, striatula, quondam furcata **); segmentis (pinnulis) subalternis, oblongo ovatis, pinnatifidis; laciniis subalternis, cunei-

---

*) Foss. Pflanzenr. aus den palaeolith. Form. etc. Palaeontographica Vol. XVII.

**) Dies sage ich mit Rücksicht auf das vorher erwähnte Exemplar, Taf. IV, fig. 4 mit getheilter Blattspreite.

formibus, basi angusta decurrentibus, incisis; lobis denticulatis, terminalibus bi-trilobis, lobis inciso-dentatis; nervis crebris, flabellato-dichotomis.

Es sind mir drei Exemplare, die ich hieher ziehe, bekannt; leider ist keines davon vollkommen genug, um befriedigende Schlüsse über die Beschaffenheit der Blattspreite ziehen zu können; mit Berücksichtigung des auf Taf. IV fig. 4 abgebildeten Exemplares können wir vielleicht auf eine hie und da vorkommende Spaltung der Blattspreite schliessen. Die Rhachis selbst scheint hinlänglich stark gewesen zu sein. Die Fiederchen sind, glaube ich, am besten erhalten in fig. 4, Taf. VI; sie sind dem Umrisse nach länglich oval, fiederschnittig, die Lappen sind etwas wechselständig, keilförmig, mit enger herablaufender Basis angeheftet, selbst wieder noch eingeschnitten und die Fetzen gezähnelt. Das auf Taf. VI fig. 4a abgebildete Blättchen zeigt die zweifach vergrösserte Ansicht des Abschnittes a in der Fig. 4 derselben Tafel und veranschaulicht die Art und Weise der Nervenvertheilung.

Fig. 3, Taf. VI zeigt die Rachis mit Bruchstücken dreier Fiederchen; die Rhachis ist ziemlich breit und zeigt in der Mitte eine seichte Furche, wie es auch bei Stur's Arch. lyra und bei der Arch. dissecta Gpp. der Fall ist. Die Fiederchen sind auch tief gelappt, aber die Lappen (Abschnitte) sind nicht wieder so tief geschlitzt (wie in fig. 4), sondern nur tief gezahnt oder gekerbt. Der Endlappen ist nicht erhalten.

Endlich ist auf Taf. VII, fig. 1 das dritte Exemplar abgebildet; dies zeigt einen Theil der Rhachis und zu beiden Seiten stehende Fiederchen (theilweise fragmentarisch); es zeigt die Lappenbildung, die Lappen sind durch Zwischenräume deutlich getrennt, auch der Endlappen ist an dem dritten Fiederchen, linkerseits deutlich zu unterscheiden; doch sind die Endigungen der Lappen und Fetzen nicht durchwegs erhalten, auch die Nervatur ist undeutlich: doch ist kein Zweifel darüber, dass alle erwähnten drei Exemplare dieselbe Art repräsentiren.

Von den bekannten Formen der Archaeopteris stimmen Arch. lyra Stur[*]) und Archaeopteris dissecta Göpp. sp. (besonders die von mir in der Rothwaltersdorfer Flora[**]), Taf. XVI, fig. 25 und von Herrn Ludwig[***]) als Sphenopteris imbricata Göpp. sp. abgebildeten Formen) in der Fiederchenbildung mit der australischen im Allgemeinen überein; doch sind in der letzteren die Fiederchen länger, die Lappen sind weiter getrennt, sind länger und schlanker und selbst noch wieder mehr eingeschnitten. Ich benannte die Art nach dem australischen Geologen C. S. Wilkinson.

Localität: Smith's Creek (Stroud) und zwar Nr. 6 (Taf. VI, fig. 3), Nr. 7 (Taf. VI, fig. 4) und Nr. 5 (Taf. VII, fig. 1).

Genus: Glossopteris Bgt. 1828. Brongniart, Hist. d. vég. foss. p. 222.

Die Hauptentwickelung dieser formenreichen Gattung fällt in den Bereich der oberen Kohlenschichten und zwar in die Newcastle-beds, obzwar sie auch in der nächst zu besprechenden Gruppe etwas zahlreicher ist. Im Bereiche der eben in Rede stehenden Gruppe wurde sie bis jetzt nicht erwähnt; nachdem ich aber gegenwärtig den Fundort Arowa auf Grund der daselbst vorgefundenen Rhacopteris inaequilatera Göpp. (abgebildet Taf. V, fig. 4, 5) zu den Smiths Creek-beds verwiesen habe, hat dies wohl auch mit der Glossopteris zu geschehen, welche Herr Mc'Coy von demselben Fundorte in Gemeinschaft mit seiner

---

[*]) Culmflora d. Mähr. Schles. Dachschiefern Taf. V, fig. 8.
[**]) Z. d. D. g. Gesellschaft. Bd. XXV, Nr. 3.
[***]) Palaeontographica. Bd. XVII, Taf. XXII, fig. 3.

Otopteris ovata anführt, welche letztere eben die Rhacopteris repräsentirt. Diess basire ich auf die Angabe des Herrn W. B. Clarke, dass die mir von ihm eingesandten zwei Exemplare von Arowa (Taf. V, fig. 4, 5) Mc'Coy's erwähnte Pflanze sind.

<h3 align="center">Glossopteris linearis Mc'Coy.</h3>

1847. Mc'Coy, Ann. and Magaz. Nat. Hist. Vol. XX p. 151. tab. 9, fig. 5.

Dies ist eine schmalblättrige Art, die von Mc'Coy als in Gemeinschaft mit Rhacopteris inaequilatera Göpp. sp. (Otopteris ovata Mc'Coy) beschrieben wurde. Merkwürdigerweise blieb dies von Mc'Coy beschriebene Exemplar das einzige bis jetzt in dieser Schichtengruppe vorgefundene, während die Rhacopteris nicht so vereinzelt ist; dagegen ist diese Glossopteris viel häufiger in den oberen Kohlenschichten (den New-Castle-beds), und habe ich in meiner ersten Abhandlung mehrere Blätter davon abgebildet und werde noch im Weiteren selbe erwähnen.

Dies ist, soweit gegenwärtig bekannt (und vorausgesetzt, dass die Angaben über das Vorkommen richtig sind) die älteste Glossopteris.

Localität: Arowa (N.-S.-Wales).

Herr Etheridge führt noch zwei Arten von Farnen an, nemlich Adiantites eximius Bunb. (ms.) und Alethopteris lonchitica Bgt.; doch ist das Vorkommen derselben nicht ganz sicher gestellt; da sie nur von Herrn W. B. Clarke (Remarks on the sedim. form. of N.-S.-Wales 1875 3d edition p. 31) ohne jede weitere Beschreibung und ohne Angabe des Fundorts erwähnt werden.

<h2 align="center">Lycopodiaceae.</h2>

Gegenwärtig bin ich im Stande mehr Formen von Lycopodiaceen anzuführen, als ich es in meiner ersten Abhandlung thun konnte, da mir damals nur geringes Material zur Verfügung stand.

Genus: Cyclostigma Haught.

Haughton: Ann. and Mag. Nat. Hist. Vol. V, 3d Series p. 444.

<h3 align="center">Cyclostigma australe Fstm. Taf. IV, fig. 1.</h3>

1878. Feistmantel, Austral. Flora, l. c. p. 76, Taf. IV, fig. 3, 3a; Taf. V, fig. 1.

In meiner ersten Abhandlung habe ich zwei Exemplare dieser Art abgebildet. Heute liegt mir ein anderes vor, das alle die Charaktere der früheren zwei zeigt und auch von derselben Localität ist. Die Närbchen sind jedenfalls grösser als bei irgend einer der bekannten Cyclostigma-Arten.

Ich habe schon in meiner früheren Abhandlung auf die Verwandtschaft dieses Cyclostigma mit einem ähnlichen in den oberdevonischen Schichten von Goonoo-Goonoo (N.-S.-Wales) hingewiesen und habe hier weiter nichts zuzufügen, als, dass auf Seite 76 meiner australischen Flora der Name dieser Species nicht hinreichend ersichtlich gemacht ist, indem Name und Diagnose mit den vorhergehenden Sätzen zu einem Satze verbunden sind.

Localität: Smith's Creek (Stroud) Schichten (Nr. 21 des Durchschnittes).

Genus: Lepidodendron Stbg.

<h3 align="center">Lepidodendron australe Mc'Coy.</h3>

1874. Mc'Coy Prodr. Pal. Victoria, Dec. I. p. 37—39 Pl. IX.

1878. Feistmantel, Austr. Flora, l. c. p. 76, Taf. XIII, fig. 3, 4 (nach Mc'Coy).

Localität: Victoria, Kohlensandstein am Avonflusse, Gippsland, 5 Miles ober Bushy-Park.

Lepidodendron (?) dichotomum Stbg. (Taf. VI, fig. 5).

1875. Clarke (Rev. W. B.), Sedim. Form. N.-S.-Wales, in Mines and Min. Stat. etc. p. 161, 162.
1878. Feistmantel, foss. Flor. Australiens (l. c.) p. 76.

Diese Art hatte ich in meiner ersten Abhandlung blos in Kürze erwähnt, auf Grund der Angabe des Herrn W. B. Clarke; er citirte selbe vom Rouchel River, zugleich mit einer anderen Art, einem Lepidodendron rimosum Corda, das jedoch, wie ich noch erwähnen werde, höchst wahrscheinlich ein Lepidod. Veltheimianum ist.

Heute aber liegt mir ein Exemplar vor, das ich auf Taf. VI, fig. 5 abgebildet habe und das vollständig an die Form von Lepidodendron dichotomum Stbg. erinnert; es ist zwar nur ein Fragment, aber im oberen Theile sieht man deutlich die querrhombischen Närbchen mit den ebenso gestalteten Schildchen im oberen Winkel — aber Gefässpunkte konnte ich keine beobachten.

Ich glaube wohl am besten zu thun, wenn ich es gegenwärtig als Lepidodendron dichotomum stehen lasse.

Localität: Smith's-Creek-Schichten, N.-S.-Wales (Nr. 25 des Durchschnittes); Rouchel River (Rev. W. B. Clarke.)

Lepidodendron Veltheimianum Stbg. Taf. VII, fig. 2. (? Taf. V, fig. 2, 3; siehe Knorriastadium.)

1828. Sternberg Vers. etc. I. p. 12; Taf. LII, fig. 2.
1871. Heer, Flora der Bäreninsel p. 38, Taf. VIII, fig. 1 — 7; IX, 2a, 3, 4.
1878. Stur, Culmflora der Waldenburger Schichten p. 269.
1877. de Koninck, Pal. foss. Nouv.-Galles du Sud, pt. 3, p. 142.
1875. Lepidodendron rimosum, W. B. Clarke, Rem. Sed. form. N. S. Wales, 3ᵈ edition, p. 17.
1878. Lep. rimosum, Feistmantel, foss. Fl. Australiens, p. 77, Taf. 5, fig. 2.
1878. Lepidodendron rimosum und Veltheimianum, Etheridge Catalogue etc. p. 31.

Als ich in meiner ersten Abhandlung Herrn Clarke's Lepidodendron rimosum erwähnte (wo ich auch eine Abbildung desselben gab), hatte ich mich dahin ausgesprochen, dass dies Lepid. rimosum wohl nur eine der Formen des Lepidodendron Veltheimianum darstelle. Ich war damals (1878) noch nicht davon unterrichtet *), dass schon ein Jahr vorher Herr Prof. de Koninck ein Lepidodendron Veltheimianum aus N.-S.-Wales signalisirte; ich erhielt davon erst Kunde aus Herrn Etheridge's Catalog; doch ist darin die Localität nicht näher angeführt.

In seiner Culmflora der Waldenburger Schichten hat neulich Herr D. Stur eine Menge schöner Abbildungen von Lepid. Veltheimianum gegeben, worunter einzelne Formen deutlich an das vermeintliche Lepidodendron rimosum von N.-S.-Wales erinnern; sehr nahe steht demselben auch Fig. 31, Taf. XVII meiner Flora von Rothwaltersdorf und auch die Narben der Figur 32 auf derselben Tafel stimmen ganz überein, nur sind sie etwas kleiner, da das Exemplar selbst einem jüngeren Stücke angehört. Es scheint mir sonach kaum einem Zweifel zu unterliegen, dass dieses australische Lepidodendron rimosum, das Herr Clarke erwähnte und ich abgebildet habe, einem Lepidodendron Veltheimianum Stbg. zugehöre.

Gegenwärtig liegt mir ein anderes Exemplar von Lepidodendron Veltheimianum Stbg. vor, es ist auf Taf. VII, fig. 2 abgebildet; die Narben sind jedoch nicht ganz deutlich, weil verdrückt; doch lässt

---

*) Die europäischen Publicationen kommen stets sehr spät und unregelmässig in Calcutta an, und besitzen wir bis zum heutigen Tage Herrn de Konincks Arbeit über die palaeoz. Fossilien von N.-S.-Wales nicht; ich erwarte sie im Laufe dieses Sommers.

es sich wohl keiner anderen Form einreihen. Das ganze Stück ist nur ein kleines Bruchstück eines Rinden-abdruckes und die Narben nur von mässiger Grösse.

Ich glaube, viel lässt sich über dieses Exemplar weiter nicht sagen.

Localität: Das mir vorliegende Stück stammt aus den Smiths-Creek-Schichten (N.-S.-Wales) (Nr. 7 des Durchschnittes). (Herrn W. B. Clarkes Lep. rimosum war vom Ronchel river.)

Knorria-stadium (?) von Lepidodendron Veltheimianum (?).

Auf Tafel V sind Stämmchen abgebildet (fig. 2. 3), die von keiner besonderen Dicke, etwas flach-gedrückt und auf der Oberfläche mit Narben besetzt sind. Diese Narben sind vertieft, von länglicher Form und im unteren Theile (ich glaube nemlich, dass ich die Stämmchen in natürlicher Stellung abgebildet habe) sind sie erweitert, während sie nach aufwärts enge zulaufen; die Stellung der Narben am Stamme ist in einem ziemlich langen Quincunx. Es scheint keinem Zweifel zu unterliegen, dass diese beiden Stämmchen zu Lepidodendreen gehören; doch fällt es mir schwer, ihnen endgiltig ihre Stellung zuzuweisen; am ehesten kann ich sie noch mit einigen als Knorria bekannten Abdrücken vergleichen, obzwar in unseren Exemplaren die Narben vertieft sind, die Form aber und die Vertheilung der Narben stimmt ganz gut. Sie stehen jedenfalls in Beziehung zu Lepidodendron Veltheimianum Stbg.

Localität: Smiths-Creek (Stroud); beide Stämmchen tragen Nr. 20 des Durchschnittes.

Lepidodendron Volkmannianum Stbg. Taf. V, fig. 1.

1825. Lepid. Volkmannianum Stbg. I, fsc. 4. p. X. Tab. XIII, fig. 3a, b.
1838. Sagenaria Volkmanniana Stbg. II, p. 179, Tab. LXVIII, fig. 8.
1877. Lepid. Volkmannianum, Stur, Culmflora der Ostrauer und Waldenburger Schichten; Tab. XVIII, fig. 4; Tab. XXIII, fig. 2—5. In: Abhndlg. d. k. k. geol. Rchsnstlt. Vol. VIII, 2.

Auf Tafel V, fig. 1 habe ich ein Exemplar abgebildet, das jedenfalls den Abdruck eines Lepidodendron darstellt; die Narben sind ziemlich verdrückt und nur auf der oberen Hälfte des Stückes erhalten. Man sieht jedoch ziemlich deutlich den Umriss der Narben und im oberen Theile derselben die Närbchen. Diese sind vorwiegend in die Quere gezogen und die Seitenecken übergehen in die etwas lang S-förmig geformten Begrenzungslinien der Narben (Blattkissen).

Eine Vergleichung dieses Restes mit anderen schon beschriebenen Formen führt uns bald zur Ueber-zeugung, dass die quergezogenen Närbchen vor allem anderen mit denen des Lepidodendron Volk-mannianum Stbg. übereinstimmen, zu welcher Art, wie ich glaube, dieser australische Rest wohl zu stellen sein dürfte. Zur Vergleichung verweise ich besonders auf Herrn Stur's citirte Abbildungen, worunter besonders fig. 3. c auf Taf. XXIII an unser Exemplar erinnert.

Localität: Schichten vom Smiths-Creek (Stroud), in N.-S.-Wales. (Nr. 6 des Durchschnittes.)

Die Zahl der fossilen Pflanzen aus den tiefsten Kohlenschichten Australiens hat sich diesmal ziemlich vermehrt und wenn wir die drei Arten, bei denen der Fundort nicht angegeben ist, oder die nur vorüber-gehend erwähnt werden, als: Calamites varians Stbg. (de Koninck), Adiantites eximius Bunb., Alethopteris lonchitica Bgt. (beide von Herrn W. B. Clarke erwähnt) und dann das Lepidodendron australe Mc'Coy aus Victoria, ausnehmen, gehören die übrigen dem Bereiche der Smiths-Creek-Schichten an, zu denen wir jetzt, ausser den Localitäten „Smiths-Creek" (bei Stroud) und „Port Stephens", auch die Localität „Arowa" auf Grund der daselbst vorgefundenen Rhacopteris inaequilatera Göpp. sp. zu stellen haben [*]). Die Gattung Glossopteris tritt in diesen Schichten zum ersten Male auf, doch ist das Vorkommen als ein ungemein seltenes zu bezeichnen und sehe ich dessenungeachtet erst die folgende Abtheilung als erstes Auftreten der mesozoischen Flora an, im Verein mit palaeozoischen Thierresten.

Eine Uebersichtstabelle wird die Vertheilung der Pflanzenreste besser versinnlichen.

Uebersichtstabelle der Pflanzenreste aus den untercarbonischen Schichten.

	Australien.			Europa.
	Victoria.	N.-S.-Wales.	Queensland.	
Equisetaceae.				
Calamites radiatus, Bgt.	—	Smiths-Creek (Stroud).	—	Ursastufe. Kohlenkalk und Culm.
Calam. varians ?	—	Keine nähere Localität.	—	Carbon.
Sphenophyllum sp.	—	Port Stephens. (Dieselben Schichten.)	—	Ursastufe — Perm.
Filices.				
Rhacopteris inaequilatera, Göpp.	—	Smiths-Creek, Stroud. Port Stephens. Arowa.	—	Kohlenkalk.
Rhac. intermedia, Fstm.	—	Port Stephens.	—	—
Rhac. comp. Römeri, Fstm.	—	Smiths-Creek, Stroud.	—	Kohlenkalk.
Rhac. septentrionalis, n. sp.	—	Smiths-Creek, Stroud.	—	—
Archaeopteris, sp.	—	Smiths-Creek, Stroud.	—	—
Arch. Wilkinsoni, n. sp.	—	Smiths-Creek, Stroud.	—	—
Glossopteris linearis, Mc'Coy.	—	Arowa.	—	—
Lycopodiaceae.				
Cyclostigma australe, Fstm.	—	Smiths-Creek, Stroud.	—	Gattung in der Ursastufe.
Lepidodendron australe, Mc'Coy.	Gippsland.	—	—	
Lepid. Veltheimianum Stbg.	—	Smiths-Creek, Stroud.	—	Kohlenkalk und Culm.
Knorria-Stadium.	—	Smiths-Creek.	—	—
Lepid. ? Volkmannianum, Stbg.	—	Smiths-Creek.	—	Culm.

[*] In meiner ersten Abhandlung habe ich sie bei den New-Castle-beds angeführt, da mir damals keine Exemplare von Rhacopteris inaequilatera Göpp. sp. vorlagen.

b. Schichten, deren Flora durch die Vergesellschaftung mit palaeozoischen Thierresten als von diesem Alter anzusehen sind.

(Erstes Auftreten mesozoischer Arten.)

Dies war die Ueberschrift, die ich in meiner ersten Abhandlung für diese Abtheilung gebrauchte, und ich lasse selbe auch jetzt bestehen, wenn ich auch eine ächte Annularia von hier beschreibe, da doch das Auftreten von Glossopteris und Phyllotheca hier zum erstenmale ein häufiges ist.

Ich habe heute einige Formen von Greta hinzuzufügen.

Die drei Arten, die ich in der ersten Abhandlung aus dem Jerusalems-Basin, Van Diemensland, zweifelhaft als zu dieser Abtheilung gehörig angeführt habe (l. c. p. 80, 81), werden von Herrn Etheridge auch in seinem „Mesozoic" angeführt; ich scheide sie jetzt hier auch aus, und werde sie zusammen mit den Fossilien aus Queensland und Victoria (obere Schichten) anführen.

Equisetaceae.

Genus: Annularia Bgt.

Einige Blattwirtel einer Art liegen vor.

Annularia australis sp. n. Taf. VII, fig. 5, 6, 6a.

Caule tenui, articulato; foliis verticillatis; verticillis usque ad 10-phyllis; foliis incurvato-expansis, membranaceis, lanceolato-spathulatis, ad 18 milm. longis, nervo medio percursis.

Dies ist die erste, aus Australien beschriebene Art — wenigstens habe ich in Herrn Etheridge's Catalog sowie in Herrn Clarkes neuester Auflage der vorn angeführten Arbeit keine Annularia erwähnt gefunden.

Die australische Art ähnelt etwas der Annularia longifolia Bgt.; doch sind die Blätter nicht so lang, sind dünnhäutig und daher nicht so steif auseinandergebreitet und auch sind sie an den Enden stumpfer; überhaupt war die ganze Pflanze viel schwächer. Die australische Form unterscheidet sich auch in demselben Maasse von Ann. sphenophylloides Zek. und Ann. radiata Bgt.

Localität: Greta, N.-S.-Wales, unter marinen palaeozoischen Thierresten.

Genus: Phyllotheca Bgt.

Von dieser Gattung liegen mir auch heute keine Exemplare vor, doch wird selbe aus dieser Abtheilung als nicht selten angeführt, und zwar vom Anvil Creek, Harpers Hill u. a. O.

Filices.

Genus: Glossopteris, Bgt.

1828. Brongniart Hist. rég. foss. p. 222.

Glossopteris Browniana Bgt. Taf. VIII, fig. 1.

1828. Brongniart, l. c. p. 223, tab. 62, fig. 12 var. a.

In meiner ersten Abhandlung musste ich diese Art nur nach den Angaben australischer Geologen als in dieser Abtheilung (lower coalmeasures) vorkommend citiren; heute bilde ich selbst ein Exemplar ab, das sonach keinen Zweifel übrig lässt, dass diese Art wirklich in dieser tieferen Abtheilung vorkommt.

Es ist der untere Theil des Blattes erhalten, das in Grösse und Nervatur ziemlich mit der Brongniartischen Abbildung übereinstimmt. Die Anastomosen reichen bis zum Rande.

Localität: Greta, N.-S.-Wales, unter marinen palaeozoischen Thierresten.

Glossopteris elegans n. sp. Taf. VIII, fig. 2. 2 a.

Fronde mediocri, oblonge-spathulata, mediocostata; costa superiore in parte evanescente, areolis bijugis, inferioribus oblongis, superioribus brevioribus pentagonalibus substituta; nervis e costa, superiore in parte ex areolis medianis sub angulo acuto eggredientibus, furcatis, anastomosantibus, retia oblonga formantibus. —

Dies ist eine recht eigenthümliche Form. Die Eigenthümlichkeit besteht in der Beschaffenheit der Mittelrippe; diese ist nur etwa bis zum oberen Drittel erhalten und ist von da durch paarweise stehende Nervenzellen ersetzt, die anfangs länglich sind, gegen die Spitze aber immer kürzer werden, wo sie dann eine pentagonale Form annehmen.

Ich kenne bis jetzt keine ähnliche Form, weder aus Australien, noch aus Indien, und betrachte selbe als neue Art.

Localität: Greta, N.-S.-Wales, unter marinen palaeozoischen Thierresten.

Von Glossopteris habe ich in meiner ersten Arbeit noch folgende Arten beschrieben und abgebildet:

Glossopteris Browniana var. praecursor.

Gl. primaeva sp. n.

Gl. Clarkei sp. n.

Cycadeaceae.

Nöggerathiopsideae.

Aus Australien wurde auch schon aus dieser unteren Abtheilung der Kohlenschichten die Gattung Nöggerathia angeführt, häufiger ist sie jedoch in den New-Castle-beds.

Aus der unteren Abtheilung hatte ich bisher kein Exemplar gesehen; heute aber liegen mir solche vor. Dafür hatte ich aus der oberen Abtheilung der Kohlenschichten (den New-Castle-beds) schon früher einige Blätter abbilden können; ich führte sie damals mit dem Namen Nöggerathia an.

Aehnliche Blätter kommen in den indischen Kohlenschichten (hauptsächlich in den sog. Damuda-schichten) vor; auch hier wurden sie stets als Nöggerathia angeführt. In meiner vorn erwähnten Flora der Talchir-Karharbari-Schichten *), wo ich diese Formen auch zu beschreiben hatte, suchte ich (l. c. pag. 20 et seqn.) zu zeigen, dass die sog. Nöggerathien der indischen Kohlenschichten nichts zu thun haben mit der Europäischen Nöggerathia (im Kohlengebirge) im Sinne der Herrn Weiss, Schimper und Heer. Mir erschienen diese Blätter noch immer eher zu den Cycadeaceen gehörig und um etwas von der früheren Benennung zu behalten, stellte ich sie zur Familie Nöggerathiopsideae mit der Gattung: Nöggerathiopsis.

Bei der näheren Vergleichung dieser indischen Formen der Gattung Nöggerathiopsis mit den australischen Formen stellt es sich heraus, dass auch sie nicht mit Nöggerathia verwechselt werden

---

*) Palaeontologia Indica, Ser. XII. I. 1879.

dürfen, im Gegentheil ganz wohl mit der indischen Nöggerathiopsis übereinstimmen, und gebrauche ich für dieselben diesen Gattungsnamen.

Wir haben daher folgende australische Formen hierherzustellen:

a) Aus den New-Castle-beds (was ich weiter erwähnen werde):

Nöggerathia spathulata Dana, als Nöggerathiopsis spathulata, Fstm.

Nöggerathia media Dana, als Nöggerathiopsis media, Fstm.,

dann die von mir als Nöggerathia sp. abgebildete Form, die ich im Weiteren noch erwähnen werde.

b) Aus der unteren (eben unter Behandlung befindlichen) Abtheilung der Kohlenschichten wurde Nöggerathia bis jetzt nur als Gattung angeführt; ich beschreibe heute eine Art als: Nöggerathiopsis prisca n. sp.

Der Zeugophyllites elongatus Morr. ist, wenn die Originalfigur[*] als richtig angenommen werden kann, weder mit der europäischen Nöggerathia noch mit der jetzt aufgestellten Gattung Nöggerathiopsis Fstm. zu identificiren; Herr Etheridge in seinem erwähnten Catalog hat Zeugophyllites deutlich von Nöggerathia (jetzt Nöggerathiopsis) getrennt. — Siehe noch weiter bei den New-Castle-beds über Zeugophyllites.

Die Stellung der Nöggerathien war lange und ist noch zum grossen Theil eine nicht ganz entschiedene, und wurde vieles heterogene unter dieser Bezeichnung zusammengefasst.

Zufolge Herrn Prof. Heers letzter Auffassung sollten die Nöggerathien eine der Kohlenperiode eigenthümliche Familie bilden, die zu den Coniferen gehörte oder wahrscheinlich den Uebergang zu den Cycadeaceen vermittelte.

Neulich hat aber mein Vater eine Entdeckung gemacht, derzufolge die Nöggerathia foliosa Stbg. der böhmischen Kohlenformation zu den Farnen verwiesen wird, indem er in Fruchtähren dieser Art Sporangien und Sporen nachwies[**]; doch kann natürlich diese Entdeckung nicht auf alle Nöggerathien in Anwendung gebracht werden, da ja immerhin noch Formen übrig bleiben, die Nöggerathia genannt werden (namentlich die langblättrigen und die zu Cycadeaceen oder auch zu Coniferen gehören) und da auch Blätter Nöggerathia genannt werden, während sie nicht dazu gehören.

Auf die indischen und australischen Formen haben diese Entdeckungen folgerichtig auch keinen Einfluss, da wie gesagt selbe von Nöggerathia verschieden sind und wohl am besten zu Cycadeaceen zu verweisen sind.

Dies wird noch durch nachstehende Beobachtung bekräftigt. Aehnliche Blätter wie die der Nöggerathiopsis in Australien und Indien wurden von Tchihatcheff am Altai gesammelt und von Göppert als Nöggerathia distans und N. aequalis beschrieben[***]. Mit diesen kamen noch andere Pflanzen vor, unter denen besonders Sphenopteris anthriscifolia Göpp., Sph. imbricata Göpp. und Neuropteris adnata Göpp. zu nennen sind. Die Formation, aus der diese Pflanzenreste kamen, wurde als permisch bezeichnet (l. c. p. 378).

Nun aber berichtet Herr J. Schmalhausen in Kiew[†], dass eine eingehende Untersuchung der Pflanzenreste, welche aus diesen Gegenden sich in den geologischen Museen in Petersburg angesammelt haben, zur Ueberzeugung geführt hat, dass diese Pflanzenreste der Juraformation angehören. Er

---

[*] In Strzelecki Phys. Descript. of N.-S.-Wales and Van Diemens Land 1845. pg. 250, tab. 6, fig. 5, 5a.

[**] Ueber die Nöggerathien etc. Sitzgsb. d. kgl. böhm. Gesellsch. d. Wissenschaften 1879 (24. Jänner).

[***] Tchihatcheff, Voyage dans l'Altai oriental. etc. 1845.

[†] Bull. d'Acad. d. Scienc. d. St. Pétersbourg t. XI. 1879. pg. 77—81.

verweist einige früher schon angeführte Equisetaceenreste zu Phyllotheca, constatirt, dass Sphenopteris anthriscifolia und Sph. imbricata nicht von einander zu unterscheiden sind, verweist die von Göppert beschriebene (l. c.) Neuropteris adnata zu Asplenium Whitbiense var. tenue Brongt. sp., das sehr verbreitet sein soll und erwähnt noch ein zweites Asplenium. Ausserdem werden angeführt unter den Cycadeen Zamites (Dioonites) inflexus Eichw., Podozamites Eichwaldi und ein Ctenophyllum.

Die zwei Arten von Nöggerathia, die Prof. Göppert (wie schon erwähnt) als Nöggerathia distans und N. aequalis beschrieben hat, sind, zufolge Herrn Schmalhausens Ansicht (Seite 79 l. c.) wohl Blattfiedern einer Cycadee, welche sich einerseits den Zamien, andererseits den Podozamiten anschliesst und er schlägt für selbe den Namen Rhiptozamites vor.

Ausserdem kommen mit diesen noch vor: Czekanowskia rigida, Pinus Nordenskiöldi und Samaropsis parvula, die Heer aus dem sibirischen Jura beschrieben hat.

An dem jurassischen Alter dieser Flora am Altai ist daher kein Zweifel. Ebenso ist kein Zweifel, dass Rhiptozamites Schmalh. und Nöggerathiopsis Fstm. ganz nahestehende, wenn nicht identische Formen sind.

Gleich, als ich die indische Flora zu untersuchen begann, erschienen mir diese in Indien als Nöggerathia beschriebenen Blätter als zu den Zamieen gehörig und für eine Zeit stellte ich selbe geradezu in die nächste Verwandtschaft mit Zamia *).

Voriges Jahr aber (1878), als ich meine Flora der Karharbari-Schichten schrieb (l. c.), machte ich aus diesen, zu Nöggerathia gestellten Blättern in Indien eine neue Gattung mit dem Namen: Nöggerathiopsis und beliess selbe bei den Cycadeen, wozu sie mehr als wahrscheinlich gehören. Andere europäische Formen, namentlich manche der langblättrigen, mögen auch hieher gehören, oder sie bilden vielleicht, wie es Prof. Heer dargestellt hat, Uebergangsformen zwischen Cycadeen und Coniferen.

Die Gattung würde sich daher in folgender Weise zu vertheilen haben:

Farren.

Nöggerathia foliosa Stbg. und N. intermedia K. Fstm.

Vielleicht gehören hieher noch andere europäische Formen.

Cycadeaceen.

Rhiptozamites Schmalh., die Nöggerathien der Juraformation am Altai und an der unteren Tunguska (Nebenfluss des Yenissei).

Nöggerathiopsis Fstm. Die Nöggerathien in Indien und Australien.

Coniferen.

Einige Formen mögen zu Coniferen gehören.

Neulich hat Herr Saporta einen Aufsatz über die Gattung Nöggerathia und die zu ihr gestellten Formen veröffentlicht **); wo er auch einzelne Formen zu den Farnen, andere zu den Cycadeen etc. verweist; die böhmische N. foliosa Stbg. ist daselbst als Repräsentant der Cycadeen hingestellt. Seine Eintheilung ist die folgende:

---

*) Records Geolog. Survey of India, Vol. X. 1877, p. 201.
**) In: Comptes rendu d. Séanc. d. l'Acad. d. Sc. 1878, Tom. LXXXVI.

Cryptogamae.

Filices.

Genus: **Psygmophyllum** Schimp.

Ps. expansum (Bgt.) Schimp. Perm in Russland.

Ps. cuneifolium (Bgt.) Schimp. Ebenda.

Ps. santagoulourensis Sap. sp. nov. Ebenda.

Genus: **Dichenearea** Sap. Nov. gen.

Dich. Hookeri Sap. Perm in Russland.

Gymnospermae.

Cycadeae.

Genus: **Nöggerathia** Sternbg.

N. foliosa Stbg. Mittelcarbon in Böhmen.

N. rhomboidalis Vis. Ebenda.

Subconiferae.

Genus: **Dolerophyllum** Sap. Nov. gen.

Dol. Göpperti (Eichw.) Sap. Perm in Russland und Böhmen.

Salisbureae.

Genus: **Ginkgophyllum** Sap.

Gink. flabellatum (Lindl. et Hutt). Sap. Carbon in England.

G. Grasseti Sap. Perm von Lodève.

G. Kamenskianum Sap. Perm in Russland.

Durch die oben erwähnte Entdeckung meines Vaters würde Nöggerathia foliosa Stbg. von den Cycadeen zu entfernen und zu den Farnen zu stellen sein, dafür kommen aber Nöggerathiopsis (Indien und Australien) und Rhiptozamites (Sibirien) in die Ordnung der Cycadeen.

Genus: Nöggerathiopsis Fstm.

1879. Feistmantel (Ottokar): Talchir-Karharbari-Flora l. c. pag. 23.

Foliis biserialibus (?) e basi cuneiformibus, an elongato-spathulatis, subrhombeis an obovatis, marginibus rectis an incurvis; nervis crebris, e basi crassiusculis, dehinc bis pluriesve furcatis, in folium divergentibus, tenuibus.

Nöggerathiopsis prisca n. sp. Taf. VIII, fig. 3.

Foliis ignotis; foliolis (pinnulis) mediocribus, subrhombei-obovatis, paulo inaequilateralibus, nervis ex angustata basi radiatim eggredientibus, bis-terve dichotomis.

Das hier abgebildete Exemplar ist das vollkommenste der mir aus der unteren Abtheilung vorliegenden Blätter; es ist von ovaler und etwas rhombischer Form, mit verengter Basis; die Nerven sind ziemlich dicht gedrängt, dichotom (zwei- bis dreimal) aus der Basis auslaufend.

Alle die bis jetzt bekannten indischen Formen dieser Gattung unterscheiden sich durch die Form (sie sind mehr keil- oder spatelförmig) und durch die grössere Länge (im Verhältnis zur Breite) von dieser australischen Form.

Localität: Greta, N.-S.-Wales (unter marinen palaeozoischen Thierresten).

Dies sind alle mir bis jetzt bekannten Pflanzenreste aus dieser Abtheilung der Kohlenschichten; an und für sich betrachtet, tragen sie zum grösseren Theile einen mesozoischen Charakter, ihre Lagerung jedoch zeigt uns, dass sie der palaeozoischen Zeit angehören; sie erhalten sich aber hinüber in ächt mesozoische Schichten und bezeichne ich ihr Erscheinen hier als das erste Auftreten der mesozoischen Flora.

Uebersichtstabelle der Pflanzenreste.

Namen.	Australien.		Andere Länder.
	Untere Kohlenschichten mit palaeozoischer Fauna.	Andere Formationen.	
Equisetaceae.			
Annularia australis n. sp.	Greta, N.-S.-Wales.	—	Die Gattung palaeozoisch.
Phyllotheca sp.	Anvil Creek: Harper's Hill; Raymond Terrace; in N.-S.-Wales.	Häufig in den New-Castle-beds in N.-S.-Wales; Cape Paterson-Victoria (in mesozoischen Schichten).	In Europa und Sibirien ist die Gattung in mittel-jurassischen Schichten. In Indien in den Damuda-Schichten.
Filices.			
Glossopteris Browniana. Bgt.	Greta, N.-S.-Wales; Queensland.	Häufig in den New-Castle-beds, in N.-S.-Wales.	In Indien ist die Art in den Kohlenschichten — die Gattung geht auch in die höheren Schichten.
Gl. elegans n. sp.	Greta.	—	—
Gl. Browniana, var. praecursor, Fstm.	Stony Creek.	—	—
Gl. primaeva Fstm.	Greta.	—	—
Gl. Clarkei, Fstm.	Rix's Creek.	—	—
Cycadaceae.			
Nöggerathiopsideae.			
Nöggerathiopsis prisca n. sp.	Greta.	Dieselbe Gattung häufiger in den New-Castle-beds in N.-S.-Wales.	Dieselbe Gattung in Indien, in den Kohlenschichten.

Wenn wir nun die Flora dieser Schichten mit der der vorhergehenden Gruppe vergleichen, so finden wir, dass sie nur eine Gattung gemeinschaftlich haben, nemlich Glossopteris; es scheint mir aber, dass diese unteren Kohlenschichten dennoch zu den Smiths Creek-Schichten in viel näherer Beziehung stehen, als zu den höheren „New-Castle-beds" (oberen Kohlenschichten in Neu-Süd-Wales); denn jene sind beide unterhalb und innerhalb der marinen Schichten mit palaeozoischen Thierresten abgelagert und gehören somit beide wohl derselben Epoche an, während die New-Castle-beds über den marinen Schichten lagern, und, wenn sie auch, wie behauptet wird, zu den unteren Schichten conform sind, so folgt doch noch nicht die Nothwendigkeit, dass sie auch carbonisch sind; mir scheint es doch noch, dass sie jünger sind als die unteren Kohlenschichten, wenn ich auch gerade keinen Grund habe, zu bestreiten, dass sie den Schluss der palaeozoischen Epoche in Australien bezeichnen.

20 *

In meiner ersten Abhandlung habe ich darauf aufmerksam gemacht, dass die eben besprochenen zwei Schichtengruppen (die Schichten mit Rhacopteris und Lepidodendron, sowie jene mit Glossopteris unter palaeozoischen marinen Thierresten) in Indien, im Bereiche des Gondwana-Systems nicht vertreten sind, und dass die indischen Kohlenschichten im höchsten Falle mit den jetzt folgenden New-Castle-beds verglichen werden könnten; doch auch dies scheint jetzt nicht ganz berechtigt zu sein, und erscheinen die indischen Kohlenschichten jedenfalls höher.

B. Schichten über der marinen Fauna.

3. Die oberen Kohlenschichten in N.-S.-Wales, oder die sog. New-Castle-beds.

Ueber den eben besprochenen unteren Kohlenschichten in New-South-Wales, von denen nur eine Abtheilung kohlenführend ist, lagert der eigentliche Complex der australischen Kohlen, nemlich die sog. New-Castle-beds. Sie sind charakterisirt durch eine reiche Flora, in welcher mesozoische Formen vorwalten, und durch das Vorkommen von Fischresten (der einzige von diesen beschriebene Urosthenes, ist ein heterocerker Fisch).

Ich stellte diese Kohlenschichten in die Abtheilung der Schichten „über der marinen Fauna".

Herr W. B. Clarke betrachtete selbe auch als palaeozoisch. Herr Etheridge in seinem erwähnten Cataloge führt alle Pflanzenreste aus dieser Abtheilung in seinem „Mesozoic" an, selbst auch den Fisch: Urosthenos Dan., der heterocerk ist.

Ich war aber schon in meiner ersten Abhandlung geneigt, diese Schichten als etwas tiefer anzusehen, indem ich von der wahrscheinlichen Analogie der indischen Talchirgruppe mit den sog. „Bacchus-Marshsandstones" ausging, welche letztere selbst als „Lower-Mesozoic" bezeichnet wurden, und welche selbst auch Herr W. B. Clarke als jünger, als die New-Castle-beds ansah.

Eine weitere Beobachtung des Herrn Wilkinson würde dies noch mehr bestätigen; ich will es noch bei den Bacchus-Marshsandstones erwähnen.

Von Petrefacten habe ich aus dieser Abtheilung heute nicht viel neues hinzuzufügen; ich möchte nur einige Erläuterungen geben, die sich auf das Vorkommen von gewissen Pflanzenformen in dieser Abtheilung beziehen und werde einige Worte über Nöggerathiopsis hinzufügen.

1) Die drei Arten: Thinnfeldia (Pecopteris) odontopteroides Morr. sp., Odontopt. microphylla Mc'Coy, und Pecopteris tenuifolia Mc'Coy, die ich in meiner ersten Abhandlung als den New-Castle-beds entstammend, anführte, sind von hier auszuscheiden; sie sind bis jetzt aus dieser Abtheilung nicht bekannt; meine Angabe beruhte auf einem Irrthum, ich dachte nemlich, dass die Localität „Clarks Hill" den New-Castle-beds zugehöre, was jedoch nicht der Fall ist; Clarks Hill bei Cobbity fällt in das Bereich der Wianamatta-beds, obzwar Thinnfeldia odontopteroides Morr. sp. auch in den „Hawkesbury-beds" und den mesozoischen Schichten in Queensland und Tasmanien vorkommt.

Aus den New-Castle-beds ist selbe bis jetzt nicht bekannt; die Litteratur belehrt uns deutlich darüber und erst kürzlich habe ich eine ausdrückliche Aeusserung in diesem Sinne von dem australischen Geologen C. S. Wilkinson; derselbe hatte mir nemlich vor einiger Zeit einige Exemplare eines grossen Farren geschickt, mit dem Ersuchen selbe zu bestimmen; sie stammten aus den Hawkesbury-beds; ich erkannte darin grosse Exemplare der Thinnfeldia odontopteroides, und erstattete ihm Nachricht hierüber; in seinem Antwortsbriefe ddo. 18. März 1879, schrieb er folgendermassen:

„I am very much obliged to You for the information regarding the fern Gleichenites[*]) „odontopteroides from the Upper-Hawkesbury-beds. Its occurrence in these beds is very interesting. „I have not observed it in the Newcastle-series."

Ich hebe diesen Umstand speciell hervor, weil ich selbst noch in meiner letzten Arbeit diese Art aus den New-Castle-beds angeführt habe (in Folge eines Missverständnisses bezüglich der Localität Clarks Hill); derselbe Fehler findet sich auch in meiner brieflichen Mittheilung, in Herrn Clarkes genannter Publication.

Thinnfeldia odontopteroides kann daher nicht benutzt werden, um die nahe Beziehung der New-Castle-beds und der Hawkesbury-Wianamatta-beds zu beweisen[**]).

Auch waren die Exemplare, die Morris beschrieb, nicht aus Neu-Süd-Wales[***]), sondern aus dem Jerusalembasin, und noch weniger kommt die Pflanze bei New-Castle-beds vor[†]).

2) Ebenso ist Alethopteris australis Mc'Coy niemals in den New-Castle-beds vorgekommen, und nur auf die oberen mesozoischen Schichten beschränkt. Dies war schon richtig constatirt in meiner ersten Abhandlung.

3) Otopteris ovata Mc'Coy von Arowa ist aus dem Verzeichnisse der fossilen Pflanzenreste der New-Castle-beds auch herauszunehmen, da sie zu Rhacopteris inaequilatera gehört, und Arowa gehört somit der unteren Abtheilung der Kohlenschichten an.

4) Die Glossopteris linearis Mc'Coy von Arowa gehört auch nicht hieher, doch kommt sie in dem Bereiche dieser Schichten ausser bei New-Castle und Wollongong, noch bei Illawara vor.

5) Abermals möchte ich wiederholen, dass die australische Gattung Zeugophyllites, soviel aus der Zeichnung geschlossen werden kann, nicht mit Nöggerathiopsis zu verwechseln ist, auch nicht mit Schizoneura und schon ganz und gar nicht mit Cordaites, wie dies Herr Crepin[††]) angedeutet hat.

Soviel aus der Figur (siehe meine erste Arbeit, Taf. XIII, fig. 6. 6a.) zu schliessen, steht Zeugophyllites der Gattung Podozamites sehr nahe.

6) Die in der ersten Arbeit als Nöggerathia angeführten Formen haben jetzt zu Nöggerathiopsis Fstm. gestellt zu werden; natürlich auch jene Blätter, die ich auf Taf. XVI, fig. 2—4 abgebildet, aber nur als Nöggerathia sp. bezeichnet habe.

Nur fig. 2 steht möglicherweise zu einer der Dana'schen Arten (N. elongata oder media) in Beziehung; die zwei anderen aber, fig. 3 und 4, weichen von den beiden genannten in der Form des Blattes vollständig ab. Sie unterscheiden sich auch von den aus Indien bekannten Formen, die alle viel länger und mehr regelmässig langgezogen keilförmig sind; nur die Varietät, die ich in meiner Kurhurbali (Karharbari) Flora (l. c. Taf. XX, fig. 2.) als Nöggerathiopsis Hislopi var. subrhomboidalis abgebildet habe, erinnert ein wenig an diese australischen Formen; doch ist es unmöglich, beide zu identificiren.

Sie stehen jedenfalls auch jenen Formen nahe, die vom Altai bekannt sind und für welche der Name Rhiptozamites in Vorschlag gebracht wird (von Herrn Schmalhausen, siehe l. c.); sie repräsentiren

---

[*]) Thinnfeldia.
[**]) Siehe Manual Geol. of India 1879, p. 120.
[***]) W. T. Blanford: R. G. S. Ind. Vol. XI. 1878, p. 143.
[†]) Ebendaselbst, p. 143.
[††]) Bull. d. l'Acad. R. Belgique, 1875, XXXIX. p. 985.

möglicherweise eine neue Art; doch da Dana's Figuren selbst trotz der scheinbaren Varietät der Blätter nicht viel Unterschiede zu bieten scheinen, könnte es doch immerhin sein, dass auch die von mir abgebildeten Blätter auf dieselbe Art zurückgeführt werden können.

Die Liste der Fossilien aus den New-Castle-beds ist jetzt die folgende:

Animalia.

Pisces.

Urosthenes australis Dan., von: New-Castle (Heterocerk).

Plantae.

Equisetaceae.

Phyllotheca australis Bgt., von: New-Castle, Mulubimba, in Neu-Süd-Wales.

Vertebraria australis Mc'Coy, von: Mulubimba, New-Castle und Bowenfels, in Neu-Süd-Wales *).

Filices.

Sphenopteris lobifolia Morr., New-Castle, Mulubimba.

Sph. alata Bgt. sp., Hawkesbury-river, Mulubimba.

Sph. alata var. exilis Morr., New-Castle-basin.

Sph. hastata Mc'Coy, Sph. germana Mc'Coy, Sph. plumosa Mc'Coy, Sph. flexuosa Mc'Coy — alle von: Mulubimba.

Glossopteris Browniana Bgt., von: New-Castle, Mulubimba, Illawara, Blackmanswamp, Bowenfels.

Gloss. linearis Mc'Coy, von: New-Castle, Wollongong, Illawara.

Gloss. ampla Dan., von: New-Castle.

Gloss. reticulum Dan. und Gloss. elongata Dun. von ebenda.

Gloss. cordata Dan., von: Illawara.

Gloss. taeniopteroides Fstm., von: Blackmanswamp.

Gloss. Wilkinsoni Fstm., von: Blackmanswamp.

Gloss. parallela Fstm., von Bowenfels.

Glossopteris — junge Blätter — von: Bowenfels, New-Castle.

Gangamopteris angustifolia Mc'Coy, Guntawang Mudgee **).

Gangam. Clarkeana Fstm., von: Bowenfels.

Caulopteris (?) Adamsi Fstm., von: New-Castle.

Cycadeaceae.

Zeugophyllites elongatus Morr., von: Mulubimba.

Nöggerathiopsis spathulata Dana, von: Illawara.

Nöggerathiopsis media Dan., von: New-Castle.

Nöggerathiopsis sp. von: Bowenfels.

Coniferae.

Brachyphyllum australe Fstm., von: Bowenfels.

Coniferenschuppen, Dana, New-Castle.

---

*) Alle hier aufgezählten Localitäten sind in Neu-Süd-Wales.

**) In der ersten Abhandlung ist dieser Name verdruckt zu: Huntawarg Madgee.

---

4. Die Bacchus-Marshsandstones, Victoria.

Als vierte in der Folge führte ich in meiner ersten Abhandlung die sogen. „Bacchus-Marshand-stones" in Victoria an, doch so, dass ich sie theilweise die New-Castle-beds repräsentiren liess, dasselbe ist in Herrn W. B. Clarke's vorn erwähnter neuester Schrift (Seite 163. 164) nach brieflichen Mittheilungen von mir gegeben. Ich hatte dann auf Grund der Petrefacte die „Bacchus-Marshsandstones" mit der indischen Talchirgruppe (unter den Kohlenschichten) parallelisirt und daraus die jüngere Stellung der indischen Kohlen-schichten (Damuda group) im Vergleich mit den New-Castle-beds abzuleiten gesucht. Diese Vergleichung scheint neuerlich eine weitere Bestätigung zu bekommen.

In einem Briefe vom 30. September 1878, den ich hier Anfang November (1878) erhielt, theilt mir der australische Geolog Herr C. S. Wilkinson mit, dass er innerhalb der Hawkesbury-beds (über den New-Castlebeds) Spuren von Eiswirkung entdeckt hat, wodurch diese Schichten zu parallelisiren wären mit den Bacchus-Marshsandstones, in denen ähnliche Erscheinungen bekannt gemacht wurden, und auch mit den Talchirbeds in Indien, deren Ablagerung ja auch (wenigstens zum Theil) einer Eiswirkung zugeschrieben wird.

Dies würde meine frühere Ansicht nur noch mehr bestätigen. Herr Wilkinson schreibt folgender-massen:

„I have noticed certain deposits in the Hawkesbury Series, apparently due to ice action, which would seem to confirm Your view as tho the correlation of that series and the Bacchus Marshbeds (in which Daentree has described the occurrence of glacial deposits) with Your Talchirs."

In meiner ersten Abhandlung habe ich auf die gleichen Erscheinungen in den „Bacchus-Marsh-beds" nicht aufmerksam gemacht, nur auf ihre palaeontologische Verwandtschaft mit den Talchir-beds, welche Verwandtschaft jetzt noch durch diese Eiserscheinungen weiter bekräftigt würde; die Beziehung zu den Hawkesbury-beds ist noch nicht so deutlich gekennzeichnet (da in den Hawkesbury-beds bis jetzt noch keine Gangamopteris gefunden wurde), doch soviel scheint sicher, dass die Bacchus-Marsh-beds nicht älter sind, als die New-Castle-beds, und mehr als wahrscheinlich scheint es zu sein, dass sie jünger sind.

Das Uebrige über die Bacchus-Marshsandstones habe ich schon in meiner ersten Abhandlung (pag. 99 et sequ.) mitgetheilt.

Von Petrefacten ist nichts neues bekannt geworden.

---

5. Die Hawkesbury-Wianamattabeds.

Auf die New-Castlebeds folgen in Neu-Süd-Wales Ablagerungen, deren tiefere Abtheilung als „Hawkes-bury-beds" und die höhere als „Wianamatta-beds" bekannt sind. Herr W. B. Clarke behandelt sie in dem Capitel: „Mesozoic or Secondary formations" (auf Seite 68 seines erwähnten Werkes).

Die Petrefacte dieser beiden Ablagerungen sind nicht viele und bestehen aus Fischresten und Pflanzen.

Diese Schichten sind nur in Neu-Süd-Wales entwickelt; in keiner der anderen australischen Colonien sind Repräsentanten davon bis jetzt nachgewiesen.

Die Localität „Clarks Hill", die ich in meiner ersten Abhandlung bei den New-Castle-beds angeführt habe, gehört in das Bereich der Wianamatta-beds, und somit auch die von derselben angeführten Petrefacte.

Ich werde im weiteren zeigen, dass diese beiden Schichtengruppen wohl am besten nur als Unter-abtheilungen einer Formation zu betrachten sein dürften.

Fische.

Von den 3 bekannten Fischarten ist einer nur in den Wianamatta-beds (Palaeoniscus anti-podeus Egert.), einer nur in den Hawkesbury-beds (Myriolepis Clarkei Eg.) und einer (Cleithro-lepis granulatus Egert.) ist beiden gemeinschaftlich.

Ueber die Fische habe ich das Nöthige schon in meiner ersten Abhandlung gesagt und möchte hier nur noch andeuten, dass alle diese Fische trotz der heterocerken Natur einiger von ihnen, von Herrn Ethe-ridge in seinem Catalog (l. c.) in der Abtheilung „Mesozoic" angeführt sind. —

Pflanzen.

Von den in meiner ersten Abhandlung angeführten Pflanzenresten aus dieser Schichtenreihe, stammten die vier beschriebenen Arten aus der höheren Abtheilung, den Wianamatta-beds; zu dieser Abtheilung ge-hören auch die früher von mir von der Localität: „Clarks Hill" bei den New-Castle-beds angeführten Arten, worunter Pecopteris (Thinnfeldia), Odontopteroides Morr. sp., welche bis jetzt mit Sicherheit nur aus diesen und den nächst höheren Schichten bekannt war.

Aus den „Hawkesbury-beds" waren bis jetzt nur zwei Pflanzenformen der Gattung nach bekannt und zwar eine Sphenopteris sp. und eine Odontopteris sp. Jüngster Zeit aber sandte mir Herr Wilkinson (Governements-Geolog in Australien) drei Abdrücke eines prächtigen Farnes, die nach seiner Angabe „aus den oberen Lagen der Hawkesbury-Gruppe am Mt. Victoria" stammen; dieser Farn scheint mir nach eingehender Vergleichung zu der Art zu gehören, die ursprünglich von Morris als Pecopteris odonto-pteroides beschrieben wurde und auf deren Geschichte ich hier etwas näher eingehen will.

Wenn wir nun als richtig annehmen dürfen, dass diese Pflanze die Pecopt. (Thinnfeldia) odon-topteroides Morr. sp. oder wenigstens ident ist mit der Form[*]), die aus den „Wianamattabeds" als Pecopteris (Thinnfeldia) odontopteroides Morr. sp. bekannt ist, so bleibt, glaube ich, wenig Zweifel, dass die Hawkesbury- und Wianamatta-beds, in palaeontologischer Beziehung wenigstens, derselben Periode angehören — denn von den drei, bis jetzt aus den Hawkesbury-beds bestimmten Arten, sind zwei auch in den Wianamatta-beds. Wir haben folgendes:

Vergleichung der beiden Gruppen.

	Wianamatta beds.	Hawkesbury beds.
Palaeoniscus antipodeus Egert.	†	.
Cleithrolepis granulatus Eg.	†	†
Myriolepis Clarkei Eg.	.	†
Phyllotheca Hookeri M'Coy	†	.
Thinnfeldia (Pecopteris) odontopteroides Morr. sp.	†	†
Odontopteris microphylla Mc'Coy	†	.
Pecopteris tenuifolia M'Coy	†	.
Taeniopteris Wianamattae Fstm.	†	.

Die nur der Gattung nach bekannten Formen habe ich hier nicht erwähnt.

[*]) Dass dem so ist, wird im weiteren gezeigt werden.

Diese Schichtengruppen scheinen, wie schon erwähnt, nur in N.-S.-Wales entwickelt zu sein, wenn wir von der leisen Beziehung der Hawkesbury-beds und Bacchus-Marshsandstones zu einander (siehe vorn) absehen, die noch weiter zu erweisen ist. Die oberen Schichten in Queensland, die ich noch anführen werde, führen zwar auch die Pecopt. odontopteroides, aber sind jünger als die Wianamatta-beds *).

Ich wende mich zu der Beschreibung der sog. Pecopteris odontopteroides Morr., die jedenfalls keine Pecopteris sein kann.

Thinnfeldia (Pecopteris) odontopteroides Morr. sp. (Fstm.), Taf. IX—XI.

1845. Morris, in Strzelecki, Physic. Descript. of New-South-Wales and V. D. Land, p. 249 Pl. VI. fig. 2—4.
1847. Gleichenites odontopteroides. Mc'Coy, Ann. and Magaz. Nat. Hist. Vol. XX. 2ᵈ Ser. p. 147.
1850. Id. Unger, Genera et sp. plant. foss. p. 208.
1869. Cycadopteris ? odontopteroides. Schimper, Trait. d. Pal. végét. n. 488.
   „ Alethopteris ? odontopteroides. Schimper, ibid. p. 569.
1872. Pecopteris odontopteroides. Carruthers, Qu. Journ. Geol. Soc. Vol. XXVIII. p. 355, tab. 27 fig. 2. 3.
1875. Odontopteroides. Crépin, Bull. d. l'Acad. Royale de Belgique 1875. Vol. XXXIX. 2. Serie p. 258—263, fig. 1—5.
1878. Pecopteris odontopteroides. Etheridge (R.), Catalogue of Australian fossils, p. 98.
   „ Thinnfeldia odontopteroides. Feistmantel, Palaeoz. und mesoz. Flora d. östl. Australiens; in Palaeontographica, Suppl. III. Lief. III. p. 80. 89, 105. 108, Taf. XIII. fig. 5; XIV. 5; XV. 3—7; XVI. 1.

Diese Pflanze wurde zuerst von Herrn Strzelecki in Tasmanien, am Springshill, im Jerusalemsbasin gesammelt und von Prof. Morris 1845 unter dem Namen Pecopteris odontopteroides beschrieben.

Prof. Morris gab die folgende Diagnose:

„Frond pinnatifidely bipinnate or flabellate — pinnae linear, elongate acuminate; pinnulae opposite approximate, adnate, ovate, obtuse, entire, veins nearly obliterate".

Ueber die systematische Stellung dieses Farren war Herr Morris unsicher; die Nervatur erinnerte ihn an Odontopteris, der Form nach ähnelte er etwas der Neuropteris conferta, aber doch schien es ihm, dass er mehr der Odontopteris permiensis nahe komme.

Auf der anderen Seite aber weist Prof. Morris auf die Möglichkeit hin, dass diese Art eine Analogie mit Laccopteris haben könnte.

Prof. Mc'Coy wies dieser Art eine andere generische Stellung zu; er dachte nemlich, dass die Dichotomie des Blattes an Gleichenia erinnere, wesswegen er selbe zu Gleichenites stellte. Er gab jedoch keine Abbildungen. Die Figuren, welche Prof. Morris gab, waren nicht gut erhalten und zeigten die Nerven undeutlich.

Schimper in seiner „Palaeontologie végétale" hat merkwürdigerweise diese Art in demselben Bande seines Werkes unter zwei verschiedenen Namen angeführt, nemlich einmal als Cycadopteris ? odontopteroides (Seite 488) und das anderemal als Alethopteris odontopteroides (Seite 569) und was noch mehr zu verwundern ist, bei beiden Namen sind abweichende Diagnosen angeführt.

Eine Abbildung dieser Art hat wieder Herr Carruthers (l. c.), nach Exemplaren aus Queensland, gegeben; beide Abbildungen zeigen eine Dichotomie des Blattes; die Fiederchen sind kleiner als in Morris' Exemplaren; doch hält Herr Carruthers beide Formen für identisch.

---

*) Keinesfalls kann aber die Pecopteris odontopteroides benützt werden, um die nahe Beziehung der Wianamatta-, Hawkesbury-beds und der New-Castle-Kohlenschichten ersichtlich zu machen, da diese Art in den letzteren Schichten eben gar nicht vorkommt.

Seine Diagnose lautet folgendermassen:

„Frond with a very short and thik stipes, dichotomously divided; the simple portion at the base of the frond, as well as each branch pinnatifid, the segments more or less opposite, quadrate ovate, with the apex obliquely truncate, connate at the base; one vein passing into the centre of the segment and repeatedly dichotomous, several lateral veins simple or dichotomous passing direct from the rhachis into the upper and under portions of the segment."

Herr Carruthers stimmt nicht der Ansicht des Prof. Mc'Coy bei, dass diese Art zu Gleichenites gehöre.

Eine weitere Abbildung und Besprechung dieser Art gab Herr Crépin (a. a. O.). Herr Crépin erhielt eine kleine Suite von Pflanzenresten aus Tasmanien, worunter auch die sog. Pecopteris odontopteroides Morr.

Herr Crépin vergleicht dann die Figuren der Herrn Carruthers und Prof. Morris, sowie seine eigenen, untereinander und kommt zu dem Schlusse, dass sie alle dieselbe Pflanze repräsentiren, dies umsomehr, als auf denselben Stücken aus Tasmanien mit dieser Pecopt. odontopteris Morr. auch eine andere Pflanze vorkam, nemlich Sphenopteris elongata Carr., gerade so, wie es Herr Carruthers auf Stücken aus Queensland auch beobachtet hatte, was wohl auch beweist, dass diese beiden Vorkommnisse derselben Formation angehören.

Herr Crépin geht dann zur systematischen Bestimmung dieser Art über und kommt zu der Ansicht, dass man sie zu Odontopteris stellen sollte, und vergleicht sie vornemlich mit Odontopteris alpina Geln., dies vorzüglich wohl darum, weil er der Ansicht war, dass diese Pflanze aus der Kohlenformation stamme; dies ist jedoch nicht der Fall; kurz vorher habe ich erwähnt, dass Herr Crépin die Gleichartigkeit der Arten auf den Stücken aus Tasmanien und Queensland hervorhob, woraus auch die Gleichartigkeit der Formationen abzuleiten wäre; nun sind aber bekanntermassen [*]) die Schichten in Queensland mit Pecopt. odontopteroides mesozoisch und zwar jurassisch, was dann jedenfalls auch von den Schichten in Tasmanien zu gelten hat.

Es kann daher auch das Cardiocarpon australe Carr. aus diesen Schichten in Queensland nicht als der Kohlenformation gehörig angesehen werden, wie es Herr Crépin (l. c. p. 263) thut, der auch die Gegenwart dieses Cardiocarpum anführt, um die Bestimmung eines Pflanzenabdruckes als Cordaites zu rechtfertigen. — Doch glaube ich, dass es wohl ein Zeugophyllites war, der jedoch nicht Cordaites ist.

Was noch die Pecopteris odontopteroides anbelangt, so erwähnt Herr Crépin auch die Dichotomie des Blattes, die er jedoch nicht als ein specifisches Merkmal ansehen zu müssen glaubt.

Herr Etheridge in seinem Catalog führt diese Art wieder als Pecopteris odontopteroides an, aber in der Abtheilung: „Mesozoic".

In meiner ersten Abhandlung habe ich diese Art zu Thinnfeldia gestellt und sehe keinen Grund, sie jetzt anderswo unterzubringen.

Wir haben es also mit einer mesozoischen Pflanze zu thun, die der Nervatur nach zu den Odontopteriden (oder Neuropteriden), nicht aber zu den Pecopteriden gehört.

Von der Gattung Odontopteris unterscheidet sie sich durch die Nervatur, indem die Hauptzahl der Nerven doch gewissermassen von einem Hauptnerven aus der Basis entspringt (siehe Taf. X. fig. 2 a; XI. 1 a, 1 b, 1 c) und dann durch wiederholte Dichotomie dieses Hauptnerven (der jedoch nur kurz ist) entsteht. Dieses Verhalten unterscheidet die Pflanze auch von Ctenopteris.

---

[*]) Daentree, Geology of Queensland; Qu. J. Geol. Soc. London. Vol. XXVIII. 1872, pag. 325.

Die Form der Blättchen sowie die Beschaffenheit der Nervatur unterscheidet sie gleichwohl von Pachypteris Rgt. und Dichopteris Zign., welche beide Gattungen, wie es scheint, in nächster Beziehung zu einander stehen.

Es bleibt somit Thinnfeldia Ettgh. die einzige Gattung, in der diese australische Form am besten untergebracht werden kann, besonders wenn wir die bisher abgebildeten kleineren Exemplare, bei Herrn Carruthers (l. c. tab. 27 fig. 2. 3), bei Herrn Crépin (l. c. f. 1. 2. 3. 4) und in meiner ersten Abhandlung (1878, Taf. XV. fig. 5—7 und XVI. 1) mit Herrn Prof. Geinitz's Abbildungen von Thinnfeldia crassinervis*) vergleichen; diese zeigt ebenfalls Gabelung des Blattes an einzelnen Exemplaren, Aehnlichkeit der Blättchen und gleiche Beschaffenheit der Nerven.

Gegenwärtig bilde ich aus den Hawkesbury-Schichten viel grössere Exemplare ab, die jedoch dieselben Charaktere zeigen, wie die übrigen früher abgebildeten, sodass es wohl keinem Zweifel unterliegt, dass sie zu derselben Form gehören, die ich daher als Thinnfeldia odontopteroides Fstm. (Morr. sp.) bezeichne, indem ich des allgemeinen Verständnisses halber den früheren Speciesnamen beibehalten will.

Auf Seite 105 meiner ersten Abhandlung habe ich die Diagnose für diese Art gegeben: jetzt muss sie aber vervollständigt werden.

Diagnose: „Fronde magnitudine variante, nunc tenera, mediocri, nunc robusta, valida; simplici an dichotome divisa; frondibus simplicibus pinnato-pinnatifidis, pinnis longis; pinnulis rhombeo-ovatis hinc illinc indentatis, basi connatis, imis basalibus rhachi frondis insertis, semiellipticis, sed sequente cum pinnula connectis. Frondibus dichotomis pinnatifidis an pinnato-pinnatifidis, pinnis in portione indivisa locaque divisionis proximis brevioribus, illis in ramis longioribus; pinnulis variantibus, nunc oblique ovato-oblongis, nunc quadrato-ovatis, integris, an apice oblique truncatis, an indentatis; in fronde pinnato-pinnatifida pinnulis imis basalibus etiam remotis et, in pinnis superioribus, rhachi frondis adfixis; nervis partim ex uno, quasi mediano, media in parte basis ex rhachi eggrediente forcatione repetita orientibus, nonnullis aliis directe ex rhachi eggredientibus, etiam furcatis."

In diese Diagnose habe ich alle die bekannten Formen dieser Art aufgenommen.

Darnach ist diese Farrenart von verschiedener Grösse (wohl je nach dem Alter der Pflanzen) bald zart und mittelmässig gross, bald von ansehnlicher Grösse und starkem Wuchse; das Blatt ist entweder einfach oder gabelt; wenn das Blatt einfach ist, wie auf meiner jetzigen Tafel XI, so ist es gefiedert-fiedertheilig; die Fiedern sind lang; die Segmente (Fiederchen) sind rhombisch oval, einige im oberen Rande, auf der, der Hauptrhachis zugekehrten Seite eingezahnt; an den Basen hängen die Fiederchen zusammen; die untersten Basalfiederchen sind verschieden geformt von den übrigen, sie sind mehr halbelliptisch, aber nicht mehr auf der Rhachis der Fiedern, sondern entweder im unteren Winkel, den die Rhachis der Fiedern mit der Hauptrhachis bildet oder aber noch tiefer, an der Hauptrhachis selbst befestigt; dass diese Fiederchen jedoch zu den Fiedern gehören, ist ersichtlich daraus, dass sie mit dem nächsten Fiederchen zusammenhängen; auch die Nervatur ist, wie ich noch erwähnen werde, bei diesen Basalfiederchen im Principe dieselbe, wie bei den übrigen.

Die gabelnden Formen von Blättern sind entweder nur fiedertheilig oder auch gefiedert fiedertheilig; dies hängt wohl vom Alter des Farrens (resp. seiner Grösse) ab; bei den jüngeren Formen, wenn sie

---

*) Palaeontographica, Suppl. III. Lief. II. Rhätische Pflanzen- und Thierreste in den Argentinischen Provinzen etc., Taf. I. fig. 10—16.

gegabelt sind, stellt jeder der Gabeläste eine Fieder dar und ist dann nur fiederspaltig, d. h. trägt nur
Fiederchen, die jedoch auch auf dem Theil unter der Gabelstelle vorkommen; sind es grössere Formen, so
repräsentirt jeder der Gabeläste eine Hauptrhachis und trägt Fiedern, die mit Fiederchen versehen sind und
die auch unter die Theilungsstelle sich erstrecken; hier aber, sowie nahe der Theilungsstelle sind die Fiedern
kürzer und werden im höheren Theile der Gabeläste viel länger. Die Fiederchen in diesem Falle sind von
recht verschiedener Form, bald schief länglich-oval, bald stumpf-viereckig, ganzrandig, oder an der Spitze
schief abgestumpft oder auch eingezahnt; bei dem gefiedert-fiedertheiligen Blatte sind die untersten Basalfiederchen auch mehr an die Hauptrhachis gerückt, namentlich in den der Spitze genäherten Fiedern.

Die Nervatur ist charakteristisch; die Hauptmasse der Nerven, die überhaupt nicht zahlreich sind,
geht aus einem kurzen gemeinschaftlichen, gleichsam Mittelnerven hervor, der aus der Mitte der Basis
entspringt und sich durch wiederholte Theilung in die Nerven auflöst; ausserdem entstehen, gewöhnlich noch
zwei, andere Nerven in dem, der Hauptrhachis zugewendeten Theile des Fiederchens, direct aus der Fiederrhachis und sind auch wiederholt getheilt.

Die Dichotomie des Blattes ist ziemlich häufig; Morris hat sie beobachtet, Prof. Mc'Coy sah selbe
als charakteristisches Merkmal an; Herrn Carruther's Figuren zeigen ebenfalls die Dichotomie; dies sind
aber Figuren von kleineren Blättern, wo die Gabeläste nicht mehr gefiedert, sondern nur fiedertheilig sind;
die Fiederchen (Segmente) sind auch auf dem ungetheilten Stengel, unter der Theilungsstelle, vorhanden.
Herrn Carruther's Figuren erinnern besonders an Herrn Prof. Geinitz's Abbildungen von Thinnfeldia
crassinervia (l. c.). Herrn Crépin's Figuren (l. c.) sind Fiedern von einfachen oder vielleicht auch
gegabelten Blättern; dasselbe ist der Fall mit den Abbildungen in meiner ersten Abhandlung (Taf. XV,
fig. 3—7); dagegen ist das daselbst auf Taf. XVI, fig. 1 abgebildete Exemplar ein kräftiges gabeldes Blatt;
jeder der Gabeläste ist gefiedert; die Fiedern nehmen an Länge gegen die Theilungsstelle hin ab und sind
auch noch unter derselben vorhanden.

Von den gegenwärtig abgebildeten schönen Exemplaren ist das auf Tafel IX (fig. 1) abgebildete ein
kräftiger Wedel, gegabelt, und jeder der starken Gabeläste gefiedert; die Fiedern sind lang in den oberen
Theilen der Aeste und werden kürzer nach unten gegen die Theilungsstelle hin; auf der Innenseite der
Gabeläste, gegen den Gabelwinkel degeneriren die Fiedern zu länglich-ovalen und halbelliptischen Fiederchen;
der ungetheilte Theil der Hauptrhachis (unterhalb der Gabelstelle) trägt auch noch Fiedern, die aber auch
viel kürzer sind, als die oberen.

Die auf Tafel X abgebildeten Exemplare, die auf einer Schieferplatte erhalten sind, halte ich für
die oberen Theile eines kräftigen gegabelten Wedels; das eine Blatt zeigt die Endfiederchen. An den Fiedern
dieser Blätter sieht man, namentlich an jenen gegen die Spitze hin, das untere Basalfiederchen von der
Fiederrhachis gegen die Hauptrhachis hin gerückt und daselbst befestigt.

Das auf Tafel XII abgebildete Stück repräsentirt einen sehr kräftigen, meiner Ansicht nach einfachen
Wedel; die Rhachis ist ungemein stark, die Fiedern sind breit und lang und haben ziemlich starke Stengel;
die Fiedern in diesem Exemplare zeigen alle die Eigenthümlichkeit, dass die unteren Basalfiederchen mehr
gegen die Hauptrhachis hin, einige ganz an derselben, befestigt sind; doch ist kein Zweifel daran, dass sie
zu den Fiedern und nicht zur Hauptrhachis gehören; denn sie hängen mit dem nächsten Fiederchen zusammen, und zeigen, im Principe, dieselbe Nervation.

Die Nervation habe ich schon vorn besprochen; sie ist bei allen den beobachteten Exemplaren im
Allgemeinen dieselbe. Das in meiner ersten Abhandlung auf Taf. XV, fig. 7a vergrössert dargestellte
Blättchen ist nicht ganz correct, dagegen sind die gegenwärtig gegebenen vergrösserten Ansichten einzelner
Blättchen vollständig richtig, da die Exemplare gut erhalten sind.

Vorkommen: Diese Art hat eine geologische Verbreitung von den „Hawkesbury-beds" (oder den New-Castle-beds) in die „obersten mesozoischen" Schichten hinauf und ist aus Queensland, Neu-Süd-Wales und Tasmanien bekannt.

In den „Hawkesbury-beds": am Mt. Victoria, in Neu-Süd-Wales (meine gegenwärtigen Abbildungen, Taf. X — XII).

In den „Wianamatta-beds": Clarks Hill bei Cobbitee in Neu-Süd-Wales (Abbildung in meiner ersten Abhandlung, Taf. XVI, fig. 1 und die von Mc'Coy l. c. besprochenen Exemplare).

In den „oberen mesozoischen" Schichten: Queensland: bei Ipswich (die Abbildungen in meiner ersten Abhandlung, Taf. XV, fig. 3. 5. 6), Tivoli-mines (Herrn Carruther's Abbildungen, l. c.); Tasmanien: Jerusalemsbasin (Abbildungen in meiner ersten Abhandlung, Taf. XV, fig. 4. 7; die Originalfiguren bei Morris 1845, und die Abbildungen bei Crépin 1875, l. c.).

---

6. Die oberen mesozoischen Schichten.

Ich gelange endlich zu den höchsten Schichten in Australien, nemlich zu den oberen mesozoischen Schichten in Tasmanien, Victoria, am Clarence River und in Queensland. Dass diese Schichten die höchsten sind, ist in den Werken der Herren W. B. Clarke (l. c.), Mc'Coy, Daentree [*]) etc. ganz deutlich dargethan, und verweise ich auf den gegen Ende gegebenen Literaturbericht.

Bis jetzt waren 8 Arten von fossilen Pflanzen aus diesen Schichten bekannt; ich habe selbe in meiner ersten Abhandlung angeführt und abgebildet.

Heute habe ich zwei neue Arten (für Australien) hinzuzufügen und einige Bemerkungen zu machen.

Alethopteris (Pecopteris) australis Morr. sp.

1845. Morris in Strzelecki, l. c. p. 248, tab. 7, fig. 1. 2.
1869. Alethopteris australis. Schimper, Trait. pal. végét. I. p. 569.
1878. Id. O. Feistmantel, Foss. Fl. Australiens, (l. c.) p. 109, Taf. 14, fig. 1.

Hier möchte ich nur bemerken wollen, dass, soweit gegenwärtig bekannt, diese Art nur aus diesen obersten Schichten mit Sicherheit nachgewiesen ist, denn das angebliche Vorkommen dieser Art im „Jerusalemsbasin" unter palaeozoischen Muscheln [**]) hat sich nicht weiter bestätigt und wurde sogar als nicht existirend nachgewiesen. (Siehe Prof. Mc'Coy's Notiz über Herrn Selwyns Aufnahmen in Tasmania — in Transact. of the Royal Society of Victoria. Vol. V (1860) p. 104.)

Localität: Wir kennen die Alethopt. australis bis jetzt aus Victoria (Cape Paterson, Bellarine), aus N.-S.-Wales (aus gewissen Schichten am Clarence River, mit Taeniopteris Daentreei Mc'Coy), und dann aus Tasmanien (auch obere Schichten). In den New-Castle-beds kam sie nie vor!

Taeniopteris Daentreei Mc'Coy. Taf. XII, fig. 5. 5a.

1860. Transact. Roy. Soc. Victoria pp. 196 und 215.
1875. Prodrome of the Pal. of Victoria, D. II. p. 15, tab. 14, fig. 1. 2.
1878. Feistmantel, Foss. Fl. Australiens, p. 110; Taf. 14, fig. 2—4.
1878. Etheridge (R. Junr.) l. c. p. 100.
1872. Carruthers, Q. J. G. Soc. XXVIII, p. 355, tab. 27, fig. 6.

---

[*]) Qu. Journ. Geol. Soc. 1872.
[**]) Strzelecki, Phys. Descr. of N.-S.-W. and V. D. L. 1845.

Ich habe schon in in meiner ersten Abhandlung eine Beschreibung dieser Art gegeben und copirte, da mir selbst keine Exemplare vorlagen, die Figuren nach Mc'Coy (von Victoria) und nach Carruthers (von den Tivoli-mines in Queensland). — Dass diese beiden Abbildungen ziemlich verschieden sind, sieht Jeder leicht ein — doch hat es Herr Carruthers nicht für nöthig erachtet, sein Exemplar (aus Queensland) als neue Art zu beschreiben, und auch Herr Etheridge citirt in seinem Catalog (p. 100) Carruther's Abbildung bei Taeniopteris Daentreei Mc'Coy.

Ich gebe heute eine Zeichnung (Taf. XII, fig. 5. 5a) eines Bruchstückes eines Blättchens, das sich unter den von Herrn W. B. Clarke neulich eingesandten Stücken befand. Es ist die echte Form von T. Daentreei in Mc'Coy's Sinne; der Abdruck stammt aus Queensland, aus den „oberen Kohlenschichten" (mesozoisch) und zwar aus den „Talgai diggings" am Coondamine River (südwestlich von Ipswich und nördlich von Maryland), so dass, wenn auch Herrn Carruther's Exemplar als verschieden von T. Daentreei sich herausstellen sollte, doch das Vorkommen dieser Art in den oberen mesozoischen Schichten in Queensland gesichert und daher die Beziehung dieser Schichten zu den oberen Schichten in Victoria (Bellarine and Cape Paterson-beds) deutlich angezeigt ist.

Sagenopteris rhoifolia Presl. Taf. XII, fig. 1—4. 7.

1838. Presl. in Sternberg, Vers. einer Fl. d. Vorw. II. p. 165. Tab. XXXV, fig. 1.
1867. Schenk, Fl. d. Grenzsch. p. 57, tab. XII, fig. 1—6.
1841. Sag. elongata. Göpp, Gen. Plant. Foss. p. 117, tab. XV. XVI, fig. 1—7 (Lief. 5. 6.)

Foliis petiolatis, 3—4 foliatis, segmentis integris (vel lateralibus quondam uno latere unidentatis) sessilibus, obtusis, lateralibus inaequalibus, mediis subbrevioribus, nunc mediis oblongis, lateralibus obovatis, nunc omnibus elongatis lanceolatis, nunc rotundatis basi contractis — nervo primario e basi crassiore apicem versus evanescente, secundariis angulo acuto eggredientibus, marginem attingentibus, repetito dichotomis, anastomosantibus, retia prope rachim latiora, marginem versus angustiora formantibus.

Unter den von Herrn W. B. Clarke aus Queensland eingesandten Exemplaren befanden sich auch die auf Taf. XII. f. 1—4. 7. abgebildeten. Fig. 4 giebt sich auf den ersten Blick als Sagenopteris kund, das erste Exemplar, das von dieser Gattung aus Australien bekannt gemacht wird.

Auf den ersten Blick möchte es scheinen, als ob, nach der Stellung der Fiederchen, das Blatt fünfblättrig wäre; doch die Vergleichung mit anderen abgebildeten Formen zeigt dasselbe Arrangement der Blättchen.

Die zwei seitlichen Blättchen sind ungleichseitig länglich oval; die zwei inneren sind mehr symmetrisch und länglich. Der Mittelnerv ist nur im Basaltheile etwas deutlich und verschwindet allmälig gegen die Spitze. Die Seitennerven gehen unter ziemlich spitzen Winkeln aus, sind vielfach getheilt und bilden Netze, die in der Mitte breiter sind und gegen den Rand schmäler werden.

Unsere Figur stimmt am nächsten mit Sag. rhoifolia Presl. überein, zu der ich auch diese australische Art stelle; namentlich steht unser Exemplar jenen Formen nahe, die von Göppert (l. c.) als Sag. elongata abgebildet wurden; letzterer Name ist jedoch synonym mit Sag. rboifolia Prsl.

Sagenopteris rhoifolia Presl. ist sowohl aus der rhätischen als auch aus der Liasformation in Europa bekannt und ich würde, aus den mit Sagenopteris rhoifolia Presl. in Australien (Queensland) vorgekommenen Arten auf das letztere Alter schliessen; wir haben damit die erwähnte Taeniopteris Daentreei, die einem Angiopteridium (spathulatum) in den indischen Rajmahalschichten sehr nahe steht; ausserdem einen Otozamites, den ich alsbald besprechen werde, und den ich von einer liasischen Form nicht unterscheiden kann; wenn wir uns nach Victoria wenden, so finden wir dort Taeniopt. Daentreei mit Alethopteris australis Morr. sp., die der indischen Alethopteris indica O. M. sp. (aus den Rajmahalschichten), aber auch oolithischen Formen (aus England) nahe steht; dann mit drei Arten von Zamites, von denen zwei wohl zu Podozamites gehören und jedenfalls jurassische Formen sind. Hier finden wir auch Phyllotheca australis Bgt., die einer Form im Jura Ostsibiriens sehr nahe steht, sowie auch jenen Formen, die im italienischen Jura (Lias) vorkommen*). Dies möge genügen.

Die auf Taf. XII. f. 1—3. 7. abgebildeten Blatttheile gehören wohl zu derselben Sagenopteris.

Localität: Diese Sagenopteris stammt aus dem Bereiche der oberen (mesozoischen) Kohlenschichten, von Talgai (Talgai diggings) am Condamine River, Queensland.

Otozamites (comp. Mandeslohi Kurr.). Taf. XII. f. 6. 6a.

1846. Kurr, Beitr. z. Foss. Fl. d. Juraf. Würtembergs p. 10. Tab. I. f. 3 (als Zamites angef.)
1870—72. Otozamites Mandeslohi. Schimper, Trait. d. Pal. végét. II. p. 171.

Schimper giebt folgende Diagnose:

Foliis longis, linealibus, apicem versus sensim angustatis-foliolis dense confertis, obliquis alternantibus, rachi impositis, basique contiguis, ovato-oblongis, obtusis, basi subcordatis; nervis crebris, divergentibus.

Das auf Taf. XII. f. 6. abgebildete Exemplar ist eine Cycadeae und ohne Zweifel ein Otozamites, wenn auch die Basalwinkel nicht so deutlich geöhrt sind; doch ist dies am oberen Basalwinkel (mit Rücksicht auf die Stellung der Figur) doch einigermassen angedeutet und auch die Vertheilung der Nerven stimmt dafür.

Die Blättchen sind dicht gestellt, an der Basis sich berührend, alternirend, länglich oval, mit gerundeter Spitze; die Nerven sind zahlreich, fächerförmig ins Blatt ausstrahlend, und getheilt.

Unter den bekannten Arten von Otozamites stimmt die australische Form mit dem von Kurr (l. c.) abgebildeten Otoz. Mandeslohi so auffallend überein, dass ich kein Merkmal anführen kann, das beide Arten von einander unterscheiden würde, ausgenommen vielleicht, dass die Blättchen bei unserer Form etwas mehr gleichförmig breit bleiben, während sie sich bei Otoz. Mandeslohi Kurr. gegen die Spitze etwas, wenn auch fast unmerklich verengen.

Otozamites Mandeslohi Kurr. ist zwar nur selten im Lias von Ohmden (Würtemberg) vorgekommen, doch würde dieser Umstand der Vergleichung der australischen Form mit der europäischen Art nicht hinderlich sein können.

Diess ist der erste Otozamites aus Australien.

Localität: In den oberen (mesozoischen) Kohlenschichten von Talgai (Talgai diggings) am Condamine River in Queensland.

V. Aufzählung der neuen Arten.

Wenn wir nun die besprochenen Fossilien betrachten, so enthielten die mir aus Australien übersandten Stücke an überhaupt neuen oder für Australien neuen Arten folgende:

1. In meiner ersten Abhandlung (1878):

Sphenophyllum sp. (neu?) von Port Stephens.

---

*) Phyllotheca australis kommt auch in den New-Castle-beds vor, aber nicht mit Alethopteris australis.

Rhacopteris inaequilatera Gpp. (neu für Australien); Port Stephens und Smith's Creek.

Rhacopteris intermedia Fstm. (neu); Port Stephens.

Gleichenia dubia Fstm.; aus den Wianamatta-beds.

Taeniopteris (Macrot.) Wianamattae Fstm. (neu); aus den Wianamatta-beds.

Glossopteris Browniana, var. praecursor; untere Kohlenschichten, Stony Creek, N.-S.-Wales.

Glossopt. primaeva Fstm. (neu); untere Kohlenschichten von Greta, N.-S.-Wales.

Gl. Clarkei Fstm. (neu); untere Kohlenschichten von Rix's Creek, N.-S.-Wales.

Gl. Taeniopteroides Fstm. (neu); New-Castle-beds, vom Blackmanswamp, N.-S.-Wales.

Gl. Wilkinsoni Fstm. (neu); von ebenda.

Gl. parallela Fstm. (neu); von Bowenfels (New-Castle-beds).

Gangamopteris Clarkeana Fstm. (neu); von Bowenfels (New-Castle-beds).

Sagenopteris Tasmanica Fstm. (neu); Tasmanien (obere mesozoische Schichten).

Caulopteris (?) Adamsi Fstm. (neu); von New-Castle (New-Castle-beds).

Cyclostigma australe Fstm. (neu); Untercarbon vom Smith's Creek (und ? aus Devonischen Schichten von Goonoo-Goonoo).

Brachyphyllum australe Fstm. (neu); von Bowenfels (New-Castle-beds).

2. Im jetzigen Nachtrage:

Calamites radiatus Bgt. (neu für Australien); vom Smith's Creek, Untercarbon (Kohlenkalk).

Annularia australis n. sp. (neu); untere Kohlenschichten von Greta (N.-S.-Wales).

Archaeopteris sp.; Smith's Creek (Untercarbon).

Archaeopteris Wilkinsoni n. sp. (neu); ebenda.

Rhacopteris cmp. Römeri Fstm. (neu für Australien); ebenda.

Rhacopt. septentrionalis n. sp. (neu); ebenda.

Glossopteris elegans n. sp. (neu); untere Kohlenschichten, Greta, N.-S.-Wales.

Sagenopteris rhoifolia Presl. (neu für Australien); obere (mesozoische) Kohlenschichten, Talgai diggings, Queensland.

Lepidodendron Veltheimianum Sthg. (neu für Australien); Untercarbon, Smith's Creek, N.-S.-Wales.

Lepid. Volkmannianum Sthg. (neu für Australien); Untercarbon, Smith's Creek. N.-S.-Wales.

Nöggerathiopsis prisca n. sp. (neu); untere Kohlenschichten, Greta, N.-S.-Wales.

Otozamites cmp. Mandeslohi Kurr. (neu für Australien); obere (mesozoische) Kohlenschichten, Talgai diggings, Queensland.

Als von neuen Localitäten stammend führe ich folgende früher schon erwähnte Arten an:

Rhacopteris inaequilatera Gpp. von Arowa (Untercarbon).

Thinnfeldia odontopteroides, Fstm.; aus den Hawkesbury-beds (Mt. Victoria, N.-S.-Wales).

Taeniopteris Daentreei Mc'Coy; aus den oberen mesozoischen Kohlenschichten, Talgai diggings, Queensland.

Lepidodendron nothum Ung.; Backcreek diggings, Barrington River, N.-S.-Wales.

Lepidod. dichotomum Sthg.; Untercarbon, Smith's Creek, N.-S.-Wales.

VI. Allgemeine Resultate.

1) In Australien lassen sich 6 pflanzenführende Horizonte unterscheiden, die vom Devon zum Jura (?) reichen.

2) Devonschichten mit Pflanzen sind in Victoria, N.-S.-Wales und in Queensland nachgewiesen.

3) Die nächstfolgenden Schichten mit Pflanzen sind vom Alter des Kohlenkalkes; sie sind in New-South-Wales entwickelt und schon durch die darin vorkommenden Pflanzenreste, die in Europa und auf der Bären-Insel in ähnlichen Schichten vorkommen, als von diesem Alter gekennzeichnet. Die Schichten in Victoria, in denen Lepidodendron australe Mc'Coy vorkam, gehören wohl auch hieher.

Glossopteris ist in einem Exemplare aus diesem Horizonte bekannt.

4) Die marine Fauna von Carbonischem Alter dauert fort — die Flora nimmt aber einen anderen, der ge-wöhnlichen Steinkohlenflora (in Europa und Amerika) fremden Charakter an — Glossopteris und Phyl-lotheca treten häufig auf. — Dies kann als das erste Auftreten der mesozoischen Flora bezeichnet werden.

5) Die marine palaeozoische Fauna erlischt; Kohlenflötze werden abgelagert und die fossilen Ueberreste bestehen nur aus Pflanzen und einem heterocerken Fisch. Hieher fallen die New-Castle-beds und wohl auch die Bacchus-Marshsandstones, obzwar diese letzteren etwas jünger sein können, wesshalb ich selbe als eigenen Horizont angeführt habe.

Die Flora ist von vorwiegend mesozoischem Charakter, Glossopteris und Phyllotheca sind besonders häufig, Vertebraria tritt zuerst auf.

6) Nach dieser Periode, glaube ich, breitete sich Glossopteris nach Indien aus; denn in Australien ist sie in den folgenden Schichten nicht mehr zu finden, während sie in Indien aus den Kohlenschichten (Damudas) auch noch in die höheren Schichten übergreift, so dass, wenn sie auch vielleicht schon in der Zeit der Australischen New-Castle-beds in Indien aufgetreten wäre, sie daselbst doch von längerer Dauer ist.

7) Die Annahme, dass die New-Castle-beds und die Hawkesbury-Wianamatta-beds (in N.-S.-Wales) zu ein-ander in Beziehung stehen vermittelst des gemeinschaftlichen Vorkommens der sog. Pecopteris odon-topteroides Morr.*), ist nicht richtig, denn Pecopteris odontopteroides wurde in den New-Castle-beds bis jetzt nicht gefunden.

Es war nur für eine Zeit als zweifelhaft angenommen (auf die Angaben des Herrn Strzelecki hin), dass Pecopteris odontopteroides (sowie Pecopt. australis und Zeugophyllites elongatus) in Tasmanien unter marinen palaeozoischen Thierresten gefunden wurden. — Dies wurde jedoch später widerlegt.

In einem Aufsatze, in Transact. of the Royal Society of Victoria, 1860, schreibt auf Seite 104 (ich gebe die Uebersetzung) Herr Mc'Coy folgendes:

„Vor wenigen Jahren machte Herr Selwyn, Director der geologischen Aufnahmen in Victoria, eine offizielle Aufnahme der Tasmanischen Kohlenfelder, in denen Herr Graf Strzelecki glaubte beobachtet zu haben, dass die Schichten mit Pachydomus, wie selbe unter den Kohlenschichten von New-Castle vor-kommen, scheinbar über dem Tasmanischen Kohlenlagern gelagert wären, die auf diese Art von dem-selben Alter sein müssten.

Herr Selwyn aber fand, dass die Schichten mit Pachydomus in der normalen Lage sich vorfinden, überall unter der Kohle in Tasmanien, wie in N.-S.-Wales, wodurch auch der einzige zweifelhafte strati-graphische Einwurf gegen meine Ansichten entfernt wurde." —

Dies gilt natürlich auch von den drei genannten fossilen Pflanzenarten.

---

*) Thinnfeldia odontopteroides Fstm.

8) Auch die Alethopteris (Pecopteris) australis Morr. sp. ist aus den New-Castle-beds nicht bekannt, sondern nur aus den oberen mesozoischen Schichten in Victoria, in N.-S.-Wales (am Clarence River) und dann aus dem Jerusalemsbasin in Tasmanien (die zweifelhafte Stelle).

9) Die echte Taeniopteris Daentreei Mc'Coy ist nun auch aus Queensland nachgewiesen, so dass, wenn auch Herrn Carruther's Figur dieser Art *) verschieden sein sollte, die echte Form dessen ungeachtet vorhanden ist.

VII. Ansichten über die Gliederung der Pflanzen- und Kohlenführenden Schichten in Australien und die darin eingeschlossenen Petrefacte, nach der wichtigsten Literatur erörtert.

Ich will jetzt die in meinen Abhandlungen befolgte Schichtenreihe nach den einzelnen Ländern ordnen und dann selbe aus der Literatur ableiten. Ich gehe dabei von Norden nach Süden.

1. Queensland.

Siehe: R. Daentree, Geology of Queensland **); Qu. J. Geol. Soc. London, Vol. XXVIII. with Map and Plates.

Gliederung.	Localitäten.	Petrefacte.
Carbonaceous = mesozoic coal-strata. (Taeniopteris-beds.)	Maryborough, Brisbane, Ipswich und Tivoli-mines mit Petrefacten; ebenso Talgai am Condamineflusse.	Sphenopteris elongata Carr. Thinnfeldia odontopteroides Fstm. Cyclopteris cuneata Carr. Taeniopteris Daentreei Mc'Coy. Sagenopteris rhoifolia Prsl. Otozamites cmp. Mandeslohi Kurr. Cardiocarpum australe Carr.
Palaeozoic coalstrata (Carboniferous?).	Verschiedene.	Glossopteris, Schizopteris, Pecopteris.
Devonian.	Mt. Wyat, Canoona River, Broken River.	Lepidodendron nothum Ung.

2. New-South-Wales.

Siehe: Strzelecki (and Morris), Physical Descript. of N.-S.-Wales and Van-Diemens-Land, 1845.

Mc'Coy: Australian Flora and Fauna; in Ann. and Mag. Nat. Hist. 1847. Vol. 20. 1st Ser.

Dana: Geolog. Unit. St. Exploring Expedition 1849.

W. B. Clarke (ausser mehreren kleineren Aufsätzen) besonders: Remarks on the Sedimentary Formations of New-South-Wales; 4. Auflage. 1878. ***)

C. S. Wilkinson, in: Mines and Mineral Statistics of New-South-Wales, 1875. p. 127 et sequ.

---

*) In Daentree's „Geology of Queensland", Q. J. G. S. Vol. XXVIII (1872) p. 355.

**) In meiner ersten Abhandlung steht auf Seite 59 irriger Weise geschrieben: „Notes on the Geology of Victoria"; es soll heissen: „Queensland".

***) Die 1. Auflage wurde 1867, die 2. 1870 und die 3. 1875 publiciert.

O. Feistmantel: Palaeozoische und mesozoische Flora des östlichen Australiens. Palaeontographica, Suppl. III. 1878.

R. Etheridge: A Catalogue of Australian fossils. 1878.

Gliederung.	Localitäten.	Petrefacte.
1) **Mesozoisch** (Wilkinson l. c. p. 127). Gewisse Schichten im Norden von N.-S.-Wales am Clarence River.	Southgate am Clarence River.	Taeniopteria Daentreei Mc'Coy. Alethopteris australis Mc'Coy.
2) **Mesozoic or Secondary Formations** (Clarke l. c. p. 68). — **Supracarboniferous** (Clarke ib. p. 155). a. Wianamatta-beds.	Clarkes Hill, Paramatta etc.	Palaeoniscus antipodeus Eg. Cleithrolepis granulatus Eg. Thinnfeldia odontopteroides Fstm. Odontopteris microphylla Mc'Coy. Pecopteris tenuifolia Mc'Coy. Taeniopteris Wianamattae Fstm.
b. Hawkesbury-beds.	Cockatoo Island. Mt. Victoria.	Cleithrolepis granulatus Eg. Myriolepis Clarkei Eg. Thinnfeldia odontopteroides Fstm. Sphenopteris sp.; Odontopteris sp.
3) **Upper Palaeozoic** (Clarke l. c. p. 27 et sequ.). a. Upper Coal-Measures. (New-Castle-beds. — „Oolitic" nach Mc'Coy 1847; „Mesozoic" nach Herr R. Etheridge 1878.)	Blackmannswamp, Bowenfels, Guntawang-Mudgee,Illawara, Mulubimba, New-Castle, Wollongong etc.	Urothenes australis Dan. (Fisch.). Phyllotheca australis, Vertebraria australis. Sphenopteris lobifolia Morr. und mehrere andere Arten. Glossopteris Browniana Bgt., Gl. linearis Mc'Coy, Gl. ampla Dan., Gl. reticulum Dan., Gl. cordata Dan., Gl. taeniopteroides Fstm., Gl. Wilkinsoni Fstm., Gl. parallela Fstm. Gangamopteris angustifolia Mc'Coy; Gang. Clarkeana Fstm.; Caulopteris (?) Adamsi Fstm. Zeugophyllites elongatus Morr. Nöggerathiopsis spathulata Dan., N. media Dan. Brachyphyllum australe Fstm.
b. Upper Marine-beds.	Verschiedene.	Marine palaeozoische Thierreste.
c. Lower Coalmeasures. aa. Schichten, deren Flora nur durch Vergesellschaftung mit marinen palaeozoischen Thierresten als von diesem Alter anzusehen ist.	Anvil Creek, Greta, Harpers Hill, Raymond Terrace, Rix's Creek, Stony Creek.	Annularia australis Fstm. Phyllotheca sp. Glossopteris Browniana Bgt. Gl. Browniana, var. praecursor; Gl. primaeva Fstm.;

22 *

Gliederung.	Localitäten.	Petrefacte.
bb. Schichten, deren Flora carbonisch ist.	Arowa, Port Stephens, Smith's Creek (Stroud).	Gl. Clarkei Fstm.; Gl. elegans Fstm. Nöggerathiopsis prisca Fstm. Calamites radiatus Bgt. Sphenophyllum sp. Rhacopteris inaequilatera Gppt.; Rhac. intermedia Fstm.; Rhac. comp. Römeri Fstm.; Rhac. septentrionalis Fstm. Archaeopteris Wilkinsoni Fstm. Glossopteris linearis Mc'Coy. Cyclostigma australe Fstm. Lepidodendron Veltheimianum Stbg.; Lepid. Volkmannianum Stbg.
d. Lower Marine-beds.	Verschiedene.	Palaeozoische marine Thierreste.
4) Middle Palaeozoic (Devonian).	Goonoo-Gnonoo am Peelflusse, Backcreekdiggings am Barringtonflusse.	Lepidodendron nothum Ung. Cyclostigma sp.

3. Victoria.

Siehe: Mc'Coy: Prodrome of a Palaeontology of Victoria (Decades I—V).
Brongh Smyth: Report of Progress, Geolog. Survey of Victoria 1876 et sequ.

Gliederung.	Localitäten.	Petrefacte.
1) Upper Mesozoic (Bellarine-beds).	Barabool-Hills. Bellarine, Capé Paterson, Wannon River (Coleraine).	Phyllotheca australis Mc'Coy. Alethopteris australis Mc'Coy. Taeniopteris Daentreei Mc'Coy. Zamites (Podozamites) Barklyi Mc'Coy; Z. ellipticus Mc'Coy; Z. longifolius Mc'Coy.
2) Lower Mesozoic (Bacchus-Marshsandstone).	Bacchus-Marsh.	Gangamopteris angustifolia Mc'Coy. G. obliqua Mc'Coy. G. spathulata Mc'Coy.
3) Carboniferous (Avon-River-Sandstones).	Avon-River, Gippsland.	Lepidodendron australe Mc'Coy.
4) Devonian (Iguana Creek-beds).	Iguana Creek.	Sphenopteris Iguanensis Mc'Coy. Anelmites Iguanensis Mc'Coy. Archaeopteris Howitti Mc'Coy. Cordaites australis Mc'Coy.

4. Tasmanien (Van Diemensland).

In Tasmanien ist das Verhältniss der pflanzenführenden Schichten am unsichersten bekannt; ich habe schon früher erwähnt, dass die zweifelhaften Schichten am „Springs Hill" im Jerusalemsbasin von Selwyn als in regelmässiger Lagerung über den marinen Schichten gefunden wurden und daher wohl in die Abtheilung der oberen mesozoischen Schichten gehören.

Gliederung.	Localitäten.	Petrefacte.
Mesozoische Schichten.	Springs-Hill, Jerusalemsbasin.	Thinnfeldia odontopteroides Fstm. Alethopteris australis Mc'Coy. Sagenopteris Tasmanica Fstm. Zeugophyllites elongatus Morr.

VIII. Vergleichetabelle der Schichtengruppen in Australien.

Queensland.	N.-S.-Wales.	Victoria.	Tasmanien.
Obere mesozoische Kohlenschichten. Tivolimines etc.	Obere mesozoische Schichten (am Clarence River.)	Ob. mesozoische Schichten (Bellarine-beds.)	Schichten am Springs-Hill, Jerusalemsbasin.
	Wianamatta und Hawkesbury-beds.		
	Obere Kohlenschichten: New-Castle-beds von New-Castle, Dowenfels etc.	Bacchus-Marshsandstones (Untere mesozoische Schichten.)	?
	Marine Schichten.		?
Unt. (palaeozoische) Kohlenschichten (Nördl. Kohlenfelder).	Untere Kohlenschichten am Stony Creek, Rix's Creek, bei Greta etc.		
	Schichten von Port Stephens, Smith's Creek (Stroud).	Kohlengebirge am Avon-River, Gippsland.	?
	Marine Schichten.		
Devonisch mit Lepidodendron nothum Ung.	Devonisch mit Lepidodendron nothum Ung.	Devonische Schichten am Iguana Creek.	?
	Silurisch.		

IX. Herrn John Mackenzie's Durchschnitt durch die Untercarbonischen Schichten bei Stroud.

Wie ich schon vorn erwähnt hatte, wurde mir von Herrn John Mackenzie in Australien ein Detaildurchschnitt, 20900' in Länge, durch die untercarbonischen Schichten bei Stroud, zugeschickt, worin die einzelnen Schichten, aus denen mir fossile Pflanzen eingesandt wurden, mit Nummern bezeichnet sind, die sich auf gleiche Nummern auf den eingeschickten Exemplaren beziehen. Der Durchschnitt (bei einem Maßstabe von 200′ = 1″ Länge) ist zu lang, als dass ich ihn hier ganz wiedergeben würde; ich will nur die Schichtenfolge im Allgemeinen anführen, um zu zeigen, aus welchen Lagen die einzelnen Fossilien, die ich zumeist abgebildet und beschrieben habe, stammen.

Der Durchschnitt ist von Westen nach Osten geführt und das Einfallen der Schichten ist, mit Ausnahme einiger Verwerfungen und Falten, sowie Porphyrdurchbrüche im westlichen Theile, im Allgemeinen ein westliches.

Im Ganzen wurden aus 26 Lagen Petrefacte eingeschickt und liegt Nr. 1 im Westen und Nr. 26 im Osten.

Die Pflanzen sind in Schiefern und hornsteinartigem Gestein, die im Sandstein oder Conglomerat eingelagert sind, erhalten.

Die Schichtenreihe ist etwa folgende:

a. Die ersten 2000′ des Durchschnittes bestehen aus porphyrischem Conglomerat, Breccien und Sandsteinen.

b. Von 2000—3000′ finden wir Sandsteine mit eingelagerten Schiefern, welche letztere fossile Pflanzen enthalten.

Von hier sind Nr. 1 und Nr. 2 entnommen und zwar bei 2800′ und 3000′ respective. (Rhacopteris.)

c. Von 3000—4000′ sind anfangs wieder Sandsteine und Schiefer und ist Nr. 3 bei etwa 3250′ Länge entnommen. (Rhacopteris.)

d. Von 4000—6000′ finden wir einen Porphyrdurchbruch.

e. In der zweiten Hälfte von 6000—7000′ finden wir wieder Sandsteine mit eingelagerten Schieferlagen und sind von hier Nr. 4 (bei etwa 6130′), Nr. 5 (bei etwa 6630′), Nr. 6 (bei etwa 6680′) und Nr. 7 (bei etwa 6730′) entnommen. (Rhacopteris, Lepidodendron, Calamites, Knorria.)

f. Von 7000—8000′ finden sich wieder Sandsteine mit eingelagerten Schiefern, hier und da mit Pflanzenabdrücken.

g. Von 8000—9000′ ist Porphyr, dann Sandstein und Conglomerat.

h. Von 9000—10000′ sind wieder Sandsteine mit eingelagerten hornsteinartigen Schiefern, worin Pflanzenabdrücke sich vorfinden; von hier sind Nr. 8 und 9 (bei etwa 9075′), Nr. 10 (bei 9300′) und Nr. 11 (bei etwa 9770′) entnommen. (Rhacopteris.)

i. Von 10000—11000′ sind Sandsteine mit Schiefern; Nr. 12 ist von hier (bei etwa 10680′) entnommen.

k. Von 11000—12000′ abermals Sandsteine mit Schiefern und Hornstein, mit Pflanzeneindrücken.

Von hier stammen: Nr. 13 (bei etwa 11125′), Nr. 14 (bei etwa 11560′), Nr. 15 (bei etwa 11925′). (Rhacopteris.)

l. Von 12000—13000′ ist zuerst eine Lage Porphyr, dann wieder Sandsteine, Conglomerate und eingelagerte Schiefer mit Pflanzeneindrücken.

Von hier sind Nr. 16, 17, 18, 19 (bei 12350—12490′) und Nr. 20 und 21 (bei etwa 12880′) entnommen. (Rhacopteris, Knorria, Lepidodendron.)

m. Von 13000—14000′ Sandstein und Schiefer. Nr. 22 ist von hier (fast bei 14000′) entnommen.

n. Von 14000—15000′ Conglomerate, Sandsteine mit Schiefern, letztere mit Pflanzenabdrücken. Nr. 23 und 24 sind von hier (bei etwa 14825′) entnommen.

o. Von 15000—16000′ quarziges Gestein, Schiefer und Sandsteine.

p. Von 16000—18000′ wieder Sandsteine, Conglomerate, quarzige Gesteine.

Nr. 25 ist von hier aus einer Lage bei 17000′ entnommen; diese Lage enthält Knorria, Calamites etc. mit Conularia, Fenestella, Producta und Crinoiden.

Nr. 26 stammt aus derselben Schicht bei 17125'.

q. Von 18000—20000' ist eine Folge von Sandsteinen, Conglomeraten, Porphyr etc., in denen keine Fossilien mehr vorgefunden wurden.

X. Besprechung der Literatur.

Ich wende mich nun zur Besprechung der wichtigsten Literatur, aus der die vorn angegebene Gliederung der Schichten, sowie die von früheren Autoren angeführten Petrefacto der Pflanzenschichten ersichtlich werden.

Strzelecki 1845. New-South-Wales und Tasmanien. Die ersten authentischen Berichte über die australischen Kohlenschichten finden wir in dem Werke des Grafen Strzelecki*); selbe sind, zufolge diesem, in New-Süd-Wales (New-Castle-basin) und Van-Diemensland (von Wichtigkeit das Jerusalemsbasin) abgelagert.

Ein Durchschnitt durch die Kohlenschichten in der Nähe von New-Castle (die conform auf Sandsteinen mit Spiriferen und Conularien lagern) zeigte die Pflanzenschichten (mit Sphenopteris lobifolia, Sphenopt. alata, Glossopt. Browniana, Phyllotheca australis etc.) deutlich über den erwähnten marinen Schichten lagern. Ausser den Pflanzen fand sich auch ein Fisch vor, jedoch zu unvollkommen, um bestimmt werden zu können.

Im Jerusalemsbasin, in Tasmanien, glaubte Strzelecki die Beobachtung gemacht zu haben, dass Schichten mit Pecopteris (?) odontopteroides, Pecopteris australis und Zeugophyllites elongatus anscheinend unter andere Schichten einfallen, welche marine Thierreste enthalten, unter denen besonders Pachydomus globosus erwähnt wird (doch hat sich diese Vermuthung, wie ich schon vorn erwähnt habe, nicht bestätigt).

Die von Herrn Strzelecki gesammelten fossilen Pflanzen wurden von Prof. Morris beschrieben (l. c. p. 245—253).

Es sind die folgenden:

Sphenopteris lobifolia Morr., New-Castle-coal-mines.

Sphenopteris alata, var. exilis Morr., New-Castle-basin, Hawkesbury-river.

Glossopteris Browniana Bgt., New-Castle-coal-mines.

Pecopteris australis Morr., Jerusalemsbasin in Van-Diemensland **).

Pecopteris ? odontopteroides Morr., Jerusalemsbasin ***), Van-Diemensland.

Zeugophyllites elongatus Morr., Jerusalemsbasin, Van-Diemensland.

Phyllotheca australis Bgt., New-Castle-coal-mines.

Diese Kohlenschichten wurden von Herrn Morris als ächte Kohlenformation aufgefasst und die Flora als carbonisch bezeichnet.

Doch fanden sich keine von den ächten carbonischen Pflanzen (Lepidodendron, Sigillaria etc.) vor, auch ist nichts von einer Vergesellschaftung der erwähnten Flora mit palaeozoischen Thierresten erwähnt.

Prof. Mc'Coy 1847. New-South-Wales. Nächst zu erwähnen ist Herrn Mc'Coy's Abhandlung über Fauna und Flora der australischen Kohlenschichten †).

*) Phys. Descript. of N.-S.-Wales and V. Diemensland 1845.

**) Nicht New-Castle-beds.

***) Auch nicht New-Castle-beds.

†) Ann. and Magaz. Nat. Hist. 1847 Vol. 20 1ᵉ Ser.

Die von Herrn Prof. Mc'Coy beschriebenen oder erwähnten Pflanzen sind die folgenden:

Vertebraria australis Mc'Coy. Von Mulubimba (New-Castle-beds).

Gleichenites odontopteroides Mc'Coy (Pecopt. odontopteroides Morr.). Aus Sandstein am Clarks-Hill, N.-S.-Wales *) (Wianamatta-beds).

Odontopteris microphylla Mc'Coy. Localität dieselbe.

Otopteris ovata (gehört zu Rhacopteris). Arowa, N.-S.-Wales (gehört zu untercarbonischen Schichten).

Cyclopteris angustifolia Mc'Coy (jetzt Gangamopteris Mc'Coy). Von Guntawang - Mudgee, N.-S.-Wales (New-Castle-beds).

Sphenopteris lobifolia Morr. Mulubimba, N.-S.-Wales (New-Castle-beds).

Sph. hastata Mc'Coy, Mulubimba.

Sph. germana Mc'Coy, Mulubimba.

Sph. alata Bgt., Mulubimba.

Sph. plumosa Mc'Coy, Mulubimba.

Sph. flexuosa Mc'Coy, Mulubimba.

Glossopteris Browniana Bgt. Mulubimba.

Glossopteris linearis Mc'Coy. Von Wollongong (New-Castle-beds?) und Arowa **), N.-S.-Wales.

Pecopteris (?) tenuifolia Mc'Coy. Clarks-Hill, N.-S.-Wales (Wianamatta-beds.)

Phyllotheca australis Bgt. Mulubimba.

Phyll. ramosa Mc'Coy. Mulubimba.

Phyll. Hookeri Mc'Coy. Clarks-Hill, N.-S.-Wales. (Wianamatta-beds).

Zeugophyllites elongatus Morr. Mulubimba, N.-S.-Wales.

Diese Flora bezeichnet Prof. Mc'Coy als oolithisch, und hebt die Abwesenheit echter Kohlenpflanzen als Lepidodendron, Stigmaria, Sigillaria etc. hervor; die thierischen Reste der unterlagernden Schichten stimmen zum grossen Theil mit Formen aus dem Kohlenkalk überein; woraus Herr Mc'Coy folgert, dass zwischen der Ablagerung der Schichten, welche die Kohlenlager unterlagern und der der Kohlenlager selbst ein ziemlich langer Zeitraum verstrich, und verweist die ersteren zum Kohlengebirge, die letzteren zur Oolithformation.

Meiner Ansicht nach war Prof. Mc'Coy von seinem Standpunkte vollkommen richtig, denn damals war Glossopteris aus den unteren Kohlenschichten (unter den marinen Schichten) nicht bekannt; der Fundort Arowa galt zu den New-Castle-beds gehörig, die Prof. Mc'Coy eben als oolithisch ansah.

Mc'Coy
1874—1878
Victoria. Weitere Beiträge zur Flora Australiens (speciell von Victoria) lieferte Prof. Mc'Coy im „Prodrome of the Palaeontology of Victoria" (Decaden I—V).

Es werden beschrieben:

a) Aus den palaeozoischen Schichten:

Ancimites Iguanensis Mc'Coy
Archaeopteris Howitti Mc'Coy
Cordaites australis Mc'Coy
Sphenopteris Iguanensis Mc'Coy
} Aus devonischen Schichten am Iguana-Creek, Victoria.

*) Clarks Hill gehört den Wianamatta-beds und nicht den New-Castle-beds an — aus diesen letzteren ist die Pecopt. odontopteroides nicht bekannt.

**) Diese Localität gehört allem Anscheine nach in das Bereich der untercarbonischen Schichten (Smiths-Creek-Stroud), und wenn die Angabe des Vorkommens dieser Art bei Arowa richtig ist, so ist dies die älteste Glossopteris. Doch wurde sie dort nicht wieder gefunden und auch nicht anderorts in den untercarbonischen Schichten.

Lepidodendron australe Mc'Coy, aus carbonischen Schichten, Avon River. Gippsland, Victoria.

   b. Aus mesozoischen Schichten:

Gangamopteris angustifolia Mc'Coy	Untere mesozoische Schichten.
„ spathulata Mc'Coy	Bacchus-Marshsandstones. Victoria.
„ obliqua Mc'Coy	
Pecopteris australis Morr.	
Taeniopteris Daentreei Mc'Coy	
Zamites ellipticus Mc'Coy	Obere mesozoische Schichten.
„ Barklyi Mc'Coy	Cape Paterson, Bellarine etc.
„ longifolia Mc'Coy	
Phyllotheca australis Mc'Coy	

Diese mesozoischen Schichten lieferten bis jetzt keine Thierreste und müssen ihre Verwandtschaften
folgerichtig nur aus den Pflanzen bestimmt werden.

Das Verhältniss der unteren mesozoischen Schichten in Victoria (Bacchus-Marshsandstones) zu den
New-Castle-beds ist nicht ganz sicher gestellt, doch scheint es wahrscheinlich, dass die ersteren jünger sind.

Report of Progress, Victoria, 1876. In dem „Report of Progress, Geol. Survey of Victoria 1876" ist auf Seite 60 die grosse mesozoische
Kohlenformation in Australien (über den marinen Schichten) folgendermassen eingetheilt:

   a. Upper Carbonaceous*) mit Zamites, Taeniopteris, Phyllotheca, Pecopteris.

   b. Middle Carbonaceous**) mit Gangamopteris.

   c. Lower Carbonaceous***) mit Glossopteris.

Hier werden also auch die New-Castle-beds noch als mesozoisch angeführt. —

Dana 1840. New-South-Wales. In der „Geology Un. St. Exploring-Expedition" finden sich Fossilien der Kohlenschichten in N.-S.-
Wales angeführt; sie sind die folgenden:

Fische.

Urosthenes australis Dan. Ein heterocerker Fisch. New-Castle.

Pflanzen.

Coniferenstämme. Nur erwähnt.

Coniferenschuppen.

Nöggerathia†) spathulata Dan. District Illawara.

N. media†) Dan. New-Castle, Mouth of Hunter River.

Nöggerathia elongata Morr. sp. ††) New-Castle, N.-S.-Wales.

Sphenopteris lobifolia Morr. New-Castle.

Glossopteris Browniana Bgt. New-Castle, Illawara.

Gloss. ampla Dan. New-Castle, Illawara.

Gl. reticulum Dan. New-Castle.

---

  *) Jedoch nicht Carboniferous. Diese Abtheilung umfasst Schichten in Queensland, Victoria und Tasmania.

  **) Die Bacchus-Marshsandstones in Victoria.

  ***) Die New-Castle-beds.

  †) Von mir zu Nöggerathiopsis gestellt.

  ††) Zeugophyllites elongatus Morr. ist, soviel nach der Abbildung geurtheilt werden kann, keine Nöggerathia.

Gl. elongata Dan. New-Castle.

Gl. cordata Dan. District Illawara.

Gl. linearis Mc'Coy. District Illawara.

Phyllotheca australis Bgt. New-Castle.

Clasteria australis Dan. ist eine Vertebraria.

Einige andere Formen sind sehr zweifelhaft.

Dana betrachtete die Kohlenschichten im New-Castlebecken als Permisch, was wohl der Wahrheit noch am nächsten sein könnte.

Doch erwähnt auch Dana nichts von dieser Flora unter den marinen Schichten.

Vieles haben zur Kenntniss der geologischen Verhältnisse in N.-S.-Wales, und besonders im Bereiche der Kohlenschichten die Schriften des Rev. W. B. Clarke beigetragen. Seine wichtigste Schrift sind seine "Remarks on the Sedimentary formations of New-South-Wales", von welcher Schrift vier Auflagen erschienen; die vierte und letzte, die zugleich die letzte Arbeit des tiefbetrauerten Autors war, erschien im vorigen Jahre (1878). Da diese Schrift alle Ansichten des Herrn Clarke, die er auch in vielen anderen kürzeren Aufsätzen früher veröffentlichte, enthält, so will ich nur diese Schrift einer kurzen Besprechung unterziehen.

(Randnote: W. B. Clarke. 1878. New-South-Wales.*)*

Herr Clarke behandelt die Formationen von unten nach aufwärts, d. h. von den älteren zu den jüngeren Formationen verschreitend.

Die "Azoic" oder "Metamorphic" und die "Lower Palaeozoic rocks" (Lower and upper Silurian) sind hier nicht von Interesse.

Die "Middle Palaeozoic" repräsentiren Devon. Auch aus diesen sind nur wenig Pflanzen bekannt; diese sind das Lepidodendron nothum aus N.-S.-Wales und aus Queensland und einige Pflanzen aus Gippsland in Victoria, die ich vorn angeführt habe. Es ist daher kein Zweifel, dass Devon in Australien existire, da auch, besonders in N.-S.-Wales, marine thierische Reste als dieser Formation angehörig neulich von Prof. de Koninck beschrieben wurden[*].

Von meistem Interesse sind für uns Herrn Clarke's "Upper Palaeozoic" Schichten. Darunter begreift er die australischen Kohlenschichten, sowohl die unteren, unter und mit marinen Schichten vorkommenden, als auch die darüber liegenden New-Castle-beds, welche, wie schon erwähnt, Mc'Coy und andere Palaeontologen als zur mesozoischen Epoche gehörig betrachten.

Seine Ansicht stützte Herr W. B. Clarke auf die von ihm gemachten Entdeckungen von gewissen Pflanzenformen unter und mit den marinen Resten, welche Pflanzenformen in den darauf folgenden oberen Kohlenschichten (New-Castle-beds) sehr häufig sind; diese Formen sind:

Glossopteris Browniana Bgt., Phyllotheca und Nöggerathia (meine Nöggerathiopsis).

Ich habe schon in meiner ersten Abhandlung einige Glossopteris-Arten aus diesen tieferen Schichten abgebildet; heute gebe ich eine Abbildung der echten Gloss. Browniana, sowie einer neuen Form derselben Gattung und einer Nöggerathiopsis (Nöggerathia früher).

Zum Beweise, dass die erwähnten Pflanzengattungen unter marinen Thierresten gelagert vorgefunden wurden, gibt Herr W. B. Clarke die Durchschnitte zweier Schachte, und zwar des Kohlenschachtes am Stony Creek und bei Greta, in N.-S.-Wales, im nördlichen Theile des Kohlenbeckens, woraus ersichtlich ist, wie unter mehreren Schichten mit Connlarien, Spiriferen etc. Kohlenflötze und Schiefer mit Pflanzenresten (Glossopteris) lagern.

---

[*] Recherches sur les fossiles paléozoiques de la Nouvelle-Galles du Sud 1878. Siehe auch Appendix XV (p. 132) in Herrn Clarkes erwähnter Schrift.

(Doch muss wohl verstanden werden, dass die New-Castle-Kohlenschichten über diesen marinen Schichten lagern und nur Pflanzen enthalten, die ausser Phyllotheca, Glossopteris und Nöggerathiopsis noch viele andere Formen enthalten, die in den tiefern Kohlenschichten nicht enthalten sind.)

(Unter diesen unteren Kohlenschichten mit Glossopteris kommen dann noch andere marine Schichten vor, die auch noch Pflanzen enthalten, die aber einen anderen Charakter zeigen, es sind nemlich Pflanzen der unteren Kohlenformation; es sind dies die Schichten von Arowa, Smiths Creek (Stroud) und Port Stephens, von denen die Pflanzen stammen, die als Sphenophyllum, Ithacopteris, Archaeopteris, Cyclostigma, Lepidodendron in meiner ersten Abhandlung und in gegenwärtigem Nachtrage abgebildet und beschrieben wurden.)

Auf Seite 66 (l. c.) gibt Herr Clarke die Gliederung dieser australischen Kohlenformation nachstehend:
1. Upper Coalmeasures. (Dies sind die New-Castle-beds.)
2. Upper marine-beds.
3. Lower Coalmeasures. (Die unteren Schichten mit Pflanzen.)
4. Lower marine-beds. (Unter diesen sind die oben erwähnten carbonischen Pflanzen.)

Im Appendix XVIII. gab Herr Clarke eine etwas detaillirtere Gliederung, die ich noch erwähnen werde.

Herr W. B. Clarke mag, wie ich schon in meiner ersten Abhandlung bemerkte, wohl im Recht sein, die New-Castle-beds auch noch zu „Palaeozoisch" zu rechnen, doch muss ich noch hervorheben, dass in diesem Falle nur die Lagerungsverhältnisse dafür sprechen können, denn die Flora berechtigt die Annahme nicht, trotz des mitvorkommenden Urosthenes.

Jedenfalls scheint es mir zu weit geholt, diese australische Flora dazu benutzen zu wollen, um das palaeozoische Alter der indischen Kohlenschichten zu erweisen, die ja auf Schichten lagern, die vielleicht im höchsten Falle permisch sein könnten, in welchem Falle die Flora der Kohlenschichten jünger ist.

Nach den Kohlenschichten bespricht Herr W. B. Clarke auf Seite 68 die „Mesozoic or Secondary Formations". — Hier bespricht er vornehmlich die Hawkesbury- und Wianamatta-beds, die er auch supra-carboniferous" bezeichnet, ohne sich deutlich über ihr Alter auszusprechen.

Ich muss hier wieder bemerken, dass, wie es noch neulich geschehen, eine Analogie der Hawkesbury-Wianamattaschichten mit den New-Castle-Kohlenschichten auf Grund der Pecopteris (Thinnfeldia) odontopteroides Morr. sp. nicht angeführt werden kann, da eben Pecopt. (Thinnfeldia) odontopteroides in den New-Castle-beds nicht vorkommt.

Dann erwähnt Herr Clarke die Schichten in Victoria; auch bespricht er meine Untersuchungen über die indische Flora, die ergeben, dass die Flora der Kohlenschichten in Indien vielleicht doch nicht so recht als palaeozoisch angesehen werden kann.

In diesem Absatze trennt aber Herr Clarke nicht deutlich die oberen mesozoischen Schichten, die in Queensland, sowie in N.-S.-Wales, Victoria und wohl auch in Tasmanien vorkommen.

Die Kreide-, Tertiär- und recente Formationen, die Herr Clarke noch weiter bespricht, sind hier von keinem weiteren Interesse.

Beigegeben sind seiner Schrift zwanzig Anhänge (Appendix I—XX.), welche Verzeichnisse von Petrefacten, Schichtenreihentafeln etc. enthalten.

Appendix II. enthält die Petrefacte, gesammelt von Prof. Dana (wir finden keine Pecopt. odontopteroides und keine P. australis darunter).

Appendix VII. enthält die von Morris 1845 beschriebene Flora (Pecopteris odontopteroides kam vom Jerusalemsbasin und nicht aus den New-Castle-beds).

Appendix IX. enthält die von Prof. Mc'Coy (1847) beschriebenen Pflanzen, und zwar aus den Kohlenschichten, New-Castle-beds.

Im Appendix X. sind die Pflanzen aus den Wianamatta-beds aufgeführt. Hier sehen wir deutlich, dass die Localität „Clarke's-Hill" zu dieser Schichtengruppe gehört.

In Appendix XIII. führt Herr Clarke die Pflanzenreste aus folgenden Schichten an:

1. Upper Silurian; 2. Devonian; 3. Between Upper Devonian und Lower Carboniferous; 4. Carboniferous, underlying or embedded in the same rocks with Palaeozoic Marine fossils.

Dabei hat er auch schon die ihm von mir brieflich gemachten Mittheilungen benutzt, und namentlich ist die Gruppe 3. nach meinen Angaben aufgestellt.

Appendices XIII—XVI. enthalten das Verzeichniss der von Herrn Prof. de Koninck beschriebenen marinen (silurischen, carbonischen) thierischen Petrefacte.

Im Appendix XVIII. giebt Herr Clarke die Reihenfolge der Formationen in N.-S.-Wales nebst den pflanzlichen Fossilien und den Ansichten einzelner Autoren.

Es ist wesentlich dieselbe Reihenfolge, wie sie mir Herr Clarke brieflich mitgetheilt hatte und wie ich selbe auch schon in meinen früheren Publicationen benutzt habe, nur dass ich natürlich noch die oberen mesozoischen Schichten (Victoria, Queensland und Tasmania) sowie die Bacchus-Marshsandstones zugezogen habe.

Herr Clarke giebt die folgende Reihenfolge:

Wianamatta and Hawkesbury. No marine fossils.

New-Castle, Bowenfells, Lithgow, Illawara.

Marine Carboniferous-beds (Stony Creek, Greta, Anvil Creek, Mt. Wingen etc.).

Marine Carboniferous animals.

Ichthyodorulite Ranges, Port Stephens.

Im Appendix XX. hat Herr Clarke meine ihm brieflich eingesandten Mittheilungen über die australischen Pflanzen publicirt. Die Resultate waren ziemlich dieselben, wie sie selbe dann in meiner ersten Abhandlung über die australische Flora dargestellt habe. Nur habe ich auch hier darauf aufmerksam zu machen, dass auf Seite 160 bei den 3 Arten Thinnfeldia odontopteroides Fstm. (Morr. sp.), Odontopteris microphylla Mc'Coy und Pecopteris ? tenuifolia Mc'Coy die Localität „Newcastle" unrichtigerweise angeführt ist. Dieser Irrthum hatte seinen Ursprung darin, dass ich glaubte, die Localität „Clarke's Hill", von der diese 3 Arten von Mc'Coy angeführt wurden, gehöre zu den New-Castle-beds; in meinem Briefe an Herrn Clarke fügte ich in Folge dessen zur Localität „Clarke's Hill" den Namen „New-Castle" hinzu; Herr Clarke corrigirte es, indem er zu der erwähnten Localität richtigerweise „Wianamatta" hinzufügte, aber zugleich auch noch „New-Castle" stehen liess.

Hrn. Clarke's Brief. 30/8.76. Ich habe schon vorn erwähnt, dass Herr Clarke mir schon im Jahre 1876 die Reihenfolge der Schichten brieflich mitgetheilt hat, welche Mittheilung ich schon in meiner ersten Notiz über die australischen Fossilien [*]) benutzt habe, die mir dann später als ein Fabrikat verhalten wurde [**]). Es ist nicht meine Absicht, auf Widerlegungen hier einzugehen; aber ich will nur zur Beglaubigung meiner Angabe folgendes anführen.

In der auf der vorhergehenden Seite besprochenen Schrift des Herrn Clarke sagt der Autor mit Bezug auf die von mir (a. a. O.) publicirte Liste auf Seite 60 folgendes:

---

[*]) Rec. Geol. Surv. of India, Vol. IX p. 123.
[**]) Ibid. Vol. XI. p. 137. 139.

„Dr. Feistmantel then gives the succession of the several strata as I had communicated to him in a table . . . etc." — und führt dann die Liste so an, wie ich sie publicirt hatte. Hätte er eine Einwendung gehabt, so hätte er sie wohl vorgebracht.

Ausserdem will ich die briefliche Mittheilung reproduciren. In seinem Briefe vom 30. August 1876 gab er folgende Liste der Schichtengruppen:

Tasmania, Queensland, Coleraine (N.-S.-Wales), Victoria.

Clarence River (N.-S.-Wales), Wianamatta-, Hawkesbury-beds.

Glossopteris. Phyllotheca-beds of New-Castle, Bowenfells etc., Coalseams. —

Marine-beds.

Coalseams with Glossopteris, at Rix's Creek, Stony Creek, Greta, Mount Wingen etc.

Smith's Creek, Arowa, Ronchel in immediate association with marine-beds.

Below these lower Coalseams occur other marine-beds.

Lepidodendron-beds of Goonoo-Goonoo.

Devonian-beds.

Silurian (Upper). —

In dieser Liste sind nicht die Bacchus-Marshschichten enthalten, die, wie ich schon früher erwähnte, mehr als wahrscheinlich jünger sind als die New-Castle-beds (oder sind sie theilweise Repräsentanten?).

Herr Clarke hat überhaupt die Bacchus-Marshsandstones nicht separat behandelt und nur in seiner erwähnten Schrift über die Sedimentschichten in New-South-Wales führt er im Capitel „§. 5. Mesozoic or Secondary Formations" auf Seite 74 die pflanzlichen Reste aus den „upper Carbonaceous" (Bellarine-beds) und den „Lower Carbonaceous", die eben die Bacchus-Marshsandstones sind, an.

C. S. Wilkinson. New-South-Wales 1875. Der Vollständigkeit wegen will ich noch die Schichtenfolge anführen, die der australische Geolog Herr C. S. Wilkinson für N.-S.-Wales gegeben hat; wir finden selbe in einer Publikation, betitelt: „Mines and Mineral Statistics of N.-S.-Wales", die im Jahre 1875 aus Anlass der internationalen Ausstellung in Philadelphia veröffentlicht wurde. Auf Seite 127 der erwähnten Publication beschreibt Herr Wilkinson: „Mesozoic", wobei er die Schichten am Clarence River erwähnt, die Taeniopteris[*]) und Pecopteris[**]) enthalten, von den New-Castle-beds verschieden sind und mit den mesozoischen Schichten in Victoria in Beziehung gebracht werden können.

Auf derselben Seite beginnt der Abschnitt „Palaeozoic", wozu er folgende Gruppe stellt:

Wianamatta-Series.

Hawkesbury-Series.

Upper coalmeasures or New-Castle, Wollongong and Bowenfells-Series.

Upper Marine-beds.

Lower coalmeasures[***]).

Lower marine-beds.

Lepidodendron-beds[†]).

Dies stimmt ziemlich vollständig mit Herrn Clarke's Folge überein, nur hat Herr Clarke die „Wianamatta- und Hawkesbury-beds" unter die „Secondary or Mesozoic Formations" gestellt, wohin sie auch gewiss gehören.

---

[*]) Taeniopt. Dawntree1 Mc'Coy.

[**]) Pecopt. (Alethopt.) australis Morr.

[***]) Stony Creek, Greta, Anvil Creek etc.

[†]) Smith's Creek, Port Stephens.

Ich habe jetzt noch einige Worte über Queensland zu sagen.

Ueber die geologischen Verhältnisse dieser Provinz haben wir eine Abhandlung von Herrn R. Daentree (Qu. J. Geol. Soc. London, Vol. XXVIII. 1872.)

Von Interesse für uns sind wieder nur die pflanzenführenden Schichten, oder die Kohlenschichten.

Herr Daentree beschreibt zweierlei Kohlenschichten, jene im südlichen Theile der Colonie, die mesozoisch sind, und andere im nördlichen Theile, die als palaeozoisch bezeichnet werden.

Die mesozoischen Kohlenschichten (Carbonaceous mesozoic coalstrata) finden sich besonders bei Maryborough (am Maryflusse), bei Brisbane (am Brisbaneflusse, — besonders Ipswich und Tivolimine) und endlich am Condamineflusse (Talgai). —

Die von Herrn Daentree gesammelten Pflanzen wurden von Herrn Carruthers beschrieben (Qu. J. G. Soc. Vol. XXVIII. 1872, p. 350, Plates XXVI—XXVII).

Die aus den mesozoischen Schichten sind folgende:

Taeniopteris Daentreei Mc'Coy *).
Cyclopteris cuneata Carr.
Sphenopteris elongata Carr.
Pecopteris odontopteroides Morr. (Thinnfeldia odontopteroides Fstm.)
Cardiocarpum australe Carr.

Herr Daentree nennt diese Schichten auch die Taeniopteris-beds (im Gegensatz zu den unteren Kohlenschichten, den Glossopteris-beds).

Die Kohlenschichten, die Herr Daentree als palaeozoisch betrachtet, führen nach seinen Angaben Glossopteris, die in der unteren Abtheilung dieser Kohlenschichten mit marinen Thierresten vergesellschaftet vorkommt, aber auch hier seltener ist, als in der oberen Abtheilung. (Es scheint somit vielleicht ein ähnlicher Fall hier vorzuliegen, wie in N.-S.-Wales; doch will ich Herrn Daentree's Classification folgen.)

Aus Schichten am Mt. Wyat, Canoona River etc. sammelte Herr Daentree ein Lepidodendron, das Herr Carruthers als Lepid. notbum Ung. beschrieb und abbildete **), das devonisch ist, wodurch also jene Schichten als von diesem Alter anzusehen sind; es ist dasselbe, das auch in N.-S.-Wales bei Goonoo-Goonoo am Peelflusse, in den „Backcreek diggings am Barriggton River" etc. vorkam.

Herr Carruthers, der Herrn Daentrees Pflanzen bestimmt hat, kam zu einem etwas anderen Resultate, als Herr Daentree, indem er beide Abtheilungen der Kohlenführenden Schichten, sowohl jene mit Glossopteris, als jene mit Taeniopteris als beinahe von demselben Alter ansieht und theilt daher mit den Herrn Morris, Mc'Coy, Bunbury und Zigno die Ansicht, dass sie der oolithischen Periode angehören.

Auf Seite 325 der erwähnten Abhandlung des Herrn Daentree ist auch eine Reihenfolge der Schichten von Herrn Prof. Etheridge, worin die Taeniopterisschichten in Queensland als oberste jurassische hingestellt sind.

Was wir über Tasmanien wissen, ist ziemlich unvollständig; die Localität im „Jerusalembasin" ***) mit Alethopteris (Pecopteris) australis, Thinnfeldia odontopteroides Fstm. und Zeugophyllites elongatus gehört in die oberen mesozoischen Schichten (wie selbe in Victoria, N.-S.-Wales

---

*) Diese Form ist etwas verschieden von der typischen Form Mc'Coys, sie ist nemlich breiter; doch erwähnt Herr Carruthers selbst diesen Unterschied nicht. Ich habe aber in gegenwärtiger Abhandlung die echte Taeniopt. Daentreei von Talgai (auch Queensland) abgebildet.

**) Qu. J. Geol. Soc. Lond. Vol. XXVIII. Pl. XXVI.

***) Strzelecki, Physic. Descrpt. of N.-S.-Wales and V. D. Land 1845.

und Queensland vorkommen); von tieferen Schichten mit Pflanzen geschieht dann noch in Herrn W. B. Clarke's schon erwähnter Schrift auf Seite 29 Erwähnung, wo er anführt, dass er, auch im Jerusalemsbasin, am Fusse des „Spring Hill" eine Art des sog. Syringodendron gesammelt habe, was auf echte carbonische Schichten deuten würde, vielleicht wie jene von Smith's Creek und Port Stephens in New-South-Wales.

Meine früheren Bemerkungen über Australien 1876.

Ich hatte schon früher, bei meinen Arbeiten über indische Flora auch Gelegenheit, einige Bemerkungen über Australien zu machen, die ich hier wiederholen will, da sie zeigen werden, dass ich schon von Anfang an an dem Vorkommen der Glossopteris in den unteren Kohlenschichten gar nicht zweifelte, dennoch aber auch schon damals behauptete, dass dies Vorkommen der Glossopteris in den unteren Kohlenschichten nicht zur Folge haben müsste, dass die indischen Kohlenschichten auch von palaeozoischem Alter wären.

Die ersten Bemerkungen über Glossopteris machte ich in meinem Aufsatze in den „Records of the Geol. Survey of India, Vol. IX, 1876", wo ich auf Seite 64 sagte (ich gebe hier die deutsche Uebersetzung):

„. . . . und in ähnlicher Weise ist kein Grund vorhanden, warum gewisse Arten der Gattung Glossopteris, die in unseren Damuda-Schichten, deren Flora mesozoisch ist, vorkommt, auch nicht in einigen Schichten der Australischen palaeozoischen Kohlenformation vorgefunden werden (und vielleicht vorherrschend sein) sollten." —

„Die Damudagruppe hat keine eigentliche Verbindung mit den unteren Kohlenschichten in N.-S.-Wales, obwohl Glossopteris Bgt. in beiden vorkommt und in Australien (aber nur in den unteren Kohlenschichten) mit marinen Thierresten palaeozoischen Alters vergesellschaftet ist." —

Auf Seite 69 desselben Aufsatzes schrieb ich weiter:

a. „In Australien können recht wohl Thierreste vorhanden sein, welche das Alter der Schichten bestimmen — obgleich eine bestimmte Art der Glossopteris zusammen mit derselben vorkommt."

b. „In Indien, auf der anderen Seite, da keine fossilen Thierreste vorgefunden wurden, muss das Alter der Schichten durch die übrigen Pflanzen bestimmt werden — ungeachtet des Vorkommens der Glossopt. Bgt."

„Mein Schluss ist der folgende: dass Glossopteris in den unteren Schichten in Australien ihren Anfang nahm, wo sie als mit marinen Thierresten vorkommend beschrieben wird und in unsere indischen Kohlenschichten hinüber sich erhielt, welche aber durch andere, gut charakterisirte Genera ausgezeichnet sind*) etc."

Auf Seite 71 schrieb ich dann, wie folgt: „Wir sollten lieber sagen, einige Arten von Glossopteris finden sich in den palaeozoischen Kohlenlagern von Australien — aber die Gattung kommt auch in den untermesozoischen Schichten in Indien in Menge vor."

Auf diese Bemerkungen hin schrieb mir Herr Rev. W. B. Clarke in Sydney am 31. December 1876: „I think Your view of the prior age of Glossopteris in Australia is the best solution I have heard of the matter." **)

---

*) Als ich dieses schrieb, waren noch die Schichten von Kurharbali (N.-W. von Calcutta) nicht von den übrigen, höheren Kohlenschichten getrennt; unterdessen sind sie davon abgetrennt und mit der tiefsten Gruppe, den Talchirschichten, vereint worden, und da diese Schichten am besten mit den New-Castle-beds (und Baschas-Marnbsandstones) verglichen werden können, so erscheinen die indischen Kohlenschichten jedenfalls jünger.

**) „Ich glaube, Ihre Ansicht über das grössere Alter der Glossopteris in Australien ist die beste Lösung der Angelegenheit, von der ich je gehört habe."

In meinem nächsten Aufsatze in demselben Band der „Records of the Geol. Survey of India" habe ich besonders die Gliederung der australischen Kohlenführenden Schichten (Seite 122) besprochen.

Die daselbst auf Seite 123 gegebene Liste war, wie ich schon früher erwähnte, den brieflichen Mittheilungen des Herrn W. B. Clarke entnommen, wie er selbst anerkannt hatte *).

Da ich daselbst nur die Flora berücksichtigte, dachte ich, dass auch die New-Castle-beds in N.-S.-Wales zur Trias gehören können. Da aber Herr Clarke darauf bestand, dass sie noch zu „Palaeozoisch" zu rechnen seien, sehe ich jetzt keinen Grund, warum seine Ansicht nicht Geltung haben sollte; aber immer möchte ich noch hervorheben, dass diese New-Castle-beds über den marinen Schichten liegen.

In der erwähnten Liste beging ich denselben Fehler, wie Herr Clarke selbst, dass ich nemlich die Schichten in Victoria, ohne sie zu trennen, über die Wianamatta-beds stellte — während nur die oberen Schichten, jedoch mit Taeniopteris und Zamites so zu stellen sind, während die tieferen, mit Gangamopteris Mc'Coy unter die Hawkesbury-beds gehören.

Meine weiteren Ansichten bleiben unverändert — ebenso über die indische Flora, wie ich es in meiner letzten Publication hier, in der „Kurhurbaliflora" (siehe vorne) dargelegt habe.

Da Controverse an dieser Stelle nicht meine Absicht ist, soll oben Gesagtes genügen.

Crépin. 1875.

Herr Crépin hat im Jahre 1875 einige Notizen über die Pecopteris odontopteroides Morr. (l. c.) veröffentlicht. In diesen Notizen constatirt Herr Crépin, dass er die Pec. odontopteroides Morr. auf den Exemplaren aus Tasmanien zusammen mit einer anderen Pflanze, der Sphenopteris elongata Carr., vorgefunden hatte, gerade so, wie es von Herrn Carruthers aus Queensland berichtet wurde. — Herr Crépin schliesst aus diesem Umstande auf die Identität der beiden Formen von Pecopteris odontopteroides aus Queensland und Tasmanien — und ich möchte hinzufügen, dass dann wohl auch auf das gleiche Alter der Schichten geschlossen werden kann.

De Koninck. N.-S.-Wales 1876—1877.

Ich habe auch noch Herrn De Koninck's Arbeit über die Palaeozoischen Fossilien in N.-S.-Wales zu erwähnen: Herr W. B. Clarke stellte dem genannten Autor eine ansehnliche Sammlung von Palaeozoischen Fossilien aus N.-S.-Wales zur Verfügung und seine Untersuchungen wurden publicirt unter dem Titel: „Recherches sur les fossils palaeozoïques de la nouvelle Galles du Sud", Bruxelles 1876 (1. und 2. Theil), 1877 (3. Theil). Wie schon früher erwähnt, ist uns dieses Werk bis jetzt nicht zugeschickt worden, weswegen ich in meiner ersten Arbeit keine Erwähnung davon gethan habe.

Herr W. B. Clarke in seinem erwähnten Werke erwähnt Herrn de Koninck's Publication an vielen Stellen und in Appendices XIV—XVI. giebt er die Verzeichnisse der von Herrn Koninck untersuchten und beschriebenen silurischen, devonischen und carbonischen Arten.

An Pflanzen werden erwähnt:

a. Aus silurischen Schichten: Spirophyton (?) caudaphaslani De Kon. von Duntroon.

b. Aus carbonischen Schichten: Lepidodendron Veltheimianum Stbg., Bornia radiata Bgt. und Calamites varians Germ. — jedoch ohne irgend welche Ortsangabe.

---

*) Remarks on the Sedim. Form. of N.-S.-Wales, 1878, 4th Edit. p. 80.

XI. Tabelle, zeigend die Verbreitung einiger langlebiger Formen,
besonders in Indien, Australien und Asien, mit Bezug auf Europa.
Die gegenwärtige Tabelle ist vervollständigt.

Namen.	Palaeozoisch – Untere Kohlenschichten. Australien	Palaeozoisch – Europa.	Trias. – New-Castle-beds (New-Süd-Wales). Bacchus Marshsandst. (Victoria); Talchirgroup (Indien).	Trias. – Kohlenschichten, Panchetgroup, (Indien); Karoobeds (Afrika).	Trias. – Wianamatta-Hawkesbury-beds (N.-S.-Wales).	Jura.	Kreide.	Tertiär.
Phyllotheca	N.-S.-Wales.	—	New-Castle.	Damudaseries. Karoobeds.	Wianamatta.	Victoria; Sibir.; Ital.	—	—
Sphenophyllum Bgt.	N.-S.-Wales.	Ober-devon-Perm.	—	Trizygia in den Damudaseries	—	—	—	—
Thinnfeldia odontopteroides Fstm.	—	—	—	—	Wiana-matta und Hawkes-burybeds.	Queensland. Tasmanien.	—	—
Macrotaeniopteris Schimp.	—	Perm.	—	Damudaseries	Wiana-matta.	Indien; Europa.	—	Novale (Italien).
Glossopteris Bgt.	N.-S.-Wales (auch Arowa); Queensland.	—	New-Castle-beds (sehr häufig). Talchirgroup (sehr selten).	Damudaseries (sehr häufig); Panchetgroup, Karoobeds.	—	Jabalpur-gruppe (Indien) Russland.	—	Novale.
Gangamopteris McCoy.	—	—	New-Castle-beds (selten). Bacchus-Marshsandstone (zahlreich); Talchirgroup(häufig)	Damudaseries	—	—	—	—
Nöggerathiopsis Fstm. (Rhiptozamites Schmalb.)	N.-S.-Wales.	—	New-Castle-beds. Talchirgroup.	Damudaseries	—	Jura in Sibirien(Altai und untere Tunguska).	—	—
Pterophyllum (verwandte Arten) Bgt.	—	Perm.	—	Damudaseries	—	Indien (Rajmahal-group).	—	—
Gruppe der Alethopteris Whitbyensis Gppt.	—	—	—	Damudaseries	—	Europa; Indien; Sibirien; Victoria N.-S.-Wales.	—	—
Ginkgo Thunb.	—	—	—	—	—	Indien; Sibirien; Europa.	Grönland.	Italien, Grönland.
Heterocerke Fische	—	Silur-Perm.	New-Castle-beds	—	Wiana-matta und Hawkes-burybeds.	—	—	—
Palaeoniscus	—	Carbon-Perm.	—	—	Wiana-mattabeds.	—	—	—

XII. Berichtigung der Tabelle, zeigend den Zusammenhang und die Entwickelung der mesozoischen Flora.

Da der Theil dieser Tabelle in der ersten Abtheilung auf Seite 125 gänzlich verdruckt ist und in Folge dessen eine ganz unrichtige Idee der Verhältnisse giebt, so sehe ich mich veranlasst, denselben in richtiger Form wieder zu geben; der Theil auf Seite 124 ist richtig.

		Indien.	Australien: Victoria.	Australien: N.-S.-Wales, Queensland, Tasmanien.
Tertiär und Kreide mit mesozoischen Formen in Grönland und Italien. (Ginkgo, Glossopteris etc.)		Tertiär.	?	Tertiär.
		Kreide.		Kreide.
Uitenhageformation in Süd-Afrika; Jura in Spitzbergen, Europa, Sibirien: mit Phyllotheca, Glossopteris, Ginkgo, Rhiptozamites; Alethopt. Whitbyensis.		*Kachgroup:* Mitteljur. Flora und oberjur. Meeresfauna. Alethopteris Whitbyensis. *Jabalpurgroup:* Mitteljur. Flora, mit Glossopteris und Ginkgo. Alethopt. Whitbyensis. *Kota-Maleri-beds:* Mitteljurassische Flora mit Gingko; dann Hyperodapedon, Parasuchus, Ceratodus, Lepidotus, Aechmodus etc. *Rajmahalgroup:* Liasische Flora: Pterophyllum, Cycadites, Macrotaeniopteris etc.	*Obere mesozoische Schichten* (Bellarine-beds) mit: Alethopteris australis Mc'Coy, Taeniopt. Daentreei M'Coy, Zamites etc.	*Obere mesozoische Kohlenschichten* mit: Phyllotheca australis Bgt., Thinnfeldia odontopteroides Fstm. (Queensland), Taeniopteris Daentreei Mc'Coy und Carr. (Queensland und Clarence River, N.-S.-Wales), Alethopteris australis Mc'Coy (N.-S.-Wales); Sagenopteria, Otozamites (Queensland); Glossopteris? (Tasmanien).
Trias.	Obere Karoo-beds in S.-Afrika, mit Glossopteris und Dicynodontia.	*Panchetgroup* mit: Schizoneura Glossopteris, Dicynodontia. *Damudagroup* (Die Kohlenschichten). Drittes Auftreten der I. mesozoischen Flora der australischen unteren Kohlenschichten mit: Phyllotheca, Schizoneura, Glossopteris (sehr zahlreich), Alethopteris Lindleyana, Pterophyllum, Nöggerathiopsis (Rhiptozamites), Voltzia. Vertebraria.		*Wianamatta- und Hawkesbury-beds,* mit mesozoischer Flora; darunter Thinnfeldia odontopteroides, Phyllotheca, Macrotaeniopteris etc.; aber auch heterocerke Fische: Palaeoniscus antipodeus Eg., Myriolepis Clarkei Eg., Cleithrolepis granulatus Eg.

		Indien.	Australien : Victoria.	Australien; N.-S.-Wales, Queensland, Tasmanien.
Trias.	Untere Karoobeds = Ecca-beds in Süd-Afrika.	*Talchirgroup* und *Karharbaribeds* mit: Gangamopteris (vorherrschend), Glossopteris (ungemein selten); einfach gefiederte Neuropteris, Voltzia, Albertia.	*Baechus- Marshsandstones:* mit 3 Arten von Gangamopteris (zahlreich), die auch ihre nahen Repräsentanten in der Talchirgroup und den Karharbaribeds (Indien) haben.	*New-Castle-beds :* bei New-Castle, Bowenfells etc.; Zweites Auftreten der I. mesoz. Flora, aus den unteren Kohlenschichten mit: Glossopteris (sehr zahlreich), Phyllotheca(zahlreich); Vertebraria, Nöggerathiopsis, Gangamopteris (selten) etc.; und auch ein heterocerker Fisch: Urosthenes.
Palaeozoisch.				*Marine Schichten* mit palaeoz. Fauna.
				Untere Kohlenschichten: I. Auftreten der mesozoischen Flora mit Glossopteris, Phyllotheca, Nöggerathiopsis (Rhiptozamites), aber auch eine Art von Annularia.
			Schichten am Avon River (in Gippsland) mit Lepidodend. australe McCoy.	*Untercarbonische Schichten* mit mariner palaeoz. Fauna und mit Calamites radiatus, Rhacopteris Archaeopteris, Cyclostigma, Lepidodendron Veltheimianum.
			Devonische Schichten am Iguana Creek: mit: Sphenopt, Iguanensis,Aneimites Iguanensis, Archaeopt. Howitti etc.	*Devonische Schichten* mit: Lepidodendron nothum Ung., Cyclostigma sp. in N.-S.-Wales und Queensland.

XIII. Verzeichniss der Localitäten im Bereiche der pflanzenführenden Schichten im östlichen Australien nebst den daselbst vorkommenden Petrefacten.

(Dieses Verzeichniss ist vollständiger als das in der ersten Abhandlung p. 126 gegebene und enthält auch die nöthigen Berichtigungen.)

Anvil Creek (New-South-Wales, West-Nord-West von New-Castle — untere Kohlenschichten) mit: Phyllotheca, Glossopteris. In meiner ersten Abhandlung fälschlich als im Norden von New-South-Wales angegeben.

Avon River [*]) (Victoria, Gippsland — Carbonische Schichten) mit: Lepidodendron australe McCoy.

---

*) Dieser Avonfluss ergiesst sich in Gippsland in den Lake Wellington; nicht zu verwechseln mit einem anderen Flusse desselben Namens, mehr im Westen der Provinz.

24 *

Arowa (New-South-Wales — untere carbonische Schichten) mit: Rhacopteris inaequilatera Oppt., Glossopteris linearis Mc'Coy. — Früher von mir auch fälschlich als im Norden von New-South-Wales angegeben.

Bacchus-Marsh (Victoria — Bacchus-Marshsandstone — untere mesozoische Schichten)| mit: Gangamopteris angustifolia, Gang. spathulata, Gang. obliqua Mc'Coy (liegt W.-N.-W. von Melbourne).

Back-Creek-diggings (Barrington-River *), New-South-Wales — devonische Schichten) mit: Lepidodendron nothum Ung.

Baraboel-Illis (Victoria — obere mesozoische Schichten) mit: Alethopteris australis Mc'Coy; Taeniopteris Daentreei Mc'Coy.

Bellarine (Victoria, etwas östlich von Geelong, an der Port-Phillip-Bay — obere mesozoische Schichten) mit: Alethopteris australis Mc'Coy, Zamites Barklyi Mc'Coy, Zam. ellipticus Mc'Coy, Zam. longifolius Mc'Coy.

Blackmanswamp (in New-South-Wales, West von Sydney — obere Kohlenschichten = New-Castle-beds) mit: Glossopteris Browniana Bgt., Gl. Taeniopteroides Fstm., Gl. Wilkinsoni Fstm.

Bowenfels (in New-South-Wales, West-Nord-West von Sydney — New-Castle-beds) mit: Vertebraria australis Mc'Coy, Glossopteris Browniana Bgt., Gl. parallela Fstm., Gl. linearis Mc'Coy, Gangamopteris Clarkeana Fstm., Nöggerathiopsis sp., Brachyphyllum australe Fstm.

Broken River (Queensland, Nebenfluss des Clarke-River — devonische Schichten) mit: Lepidodendron nothum Ung.

Canoona River (Queensland, im District Marlborough — devonische Schichten) mit: Lepidodendron nothum Ung.

Cape Paterson (Victoria — obere mesozoische Schichten) mit: Phyllotheca australis Mc'Coy; Taeniopteris Daentreei Mc'Coy.

Clarence River (bei Southgate, Norden von New-South-Wales — mesozoische Schichten) mit: Taeniopteris Daentreei Mc'Coy, Alethopteris australis Mc'Coy.

**Clarks Hill **) (bei Cobbity am Nepeanflusse, westlich von Sydney, bei Camden — Wianamatta-beds) mit Phyllotheca australis Mc'Coy, Thinnfeldia odontopteroides Fstm., Odontopteris microphylla Mc'Coy, Pecopteris (?) tenuifolia Mc'Coy.

Cockatoo Island (N.-S.-Wales — Hawkesbury-beds) mit: Cleithrolepis granulatus Eg., Myriolepis Clarkei Eg.

Coleraine (in Victoria, am Wanoon River, Bezirk Dundas — obere mesozoische Schichten) mit: Taeniopteris Daentreei Mc'Coy.

Gippsland (Victoria) siehe: Avon River.

Goonoo-Goonoo (im Norden von New-South-Wales, am Peelflusse, District Parry — devonische Schichten) mit: Lepidodendron nothum Ung., Cyclostigma sp.

Greta (New-South-Wales, West-Nord-West von New-Castle, ganz nahe am Anvil Creek — untere Kohlenschichten) mit: Annularia australis Fstm., Glossopteris primaeva Fstm., Gl. Browniana Bgt., Gl. elegans Fstm., Nöggerathiopsis prisca Fstm.

Gustawang-Mudgee (in New-South-Wales, West-Nord-West von New-Castle an der Grenze der Districte „Phillip" und „Wellington" — New-Castle-beds) mit: Gangamopteris angustifolia Mc'Coy.

---

*) Fliesst in den Manning River, nördlich von New-Castle.
**) In der ersten Abtheilung irriger Weise als zu den New-Castle-beds gehörig angeführt.

Hawkesbury-beds (in New-South-Wales); siehe Cockatoo Island und Mt. Victoria.

Iguana Creek (in Victoria, am Mitchell River, nordöstl. vom Avon River — devonische Schichten) mit: Sphenopteris Iguanensis Mc'Coy, Aneimites Iguanensis Mc'Coy, Archaeopteris Howitti Mc'Coy, Cordaites australis Mc'Coy.

Illawara (New-South-Wales, an der Seeküste, südlich von Wollongong — New-Castle-beds) mit: Glossopteris Browniana Bgt., Gloss. ampla Dan., Gloss. linearis Mc'Coy, Nöggerathiopsis spathulata Dan. sp. (Fstm.).

Ipswich (Queensland, West-Süd-West von Brisbane — obere mesozoische Kohlenführende Schichten) mit: Thinnfeldia odontopteroides Fstm.

Jerusalembasin (Tasmanien, am Springshill — obere mesozoische Schichten) mit: Alethopteris australis Mc'Coy, Thinnfeldia odontopteroides Fstm., Zeugophyllites elongatus Morr.

Malubimba (in New-South-Wales — New-Castle-beds) mit: Phyllotheca australis Mc'Coy, Vertebraria australis Mc'Coy, Sphenopteris lobifolia Morr., Sph. alata Bgt., Sph. hastata Mc'Coy, Sph. germana Mc'Coy, Sph. plumosa Mc'Coy, Sph. flexuosa Mc'Coy, Glossopteris Browniana Bgt., Zeugophyllites elongatus Morr.

New-Castle (New-South-Wales, an der Seeküste, an der Mündung des Hunter River — New-Castle-beds) mit: Urosthenes australis Dan. (heterocerker Fisch); Phyllotheca australis Mc'Coy, Vertebraria australis Mc'Coy, Sphenopteris lobifolia Morr., Sph. alata var. exilis Morr., Glossopteris Browniana Bgt., Gl. linearis Mc'Coy, Gl. ampla Dan., Gl. reticulum Dan., Gl. elongata Dan., Gl. cordata Dan., Caulopteris Adamsi Fstm., Nöggerathiopsis media Dan. (Fstm.).

Paramatta (New-South-Wales, nahe an Sydney und Port Jackson, westlich davon Wianamatta-beds) mit: Palaeoniscus antipodeus Eg., Cleithrolepis granulatus Eg.

Paterson, Cape (Victoria). Siehe Cape Paterson.

Port Stephens (New-South-Wales, am Ausfluss des Karnahflusses, etwas nordöstlich von New-Castle — untere carbonische Schichten) mit: Sphenophyllum sp., Rhacopteris inaequilatera Gppt., Rh. intermedia Fstm.

Raymond Terrace (New-South-Wales, etwas nördlich von New-Castle — untere Kohlenschichten) mit: Phyllotheca, Glossopteris Browniana Bgt.

Rix's Creek (New-South-Wales — untere Kohlenschichten) mit: Glossopteris Clarkeana Fstm.

Rouchel River (New-South-Wales, im District Durham, fliesst in den Hunter River — untere carbonische Schichten) mit: Lepidodendron Veltheimianum Stbg.

Smiths Creek bei Stroud (New-South-Wales, am Karnahflusse, im District Gloucester, nördlich von New-Castle — untere carbonische Schichten [? Urstufe]) mit: Calamides radiatus Bgt., Rhacopteris inaequilatera Gppt., Rhac. comp. Römeri Fstm., Rh. septentrionalis Fstm., Archaeopteris sp., Arch. Wilkinsoni Fstm., Cyclostigma australe Fstm., Lepidodendron dichotomum Stbg., Lepid. Veltheimianum Stbg., Knorriastadium; Lepid. Volkmannianum Stbg.

Springs-Hill in Tasmanien, N. von Hobbarttown. — Siehe Jerusalembasin.

Southgate am Clarence River; siehe diese Bezeichnung.

Stony-Creek (New-South-Wales zwischen New-Castle und Greta, — untere Kohlenschichten) mit: Glossopteris Browniana var. praecursor.

Talgai diggings bei Talgai (Süden von Queensland, im Thale des Condamineflusses — obere mesozoische Kohlenschichten) mit: Taeniopteris Daentreei Mc'Coy (die typische Form), Sagenopteris rhoifolia Presl.; Otozamites Mandeslohi Kurr. sp.

Tasmania. — Siehe Jerusalemsbasin.

Tivoli mines [*]) (Queensland, bei Brisbane — obere mesozoische Kohlenschichten) mit: Sphenopteris elongata Carr., Thinnfeldia odontopteroides Morr. (Fstm.); Cyclopteris cuneata Carr., Taeniopteris Daentreei Mc'Coy (Carr.), Cardiocarpum australe Carr.

Victoria (Colonie). — Siehe Bellarine, Cape Paterson, Coleraine, Avon River, Gippsland, Iguana Creek etc.

Victoria Mt. (Berg in New-South-Wales, bei Bowenfels, West of Sydney — Hawkesbury-beds) mit: Thinnfeldia odontopteroides Fstm.

Wannon River (Victoria — obere mesozoische Schichten). Siehe Coleraine.

Wianamatta-beds (Formation in New-South-Wales, über den Hawkesbury-beds, zwischen Wollongong und Sydney; Localitäten besonders: Paramatta, Clarks Hill bei Cobbity etc.) mit: Palaeoniscus antipodeus Eg., Cleithrolepis granulatus Eg. (Fische), Phyllotheca australis Mc'Coy, Thinnfeldia odontopteroides Fstm., Odontopteris microphylla Mc'Coy, Pecopteris (?) tenuifolia Mc'Coy, Gleichenia dubia Fstm., Macrotaeniopteris Wianamattae Fstm.

Wingen Mt. (New-South-Wales, am Fusse des Liverpool Range, im Bezirk Brisbane — untere Kohlenschichten): Glossopteris Browniana Bgt.

Wollongong (New-South-Wales, an der Küste, südlich von Sydney — New-Castle-beds): Glossopteris linearis Mc'Coy.

Wyatt Mt. (Queensland, S. W. von Bowen — devonische Schichten) mit: Lepidodendron nothum Ung. (Carr.)

XVI. Correcturen von Druckfehlern (Seite 85—126).

Ausser den vorn angeführten Berichtigungen von Fehlern, die mehr weniger sinnstörend waren, habe ich noch einige Druckfehler zu corrigiren.

Auf Seite 85, Zeile 19 von oben lese Vertebraria statt Vertebraia.

„	„	85,	„	12	„ unten sind die Worte „und gar" irriger Weise wiederholt.
„	„	86,	„	13	„ oben lese Schizoneura statt Schisoneura.
„	„	90,	„	3	„ „ „ N.-Castle-beds „ N.-Castle-bebs.
„	„	91,	„	8	„ „ „ indications „ indicutions.
„	„	91,	„	9	„ „ „ somewhat „ somenhat.
„	„	92,	„	19	„ unten „ angulo „ angula.
„	„	92,	„	8	„ „ hat hach versus der Breitstrich wegzufallen.
„	„	93,	„	10	„ „ lese attenuata anstatt attenuatai.
„	„	94,	„	19	„ oben „ mediocri „ mediveri.
„	„	95,	„	8	„ „ „ frondibus „ frontibus.
„	„	97,	„	12	„ unten „ coalseam „ coalseum.
„	„	98,	„	14	„ „ „ auf Tafel 161 „ auf 161.
„	„	99,	„	17	„ „ „ Hawkesbury „ Hawesbury.

---

[*]) In der ersten Abhandlung ist auf Seite 126 bei der Localität Tivoli mines irriger Weise: „Obere mesozoische Schichten und Bacchus-Marshsandstones" gedruckt — doch sind nur die ersteren vorhanden, während die letzteren in Victoria entwickelt sind.

Auf Seite 100, Zeile 17 von unten lese a great statt agrest.

„	„	105,	„	13	„ oben	„	und statt u m.
„	„	109,	„	18	„ „	„	dichotomis statt dichotomio.
„	„	112,	„	19	„ „	„	fructu „ fructa.
„	„	114,	„	7	„ unten	„	Belang „ Belany.
„	„	116,	„	1	„ oben	„	Jurassic „ Jarassic.
„	„	116,	„	2	„ „	„	Flora of the Karoo-beds statt Flora cf. Karoo-beds.
„	„	116,	„	3	„ „	„	to be statt tebe.
„	„	116,	„	9	„ „	„	declaring statt declariny.
„	„	116,	„	11	„ „	„	Triassic Dinosauria statt Triassic Dinnovannia.
„	„	116,	„	13	„ „	„	now statt non.
„	„	116,	„	13	„ „	„	respecting statt respectiny.
„	„	116,	„	20	„ „	„	thinks statt thinko.
„	„	116,	„	21	„ „	„	coal statt eval.
„	„	116,	„	15	„ unten	„	than „ thon.
„	„	116,	„	10	„ „	„	Owen „ Oweon.
„	„	116,	„	5	„ „	„	answer statt aus wer.
„	„	118,	„	7	„ „	„	Lepid. Veltheimianum statt Lep. Velthcimianum.

Tafelerklärung.

Ich habe die gegenwärtigen Tafeln zwar auch in der Weise nummerirt, dass ich mit L anfing, aber in Klammern habe ich noch eine zweite Nummer beigegeben, welche die gegenwärtigen Tafeln an jene der ersten Abhandlung anschliesst.

Tafel 1 (XIX).

Fig. 1. 2. **Lepidodendron nothum** Ung. (Carr.). Zwei Exemplare mit deutlich rhombischen Narben und hie und da erhaltenen Närbchen. Von „Backcreekdiggiags", am Barringtooriver, in Neu-Süd-Wales.

Fig. 3. 4. **Rhacopteris inaequilatera** Göpp. Wedelstücke von verschiedener Grösse, und mit verschieden grossen Blättern. Von Smith's Creek (Stroud), Neu-Süd-Wales.

.

Feistmantel del.

Fig. 1. 2. Lepidodendron nothum Ung. (Carruth.)   3. 4. Rhacopteris inaequilatera Güpp.

Tafel II (XX).

Fig. 1. **Rhacopteris inaequilatera** Gppt. Exemplare mit verschiedenen Arten von Blättern; jene an dem linken und mittleren Wedel deutlich gestielt.

Fig. 1 a, 1 b, 1 c, vergrösserte Blättchen, um die Nervatur und die Anheftung am Stengel zu zeigen; die Blättchen, die zur Vergrösserung benutzt wurden, sind in Fig. 1 mit a. b. c. bezeichnet.

    Von Smith's Creek (Stroud), Neu-Süd-Wales.

Fig. 2. **Rhacopteris Römeri** Fstm. Ein Bruchstück, das ich mit der von mir aus Schlesien (von Rothwaltersdorf) beschriebenen Pflanze vergleiche.

Fig. 2 a. Ein Blättchen vergrössert.

    Von Smith's Creek (Stroud), N.-S.-Wales.

Fig. 3. **Rhacopteris inaequilatera** Göpp., ein Wedelstück, das der Göppert'schen Originalabbildung (l. c.) sehr nahe kommt.

    Von Smith's Creek (Stroud), N.-S.-Wales.

Feistmantel del.

Fig. 1. 3. Rhacopteris inaequilatera Göpp. 1a. 1b. 1c. einzelne Blättchen vergrössert. 2. Rhacopteris comp. Römeri Fstm. 2a. Ein Fiederchen vergrössert.

Tafel III (XXI).

Fig. 1. **Rhacopteris inaequilatera** Göppt. Ein langes Stück eines Blattes.
Fig. 1 a. Ein Blättchen vergrössert.
Fig. 2. 3. Noch andere Wedelstücke derselben Art.
   Alle von Smith's Creek (Stroud), N.-S.-Wales.

Feistmantel del.

1. Rhacopteris inaequilatera Göppt. 1a. Ein vergrössertes Blättchen. 2. Rhacopteris inaequilatera
Göpp.

Tafel IV (XXII).

Fig. 1. **Cyclostigma australe** Fstm. Drei Stämmchenabdrücke von der schon früher beschriebenen und abgebildeten Art.

Fig. 2. 3. **Rhacopteris inaequilatera** Göpp. Bruchstücke von Wedeln.

Fig. 4. **Archaeopteris** sp. Ein fragmentarisches Wedelstück, das ich nicht specifisch bestimmen will.

Fig. 5. **Rhacopteris septentrionalis** Fstm. Diess scheint das Endstück eines Wedels zu sein, den ich zu Rhacopteris gehörig und dann als neue Art betrachte.

Fig. 6. Ein Blättchen oder (?) Blättchenbruchstück einer **Rhacopteris**, vielleicht in irgend einer Weise zu Rhac. inaequilatera Gpp. gehörig.

Alle Exemplare von Smith's Creek (Stroud), N.-S.-Wales.

Fig. 1. Cyclostigma australe Fstm.   2. 3. 6. (?) Rhacopteris inaequilatera Göpp. sp.   4. Archaeopteris sp.   5. Rhacopteris septentrionalis Fstm.

Tafel V (XXIII).

Fig. 1. **Lepidodendron** (Sagenaria) comp. **Volkmannianum** Stbg. Der Abdruck der Oberfläche eines Lepido-
dendronstammes, nach den Narben am besten mit Lep. Volkmannianum vergleichbar.
Von Smith's Creek (Stroud), N.-S.-Wales.

Fig. 2. 3. **Stämmchen einer Lepidodendroiden Pflanze**, wohl zu Lepidod. Voltheimianum Stbg. gehörig.
Von Smith's Creek (Stroud), N.-S.-Wales.

Fig. 4. 5. **Rhacopteris inaequilatera** Göpp. Diese zwei Exemplare sind um so wichtiger, als sie Herrn Prof.
Mc'Coy's Otopteris ovata repräsentiren sollen; doch zeigen diese Exemplare mehr als deutlich,
dass sie mit den anderen, als Rhacopt. inaequilatera angeführten und gezeichneten ident sind
und dass wohl die respectiven Localitäten, von denen diese Fossilien stammen, derselben Formation angehören.

Fig. 5a. Ein vergrössertes Blättchen.
Von Arowa, N.-S.-Wales.

Feistmantel delt.

Fig. 1. Lepidodendron comp. Volkmannianum Stbg. 2. Knorriastadium (?) von Lepid. Veltheimianum. (?) 4. 5. 5a. Rhacopteris inaequilatera Göpp. sp. (von Aruwa).

Tafel VI (XXIV).

Fig. 1. **Calamites radiatus** Dgt. Dieses Exemplar repräsentirt, glaube ich, die Blattorgane dieses Calamiten.

Fig. 2. **Rhacopteris inaequilatera** Göpp. Ein Exemplar mit etwas zerschlitzten Blättern, das ich jedoch als zu dieser Art gehörig betrachte.

Fig. 3. 4. **Archaeopteris Wilkinsoni** Fstm. Ich glaube, beide Exemplare gehören derselben Art an.
4 a stellt einen Blattlappen von Fig. 4 vergrössert dar.

Fig. 5. **Lepidodendron dichotomum** Stbg. Ein kleines Bruchstück eines Rindenabdruckes.
Alle von Smith's Creek (Stroud), N.-S.-Wales.

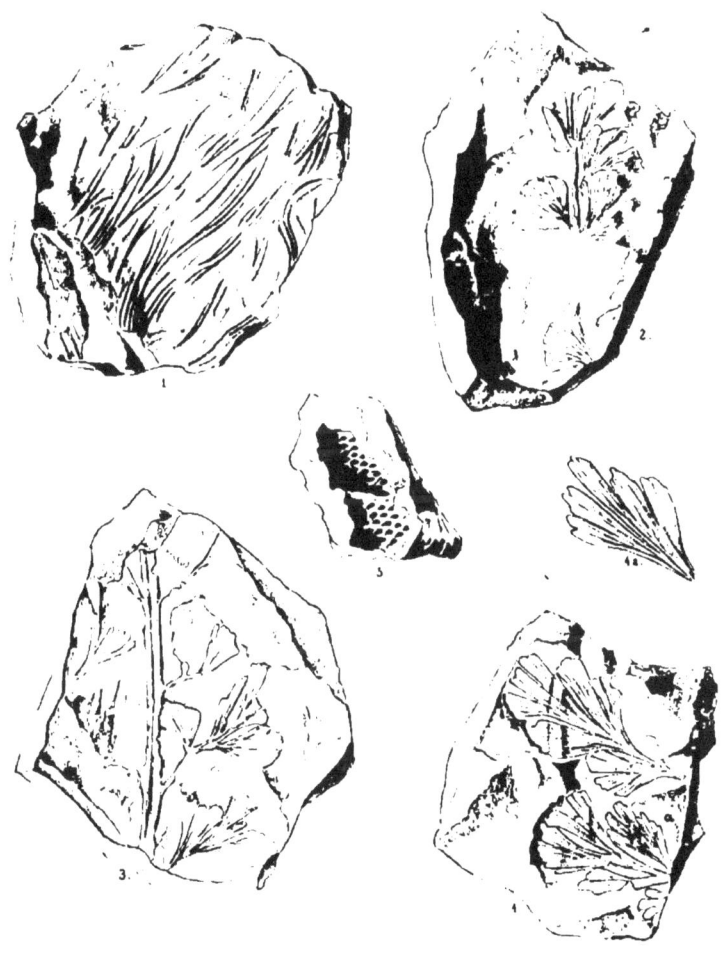

Fig. 1. Calamites radiatus. Bgt.　2. Rhacopteris inaequilatera Göpp. sp.　3. 4. Archaeopteris
Wilkinsoni Feism.　5. Lepidodendron dichotomum Stbg.

Tafel VII (XXV).

Fig. 1. **Archaeopteris Wilkinsoni** Fstm. Ein Exemplar mit etwas mehr zerschlitzten Blättern, was ich jedoch nicht als genügendes Unterscheidungsmerkmal ansehen möchte.

Fig. 2. **Lepidodendron Veltheimianum** Stbg. Bruchstück der Stammoberfläche mit Narben.

Fig. 3. 4. **Calamites radiatus** Bgt. Zwei Stämmchen verschiedenen Alters; Fig. 4 mit einer Astnarbe. Diese 4 Exemplare sind von Smith's Creek (Stroud).

Fig. 5. 6. **Annularia australis** Fstm. Die ersten Exemplare einer Annularia aus Australien.

Fig. 6 a. Ein Blattwinkel vergrössert.

Von Greta, Neu-Süd-Wales, aus Kohlenschichten unter marinen Schichten.

Feistmantel delt.

Fig. 1. Archaeopteris Wilkinsoni n. sp.   2. Lepidodendron Veltheimianum Stbg.   3. 4. Calamites radiatus Hgr.   5. 6, Annularia australis n. sp.

Tafel VIII (XXVI).

Fig. 1. **Glossopteris Browniana** Bgt. Das erste Exemplar, das ich aus den unteren Kohlenschichten in Australien kenne.

Fig. 2. **Glossopteris elegans** Fstm. Eine schöne Art mit in schöne Nervenmaschen im oberen Blatttheile sich auflösender Mittelrippe.

Fig. 2 a zeigt den oberen Blatttheil vergrössert.

Fig. 3. **Nöggerathiopsis prisca** Fstm. Ein Blatt jener Formen, die als Nöggerathia bezeichnet werden; es ist wohl dieselbe Gattung, die auch in den New-Castle-beds in den indischen Kohlenschichten und in jurassischen Schichten am Altai vorkommt; für die letzteren Formen hat Herr Schmalhausen (1879, l. c.) den Namen Rhiptozamites vorgeschlagen.

Alle Exemplare von Greta, N.-S.-Wales, Kohlenschichten unter marinen Schichten mit palaeozoischen Thierresten.

Feistmantel del.

1. Glossopteris Browniana Bgt.   2. Glossopteris elegans n. sp.   2a. Vergrössert.   3. Nöggerathiopsis prisca n. sp.

Tafel IX (XXVII).

Fig. 1. **Thinnfeldia odontopteroides** Fstm. Ein kräftiger, gabelnder Wedel, jeder der Gabeläste mit Fiedern besetzt. Die Fiedern, aber kürzer, auch am unteren unzertheilten Theile des Stengels. Der Stengel theilweise quer gerunzelt.

Fig. 1 a. 1 b. Vergrösserte Blättchen mit der Nervation.

Fig. 2. Zwei Fiederbruchstücke eines grossen Wedels derselben Art.

Fig. 2 a. Ein vergrössertes Fiederchen mit der Nervation.

Von Mt. Victoria, Neu-Süd-Wales, aus den Hawkesbury-beds.

1. 2. Thinnfeldia odontopteroides (Morr. sp.) Fcm.

Frommann del.

Tafel X (XXVIII).

Fig. 1. **Thinnfeldia odontopteroides** Fstm. Die oberen Theile zweier Blattwedel, die meiner Ansicht nach einem kräftigen gegabelten Blattwedel angehören. Beide zeigen an den oberen Fiedern deutlich das Herabrücken der unteren Basalfiederchen gegen die Rhachis.

Fig. 1 a. Eines der Endfiederchen des rechten Wedels vergrössert, die Nervation zeigend.

Fig. 1 b. 1 c. Vergrösserte Fiederchen, die charakteristische Nervation zeigend.

Die Hauptstengel der Wedel sind sehr fein quer gerunzelt (im unteren Theile).

Von Mt. Victoria, Neu-Süd-Wales, aus den Hawkesbury-beds.

———————

Tafel XI (XXIX).

Fig. 1. **Thinnfeldia odontopteroides** Fstm. Ein sehr kräftiger, nicht gabelnder Wedel mit starker Rhachis, die gefurcht und fein quer gerunzelt ist; die Fiedern sind auch ansehnlich, mit starken Stengeln; die unteren Basalfiederchen sind deutlich nach der Rhachis hingerückt und daselbst angeheftet, doch gehören sie nicht zur Rhachis, sondern zu der Fieder.

Fig. 1 a. 1 b sind zwei vergrösserte untere Basalfiederchen der Fiedern, um die Nervatur zu zeigen.

Vom Mt. Victoria, Neu-Süd-Wales, aus den Hawkesbury-Schichten.

Fig. 1. Thimsfeldia
die gefurcht u
unteren Basalfl
sie nicht zur :
Fig. 1 a, 1 b sind r
Vom Mt. V

Fig. 1. Thisnfe
die gefurcl
anteren Bn
sie nicht z
Fig. 1 a. 1 b sit
Vom Mt

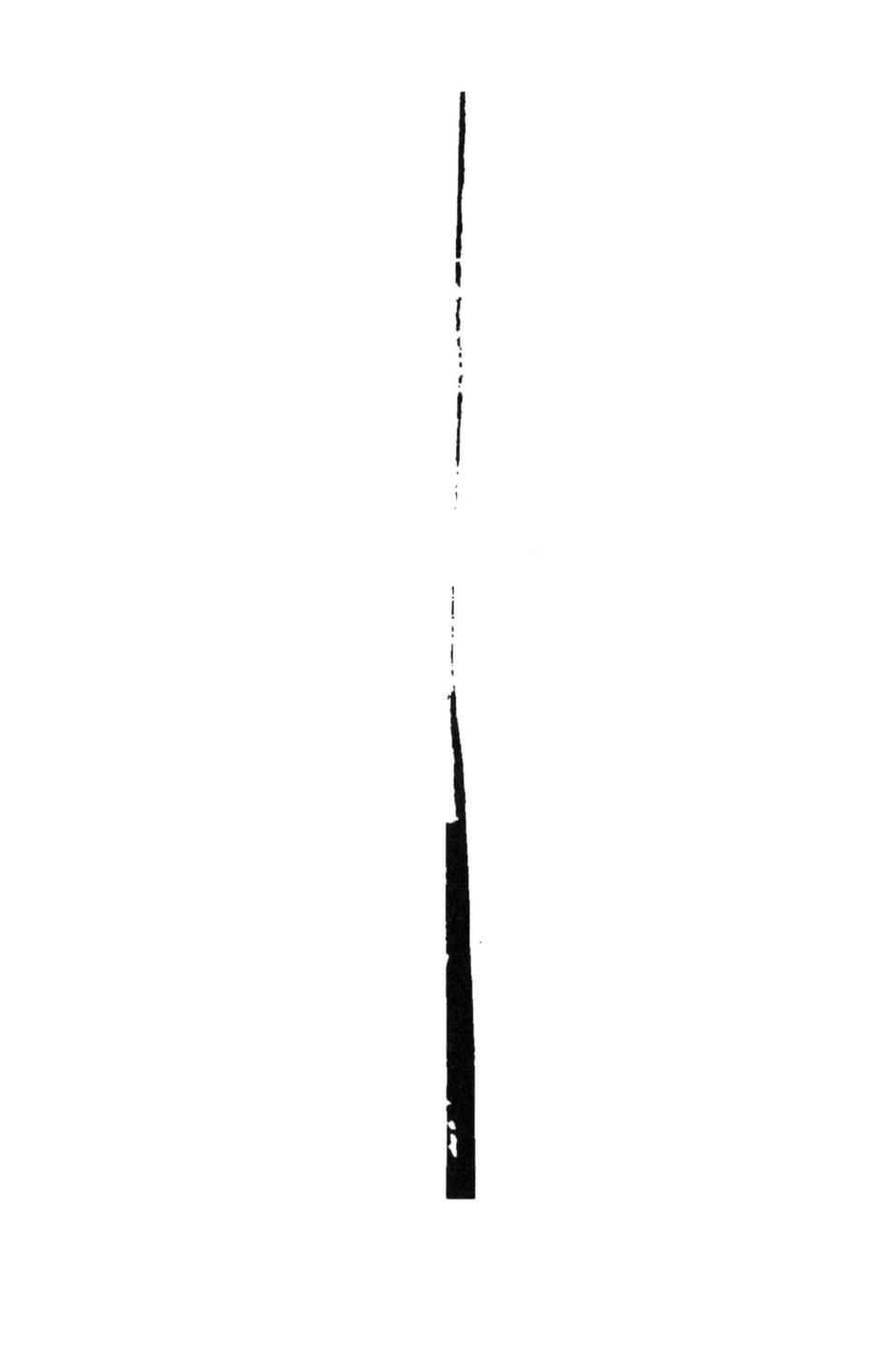

Tafel XII (XXX).

Fig. 1—4, 7. **Sagenopteris rhoifolia** Presl. Fig. 4 zeigt deutlich das gefingerte Blatt — die übrigen sind Bruchstücke einzelner Blättchen.

Fig. 5. **Taeniopteris Daentreei** Mc'Coy, in Prof. Mc'Coy's Sinne.

Fig. 5 a zeigt das Exemplar vergrössert, um die Nervatur zu veranschaulichen.

Fig. 6. **Otozamites** comp. **Mandesiohi** Kurr. sp. Das erste Exemplar eines Otozamiten aus Australien. Dieser Otozamites ist dem Ot. Mandeslohi Kurr. sp. so ähnlich, dass ich ihn für's Gegenwärtige dazu stellen möchte.

Fig. 6 a zeigt ein Blättchen vergrössert mit der Nervatur.

Alle diese Exemplare sind aus den oberen mesozoischen Schichten von „Talgai diggings" (am Condamineflusse) in Queensland.

Feistmantel delt.

Fig. 1—4. 7. Sagenopteris rhoifolia Prrel. 5. Taeniopteris Daentrei Mc'. Coq 6. Otozamites
(comp. Mandesloki Kurr. sp.).